战争事典

WAR STORY

指文烽火编委会 主编

中国长安出版社

图书在版编目（CIP）数据

战争事典. 007 / 指文烽火编委会主编. —— 北京：
中国长安出版社, 2014.10
ISBN 978-7-5107-0800-8

Ⅰ. ①战… Ⅱ. ①指… Ⅲ. ①战争史－史料－世界
Ⅳ. ①E19

中国版本图书馆CIP数据核字(2014)第235012号

战争事典 .007

指文烽火编委会　主编

策划制作：指文图书®

出版：中国长安出版社

社址：北京市东城区北池子大街 14 号（100006）

网址：http://www.ccapress.com

邮箱：capress@163.com

发行：中国长安出版社

电话：（010）85099947　85099948

印刷：重庆大正印务有限公司

开本：787mm×1092mm 16 开

印张：12.5

字数：200 千字

版本：2019 年 1 月第 3 版　2019 年 1 月第 1 次印刷

书号：ISBN 978-7-5107-0800-8

定价：69.80 元

CONTENTS
目录

前言

　　军事地理学是人类战争实践的产物，伴随着战争的发展而成熟。中国人很早就开始了对军事地理学的研究，并将其作为古代兵法的重要组成部分。早在春秋时期，"兵学之父"孙武就曾说过："知彼知己，胜乃不殆；知天知地，胜乃不穷。"秦赵两国的长平之战是中国古代军事史上最早、规模最大、最彻底的围歼战。这一仗决定了中国历史的走向，催生出中国首个统一的大帝国。想知道军事地理学是如何影响长平之战的，请看《辗转关东武开秦——细述秦赵争霸中的军事地理学》。该文是知名作家秋原扛鼎之作，内有数幅原创精美地图，由马伯庸写序并倾力推荐，不可不读。

　　1014 年的克雷西昂战役后，他刺瞎了 14000 名保加利亚战俘的双眼，每一百人留一个人的一只眼睛带路，将他们送还给保加利亚沙皇萨穆埃尔。当这些战俘哭天喊地地出现在萨穆埃尔面前时，惨状所带来的震动令其忧郁而死。1018 年，他大举入侵保加利亚，保加利亚第一王国就此灭亡。……法国拜占庭学家路易·布莱赫尔曾这样描述他："他有着战士的秉性，又是伟大的军事将领，而且兼有统治管理才能。"他是谁？他的一生又经历了什么样的考验和挑战？《战神的竞技场——拜占庭统军帝王传》一文，将揭秘他辉煌而又传奇的一生。

　　被誉为"战略之父"的汉尼拔·巴卡，自小就接受了严格和艰苦的军事锻炼，曾在父亲面前发下誓言，要终身与罗马为敌。他执矛而生，所向无敌，以一人之力对抗罗马共和国 18 年。他说："如果我打赢了最后一场战役的胜利，我必会排在亚历山大和皮鲁士的前面，成为古今第一名将。"他是军事学家们争相研究的重要军事战略家。欲知他如何成为罗马人的噩梦，请看《罗马的噩梦——汉尼拔》一文。

辉火

2014 年 10 月

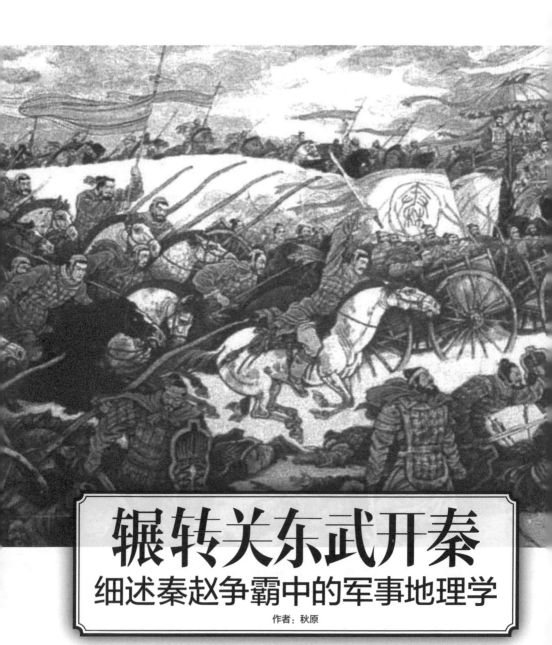

辗转关东武开秦
细述秦赵争霸中的军事地理学

作者：秋原

◎ 长平之战

序

把历史研究明白，是一件很难的事；把历史说明白，难度同样也不小。

历史是一个多重的聚合体，政治、军事、文化、科技、地理等等几十个维度在同一点上交错，彼此碰撞，彼此影响，因果关系错综复杂，前后绵延百年。如果想要从中理出一个清晰的脉络，让那段过往重现于心、了然于胸，这需要敏锐的洞察力和知识的积累，是思考的成果；而要把这种理解条理清晰地表述出来，分享给别人，让更多人得以有相同的感受，则需要表达的能力——即所谓叙史之才。只有这两者兼备，方才能写就一篇好史。

我最喜欢的史学家陈寿，时人称其"善叙事，有良史之才"。刘勰在《文心雕龙·史传篇》中说过："及魏代三雄，记传互出。《阳秋》、《魏略》之属，《江表》、《吴录》之类，或激抗难征，或疏阔寡要；唯陈寿《三志》，文质辨洽。"这里说的"文质辨洽"，即是称赞陈寿以简洁条理见长，无繁冗芜杂之弊。那么多史料，那么纷乱的一段历史，能被他从容不迫地梳理出来，让后人读之而不惑，实在不是一件容易的事。后人说他"练核事情，每下一字一句，极有斤两"，固然是称赞陈寿落笔谨慎，实际上也是褒奖其运用史料、组织文字的高妙手段。

可见要写前朝史事，内容固然重要，如何表达，也是每一位叙事者要面对的挑战。

秋原兄的这篇文章我以为高明之处，即在于它的叙史文体。这些文字简约洗练，质直平允，不像近年来流行的"趣说历史"那么轻佻，却也绝不枯燥。不动声色的冷静行文中带着一种理性的韵味，如同一把锋利的手术刀，寒光闪烁间，把远在几千年前的战国乱世分剖得一清二楚。在我阅读这一行行文字时，脑海里浮现出的是一幅幅画面以及一个浑厚声音在娓娓旁白。这是一种令人非常舒服的叙史文体，很像是一部历史纪录片的解说词，看似平易直白，实则句句切中肯綮——这可不是件容易的事。

如果说历史是一位美女的话，那么叙史者就是一位画师。旁人如何了解美女的魅力所在，全在画师的妙笔描绘。《辗转关东武开秦》究竟美在何处，秋原兄的丹青技艺如何，就请各位读者自行发掘吧。

马伯庸

一 三家分晋和战国初年的社会大变革

话题还是先从"三晋"和长平之战有关的历史典故开始说起，时间上的起始点，是春秋晚期的晋国。我们从小就经常受到这两句话的反复教育："黄河是中华民族的母亲河，中华民族起源于黄河流域。"在此就要明确一点："黄河流域"的范畴，要远比"黄河"更广袤。说得再详细点，就是黄河中上游的某些支流，对华夏文明的诞生、发展产生的作用，远超过干流。

发源自太行山中部、流经今山西省中部到西南部地区、在山西西南注入黄河的汾河，就属于这类典型。汾河中下游两岸河谷盆地的自然条件极为优越，堪称孕育华夏民族的摇篮。晋西南的蒲坂（今永济）在上古时代是舜帝的治所，夏邑（今夏县）是负责治水的鲧部落和随后夏王朝的发源地。

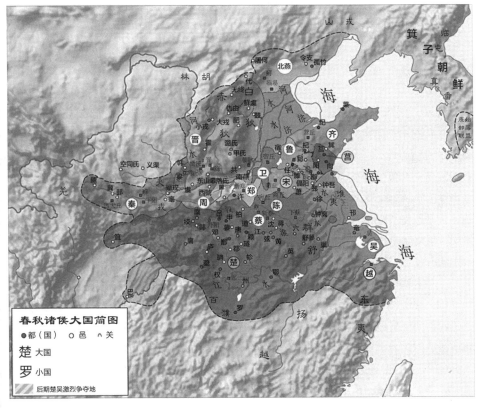

◎ 春秋诸侯大国简图

西周建国初年，周成王把同母弟姬虞封在晋南的唐（今翼城），这就是晋国的源头。

在整个西周和春秋时期，晋国的国都曾迁移到绛、曲沃、新绛等地，之间距离不远，都处在临汾河谷盆地。晋国的政权基础具有一些先天优势——国君是与周天子同血脉的姬姓，比秦、楚蛮夷要高贵；几百年的时间里虽然发生过多次政治斗争，但励精图治的国君也层出不穷；还有一点就是，晋国具有其他诸侯国不具备的优越自然条件。

概括一个文明发展所需的自然条件，无非是气候宜人、水源充足、土地肥沃等等随大流的泛泛之辞，这是任何文明发源地都必备的共性。知其然还要知其所以然，如果针对晋南这个地区，具体分析晋国的地理位置和领地内出产的资源，会发现其具有得天独厚的优势：

（一）晋国的地理位置靠近西周的镐京（今西安市）和东周的雒邑（洛阳），处于中原核心地区；太行山系在整个山西省大致呈南北纵贯走向，晋南的汾河河谷是华夏民族活动地带，晋中和晋北是戎、狄、胡等等游牧狩猎民族活动地带，由北向南呈现游猎文明向农耕文明的活动地域过度，双方互通有无，商贾交流频繁。

（二）晋西南的曲沃、闻喜、垣曲等地产铜，交城、平陆产锡；由此扩大到整个山西，地下又蕴藏着丰富的铁和煤，为活动在这里的人类文明进入青铜器时代和铁器时代，提供必要的矿藏资源。

（三）就在晋西南的运城附近，有一个五千万年前在喜马拉雅造山运动作用下

◎ 《政和本草》中描绘的解盐晒采

形成的天然咸水湖——运城解池。作为一种在历史上长期被视为战略物资和受国家垄断专营的商品，盐的意义已无须赘述。任何文明都要建立在必须摄入食盐的基础上，而占据盐产地，除满足自身消费需求以外，还可以建立以盐为硬通货的贸易渠道，其中的巨额经济价值和政治价值更让拥有者受益匪浅。解盐有超过四千年的采掘史，以储量大和产量稳定著称，华夏文明最古老的贸易方式就是交易食盐，直到明、清两朝，山西商人还利用政府的边地行商政策，换取盐引、盐票，靠贩运解盐谋利。

上述三点，还只是晋国晋南地区具备的一部分自然优势。当地不仅物产丰富，

而且配套齐全，居住在这个地区的先秦人类的文明发展完全不受资源限制的负面影响，相反，他们还有富余物资同外界进行交换，产生最原始的商品经济。物资的相对充裕促成财富的积累，财产观念的形成又促使人类社会从原始氏族部落发展到有阶级分化的世袭封建国家。颇有盛名的"晋商"并非在明清两代才出现，早在春秋时期，居住在晋都绛邑的大富商就"能行诸侯之贿"，具备富可敌国的财力了。本文在一开始就强调晋南地区的特征，是因为后续文章所讲述的内容，就是这一地区及其周边在公元前4世纪到公元前3世纪大致200年里发生的故事。

在诸多有利因素的作用下，春秋晚期的晋国，其版图已经占据今天山西省的全部、河北省的大部分、河南省的中西部和陕西省的东部，是当时首屈一指的大国，天下无出其右。春秋时期，晋国还是秦国向东发展的拦路石。有个成语叫"秦晋之好"，典源来自于秦穆公与晋献公到晋文公三代四君之间的政治姻亲关系。"好"只是后人补上去的一厢情愿，两国的关系在此期间实在算不上多好，矛盾重重倒是真的。三百多年之后的战国时代，已经有头脑清醒的人士指出，"完璧归赵"的制造者蔺相如就在秦庭上当众打了秦昭襄王及其老祖宗秦穆公的脸："秦自缪公以来二十余君，未尝有坚明约束者也！"

果不其然，晋文公一死，秦穆公就想趁机东进，派军队袭击郑国，与晋国邀战于崤山，惨遭失败，向东拓展的野心被暂时击碎了。

春秋中期开始，晋国国君公族日渐式微，权利被异姓世卿大夫逐渐把持。公族与异姓世卿这种权利的彼长此消，不是短期内通过激烈形式爆发的，而是经过长达两个世纪相对平缓的渐变（约公元前621年—前403年），在晋国国力基本未损的前提下，实现了寄生者对宿主的蚕食。公元前403年，历经晋国异姓公卿之间残酷的吞并争斗，整合存留下来的韩、赵、魏三家世卿被周威烈王封为侯，即"三家分晋"。这三家也因此被称为"三晋"。有后世史家就以这一事件作为春秋和战国的分割点。[1]

晋国的家底太雄厚了，尽管被三晋瓜分且各自的实力还不弱。三晋中，韩、魏所处的位置堪称优越——魏国第一个都城安邑，就是夏朝的国都夏邑，也是晋国的核心地区；魏国东迁后第二都城大梁（今开封）和韩国的南部领土，曾经是商朝的统治中心地带；两国中间又夹着东周天子的雒邑。魏、韩两国是当时华夏文明的中心，名副其实的"中国"。相比之下，赵国就属于偏远地带，因此，赵国初期的国君急不可耐地把都城从晋阳迁到华北平原南部、黄河北岸的中牟。[2]

---

[1] 魏、韩两家祖先也出自周室，分别为周文王庶子毕公高——姬姓毕氏、晋穆侯庶孙韩万——姬姓韩氏。
[2] 这个中牟在今天河南省鹤壁，并非郑州以东的中牟市；赵国再迁邯郸又是之后的事，后文会有所涉及。

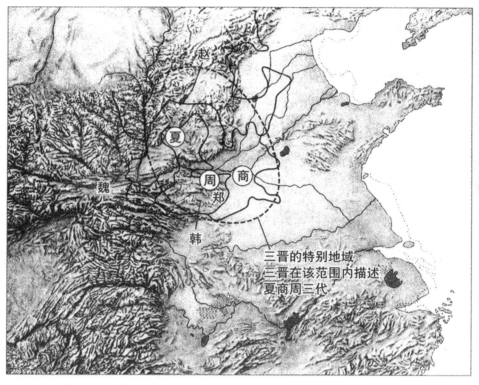

◎ 三晋简图

　　三晋的初代君主都是从公卿斗争中一路摸爬滚打过来的，政治素养都相对成熟老练，没有庸主。区别于其他老牌诸侯国，他们的贵族身份原出自晋国世卿，政治资历低，更容易放下身段；三晋建国历史短暂，政权结构就相对简单，来自老树盘根一般的权势贵族的政治积弊较少。因此，三晋在战国初年的表现非常抢眼。

　　三只鼺狗分食野猪余温尚存的肥壮尸体，原则不碍乎两条——"肉次肉好，肉多肉少"，他们在分食晋国尸体的同时，还积极向外拓展。如果把公元前370年三晋的领土合在一起，比原来晋国的版图又膨胀了，分割和扩张的势态大致如下：

　　（一）韩国满足于前一条，分到了河内郡、上党郡东部、河东郡东南部和靠近周室雒邑的周边地区，又和魏国一起向南蚕食楚国、郑国和东周王室在雒邑周边的领地，把楚国的势力从黄河岸边向南一直驱逐到汉水流域，随后又在魏国的策应下攻灭郑国，迁都新郑，设立三川郡、颍川郡和南阳郡。韩国国土大致是今天山西省的东南部、河南省的中西部，领土开发成熟，人口密集，但领地促狭，被夹在魏、楚、秦三国中间。

（二）赵国满足于后一条，山西晋中、晋北，华北平原都是赵国的领土，面积大，但相对偏远，版图内混杂着好几支游牧民族势力，还有中山这么一个肿瘤似的国中之国，赵国最初的几代国君急于向中原发展，在中山国依然存在的情况下就迁都中牟，向南进攻位于华北平原南部的卫国。此举引发魏国的警惕，作为原晋国公卿，赵魏两家在战国初年的扩展中产生冲突，最先翻脸，兵戎相见。

（三）魏国把两条都占全了，他的领土是原来晋国在汾河流域下游的核心地区，在此设立河东郡，此外还有部分河内郡、上党地区的西部、崤山以西的西河郡（今天河南三门峡以西到陕西大荔临潼一带的关中秦川东部平原）、黄河以西的上郡（陕北东部）和河南中东部的汝南郡、上蔡郡。魏国版图广阔，地域富庶，人口众多，凭借从晋国继承下来的丰厚家底和李悝、吴起一文一武君臣的悉心调治，西击秦东压宋、北阻赵南伐楚，四面出击还皆有收获，成为战国初期的头号强国。不足的是，领土过于散碎，魏韩两国的领土星罗棋布，互相交错接连，不利于强化统治。

三家分晋，还预示了社会思想和道德体系的转变。春秋中晚期到战国初期这段时期，社会哲学思想和价值体系发生了剧烈扭转。新的处世哲学和治世理念，否定、抛弃了周朝的贵族礼法制度和封建制度，开始向法家大行其道、尝试加强中央集权的模式发展。

春秋时代，持有政治抱负的强国国君积极参与诸侯国之间的群雄纷争，产生了著名的春秋五霸。强势诸侯的政治诉求是称霸，而不是称王、称帝，这是因为他们受到来自一个叫"周礼"的社会道德体系的束缚。《周礼》相传是西周初年由周公旦创制的，周公本人就是一个绝佳的道德楷模，他以周朝的分封制为基础，通过制定《周礼》，将从周天子开始自上而下的社会等级、政权结构，宗法制度、礼仪典章甚至日常生活标准等方方面面，都进行了详尽的条律化规定。作为一部成文归类的完整道德体系，《周礼》要比道、儒、法、黄老等都要早，统治华夏民族的精神世界长达六百年之久。

春秋五霸从齐桓公开始，依次有宋襄公、晋文公、秦穆公以及楚庄王，他们都拥有周天子基于《周礼》授予的贵族头衔。诸侯成为霸主的道德前提是敬重周室，遵守《周礼》；对"不义"和"兴义"的判定标准是，对方是否做到了尊奉周天子。霸主在自己主导的诸侯会盟中，把自己打扮成尊重天子的典型，同时指责被讨伐对象犯有忤逆《周礼》的言行。蜗居于雒邑的周室虽然寒碜，但却被诸侯架在肩膀上当傀儡，享受着表面上不容侵犯的显贵形象。

从春秋中期开始，国家兼并出现加剧趋势，势力强大的诸侯和卿大夫们也就心生了抛弃周室、甩开《周礼》桎梏的念头，有些胆大妄为者已经尝试挑衅周礼制度的约束。五霸里的楚庄王，著名典故"问鼎"就是他对周天子野心外露的表现。这个"王"的头衔是楚国自封的，不仅在楚国以外得不到认可，还饱受天子的责备和诸侯的攻讦。

随着周室无可挽回的衰微，越来越多的诸侯都表现出对天子不逊、对《周礼》不遵的言行。他们同时意识到：要想给自己愈加猖狂的僭越言行进行美化粉饰，最彻底的办法，就是建立一套新的治世理论来取代旧制。强势诸侯和世卿们希望看到符合自身政治需求的新社会价值理论被提出和完善，并让这套凌驾于周礼之上的新道德标准为自己贬抑周天子、实现帝业的雄心提供理论依据。但大家都还遮遮掩掩，扭捏作态不敢捅破这层窗户纸。用今天普通人都很熟悉的一个事物为例加以形容——诸侯就是某个行业里占有市场份额优势的少数几家大生产商，天子就是商务部的平庸官僚，《周礼》就是反垄断法，因为后两者的存在，前者无法吞并所有的小生产商，他只能在行业委员会里给自己树立一个领导市场的权威地位，还要施舍给小生产商一点小恩小惠，以此做样子给有关部门看，表示自己不会独占市场触犯反垄断法……

在这里就产生一个有意思的题外话：为什么春秋末年，已过天命之年的孔子与众弟子周游列国，却始终不得志？就因为他是一个保守主义者。孔丘强调仁爱、重德，反对苛政，还总是感叹"礼崩乐坏"，呼吁恢复《周礼》古法。他鼓吹的这套理论虽然把他自己塑造成了道德模范，却与当时列国国君的政治诉求背道而驰，在强国没有市场。因此，孔子在周游过程中，受到所至各国客气却冷淡的对待，他的主张始终推销不出去。套在上面的这个例子里，

孔老夫子后半生做的事，就是到各大生产商家里去工作，让他们积极响应有关部门的号召，深入贯彻学习反垄断法。商家们对这位不请自来的普法宣传员表面上都很客气，但心里巴不得他赶紧抹屁股走人。

公元前 493 年，也就是孔丘和他的弟子正"累累若丧家之犬"周游列国时，已经衰微无力的周室又发生"单氏取周"——远枝的姬姓单氏取代了近枝的姬姓刘氏。"单氏取周"及之后东周王室的分裂，给各强大的诸侯国甩开周天子提供了人为的便利条件。到了战国，变革的关键点出现了，以李悝在魏国推行的变法为标志，《周礼》正式被法家改革者废弃，不讲礼改讲法了。战国中后期，又发生"五国相王"和秦、齐两国的短暂称帝事件，诸侯们彻底抛弃了周天子的权威。法家最先在魏国推行的变法随后又被秦、楚等国纷纷效仿，最终成为占据主流地位的改革趋势。

既然道德标准和社会价值体系发生剧变，国家的外交和国防策略也要跟着一起改天换地。政治改革与经济改革的推行，必然会促使外交方针、军事谋略、军备建设和战争方式也发生变革。最明显的例子就是强国的政治诉求，已经从春秋时代追求在诸侯中建立盟主地位的"称霸"，变成了战国时代直接武力吞并他国的"争天下"。战国时代的国家为了适应弱肉强食的险恶环境，必须要政、军配合，进行国家资源的开发、调配（由社会变法家完成），军队的编制、战争的决策（由军事改革家完成），这点成为战国时代最明显的国家特征。

春秋时以孙子为代表的军事家，基本还只停留在兵谋的层次上，国谋和兵谋混沌不清。到了战国初年，"兵圣"吴起建立起更加前卫的军事理论，国家内外有养民驭兵之分，对外有战略战术之分，各自还有谋、韬、交、兵之细分，国家战略上的"国谋"和具体战争中军队调动部署的"兵势"进行区别和配合……中国至晚从战国初期，对战略和战术就有明确区分的研究总结和实践，并逐渐形成严密成熟的理论。这一整套的系统理论，也为后代兵家奉为经典。

战国时代第一次轰轰烈烈的政治、经济和军事改革，出现在最大程度上继承了晋国衣钵的魏国，其中原委绝不是偶然的。三晋皆出身于晋国的世袭世卿，他们的存活得益于《周礼》规制下的分封制，这是尊奉《周礼》的行为；他们的壮大得益于他们敢以下犯上，这又是忤逆周礼的行为。黑白通吃，用强硬手腕扭曲道德标准，因此，三晋能更深刻地意识到分封制对集权制的悖逆，认清享有封地的世袭贵族对国家政权的寄生弊祸。发生在晋国国内持续两个多世纪的这场世卿争斗，某种程度上可以说是战国诸侯兼并与争雄的一次小型彩排——晋国的解体，是春秋走向战国整个历程的缩影。

相比位置偏远的赵国，魏国地处中原，易于吸引人才；相比国土有限的韩国，魏国的强大国力便于给人才提供优厚待遇和施展平台。因故，我们可以看到魏国在实施变法的过程中，代表人物用亲自实践和总结成明文条律的方式，将抽象的思想

苗头变成摆在眼前的既定事实。文治有李悝废除世卿世禄制，著《法经》，用成文的律法严苛治国，以条例来管理运作国家的行政与经济运行；武功有吴起与诸侯历七十六战而不败，被后世视为与孙武并重的一代兵圣，让后世历代兵家有"孙吴在世"的美赞。

在中国文化史上，春秋战国还是成语典故的主要产生时期，诸多脍炙人口的风趣故事就在此时定型并流传后世，这与春秋战国时期各诸侯国君重视人才有很大的关系。战国七雄的每个国家几乎都曾出现过摆出谦卑恭敬的姿态招纳天下人才，以图实现强国目的的贤君。

在中国历史上，由贵族门阀势力把持政局的局面一直持续到隋唐时期，直到北宋建立了科举取士制度后，才实现寒门与朱门在同一体制下入仕为官相对平等的晋身机制。但是上溯千余年，从春秋战国流传下来的这些成语典故中，就能让人挑拣出一大堆从门客、游侠、农户、刑徒，甚至战俘和奴隶身份出将入相的千古名臣，其中不少人和他们的事迹还名彪青史。受国与国之间战略竞争的影响，各国都对人才产生了迫切需求，导致阀阅观念受到一定程度的冲击，"不拘一格降人才"得以部分实现。当时社会风气既有强调"世家"的贵族文化，也有"英雄不问出处"的草莽文化，重视门第的唯出身论和重视才干的不唯出身论并行于世，里面既有新旧势力之间的激烈对抗，也有贵贱阶层之间的相互利用。

我们今天还常听到这么一句话："先

满足物质需求，再满足文化需求。"放到两千两百年以前，这就是一个难以站住脚的悖论。战国是物质极端匮乏的时代，同时也是社会思想最活跃，各种社会学派并立，受政治因素干扰最微弱的"文化黄金时代"。整个战国就是处在大分裂状态中的乱世，尚未出现高压中央集权和严苛的文化专制，因而社会文化思想极端自由，绝少受到铁腕压制，这是这个时代能出现"诸子百家"、"百家争鸣"的先决条件。从春秋晚期到战国，从未有思想家因为其坚持的意识形态或政治主张被统治集团视为异端，并因此受到政治迫害的事例。

正是在这种已然废弃《周礼》旧制，又没有出现批着新外衣所谓"正统文化专制"的宽松社会氛围下，才会出现张仪连横，苏秦合纵，吴起在魏国不顺还可以出走事楚，燕昭王拜魏人乐毅为将，以火牛阵击退燕军的齐将田单还可以去赵国拜相封君……让战国时代具有灵活多变的外交活动、文化互通和跨国人才交流，让有能力有头脑者实现个人价值——这些人可以采取纯粹的务实主义作风，哪怕是有才学但无德行的人，只要抓住机会就能实现抱负（吴起就是一个典型，他有明显的人格缺陷，是道德混蛋和军事奇才的混合体）。

二 秦国的东进和魏、楚、齐的衰落

从强调周礼到法家治国，从分封制到郡县制，这个过程持续了几百年才告完成，中途不断遭到守旧势力的反攻，有进步和反复的交替，还有吴起和商鞅的惨死。

战国初年，魏国西部国境拓展到关中平原的河西地区，设立了西河郡。公元前389年的阴晋之战中，吴起指挥魏军，曾创下击败十倍秦军的胜利，这是魏国军力最强盛的时期，秦国被魏国打压得毫无还手之力。然而，魏武侯在位后期听信谗言，吴起出走楚国。几年后，吴起就指挥楚军北上攻魏，参加了当时有赵、魏、齐三国参与的侵卫战争，并在州西击败了魏军。魏国武力上行的顶点从此就过去了。公元

前370年，魏武侯身死，魏国发生政权交接危机——魏罃和魏缓争位，魏缓出逃赵国，魏罃在大夫王错的支持下出奔上党。

争位事件发生时，魏国大夫公孙颀跑到韩国游说韩懿侯，建议趁机伐魏。逃到赵国的魏缓也请求赵国出兵帮他夺位。韩赵联军先在魏国东境击败魏军，再向西，在临近魏都安邑的浊泽再次取胜。魏国在军事上失败。

在这次魏国的君位之争和随后的浊泽之战中，上党——长平之战的发生地开始出现了。联系上文，从字面上看，此时的上党是魏国领地，但要注意：上党不全是魏国的。这里要澄清一个易被忽略的事实：

在秦国灭亡赵国以前，上党地区从来没有归属任何一个国家。战国初期，这个地区被韩、魏两国呈大致南北两块分别占据，有魏上党和韩上党之分；若干年后，该地又被赵、韩两国分割。三晋控制着各自占据的上党地区，也设置了各自的上党郡。类似的还有函谷关东边的河内郡，在战国初年被魏、韩两家分割，分别设有魏河内郡和韩河内郡。

后来的战乱和焚书，没有给后人留下战国时期各国经济、人口、物产和军备筹划方面的详细数据资料。但后人还是根据《史记》、《战国策》和《竹书纪年》中对有关事件的记载，发现了一些对比依据。公孙颀游说韩懿侯，原话中有如此内容："魏䓨与公中缓争为太子，君亦闻之乎？今魏䓨得王错，挟上党，固半国也。"此时魏国虽然军力开始下行，但整体上还保持着魏武侯晚年的强盛势头，州西之败对国力并未产生太大影响。公子魏䓨据守了魏上党就相当于占据了半个魏国，可见上党的富庶程度。

大约九十年后，即长平之战发生前后的魏安厘王时期，魏国早已衰微，河西、河东两郡也早就成了秦国的领土，但因为对韩国有特殊的相处位置和外交关系，安厘王依然对上党有所意图——"夫存韩安魏而利天下，此亦王之天时已。通韩上党于共、宁，使道安成，出入赋之，是魏重质韩以其上党也。今有其赋，足以富国。韩必德魏、爱魏、重魏、畏魏；韩必不敢反魏，是韩则魏之县也。"

魏国的权位之争以公子魏䓨——魏惠王胜出告终。惠王在位时，魏国战略重心发生转变。他平生主要做了两件事：迁都和易地。

鉴于州西之败和浊泽之败的教训，惠王认为魏国东部地区是国防的薄弱地带，他把视线转向东方，于公元前361年，将首都从安邑迁到大梁（开封）。鉴于魏国领土的星罗散碎，他又与韩、赵提出交换领土的建议，并得到两方的回应。三晋异地的过程，大致如此：

（一）魏国先用上党郡换取韩国的颍川郡和三川郡的部分领土，使新都大梁周边的地域得到扩充，具有战略缓冲区，随后又开挖西北—东南走向的运河"鸿沟"，联通了黄河水系和淮河水系，表面上看是改善了大梁的交通状况，实际意图是针对东南的宋国和南方的楚国。

（二）魏国将位于晋中的榆次、阳邑交给赵国，同时将赵国的都城中牟收入自己版图，又向赵国交还了邯郸，使赵国正式以此城为都。

（三）三家分晋后，魏国还在西上党的沁河河谷，给晋国国君保留了一个可怜的封地端氏城，赵国在公元前349年将公室从端氏强迁到东上党的屯留，又与韩国合谋杀掉晋国最后一位国君静公，公族绝嗣。赵国凭此占据以长治盆地为主的东上党，形成赵国的东上党郡和韩国的西上党郡。

（四）韩国把自己控制的部分南阳郡和全部三川郡割让给魏国，魏国把自己控制的河内郡割让给韩国。

如此易地的结果是，韩、魏两国的版图都成了中间细、两头粗的哑铃，交织成一个十字架——魏国是东西方向的横轴，韩国是南北方向的纵轴，十字架的中心是不能易地的雒邑，即东周王室最后的保留地。

处于中原、被列国环伺的魏国，很容易陷入顾此失彼两线为难的境地。与韩、赵国易地，又使魏国领土形成重东轻西的格局。如此情况下，对周边邻国采取远交近攻或者拉一派打一派的方式才比较合理，但是很遗憾，好大喜功的魏惠王在他随后五十多年的统治时间内，对西边的秦国采取守势，在东方却与赵、韩、宋、齐展开一系列战争，虽好战却不能胜战，还把邻国全都得罪了。与赵国胜多负少，与齐国却接连遭到桂陵、马陵两场大败，魏国的军力再度受损。

就在魏惠王如此折腾时，同时代的秦孝公与卫人商鞅开始推行完全效法魏国的变法，并趁魏惠王与东方诸国征战不休，魏军无暇西顾的时机，向东进攻魏国的西河郡。秦军在这个地区数次击败魏军，还一度出崤山攻占魏国旧都安邑。至魏惠王晚年，秦国凭借武力夺取西河郡，占据天险函谷关，迫使魏惠王把西河郡和上郡全部割让给秦国，魏国势力被彻底逐出黄河以西的关中地区。秦国反夺回河西之地，使安邑和晋南河东郡隔黄河与秦国接壤，魏国失去了战略缓冲地带，同时还刷出战国时代若干"第一"：魏国第一次大面积丧失领土；关东列国首创割地贿秦换取停战讲和之举；秦国在战争中开始以大规模坑俘杀降的方式，削弱对方人口基础和战争潜力——都知道世人对秦国有"暴秦"和"强秦"两种评价，先有暴后有强。

秦孝公之子秦惠王，他将商鞅车裂处死，却延续了商鞅所施行的改革。秦孝公与惠王父子两代人尽得河西之地，又以张仪、司马错灭蜀吞巴。尽管如此，也并不凸显秦国的强势。因为相近时期内，东方的齐、楚、赵三国也各自出现雄主，齐国败魏灭宋攻燕，楚国灭越驱巴攻齐，赵施行胡服骑射……

后世的文人史家评述这段历史，经常在"秦"前面加个"强"字做前缀，恐怕这是因为作为后人的我们都是事后诸葛亮，当时天下最终走向何方，没人能准确预测。有一个侧面的例子可以加以佐证：张仪、苏秦这些纵横家们是在此时开始游走于列国的，如果关东六国都意识到秦已经强大到一枝独秀的水平，张仪的连横就推销不出去，正因为当时秦、魏、楚、齐等国君主都觉得天下是列强并立，自己实力不弱，便没把秦国当成最大对手，如楚怀王、魏惠王都信心满满，所以才让张仪得志。

总而言之，公元前4世纪天下大势的走向，是从本世纪初的魏国一家独大，三晋扩张，变成世纪末的魏、韩中衰，秦、齐、楚、赵奋起直追。

时间进入公元前4世纪末和前3世纪，这是战国时代最后的一百年。仅仅是在公元前310~前280年的三十年里，战争爆发的规模、频率和残酷程度都急速加剧了。强弱对比的转折点也在这三十年快结束时出现了。短期内天下大势的剧烈变化，恰好说明这种此消彼长的走势不是匀速线性变化，而是经过前期的缓慢积累，在后期呈现几何数级的攀升。

我这种说法很抽象，不好理解。恰好写到这段之前，我刚收看了重播的索契冬奥会那场引发若干谈资的速滑比赛。突然感觉可以把这件事拿来打比方：浩浩荡荡的战国，类似长距离速滑比赛或夏季奥运会的中长跑项目，选手们在前面很长一段时间稳定在前后不一的若干集团中，超不远也落不下，没有谁一枝独秀，到最后一两圈才是关键，冠军会在最后几百米奋力加速，合理的和不合理的战术，也都会在冲刺阶段使出来。

公元前 313 年，秦国凭张仪的诡计蒙蔽昏聩的楚怀王，唆使齐、楚断交，再击败楚军，斩杀八万人，汉中盆地为秦国所得，同时还获得了可以取丹江东下攻楚的汉东上庸要地。前 293 年，白起在伊阙击败韩魏联军，斩首二十四万——这是长平之战前，秦军在战场上杀人的最高数字。战场上的失利，迫使韩、魏两国再次做出割地换和平之举，两国分别将韩国武遂（山西垣曲）、魏国河东郡割让给了秦国。公元前 286 年，魏国更是连旧都安邑都拱手让给秦国了。

在魏国，这次战败割地使魏国丧失晋西南的旧土，老窝被别人夺了，领土向东收缩到晋东南的偏隅和以大梁为中心的中原地区。

在秦国，所处的关中地区经常被称呼为"四塞之地"——关中，是指渭河盆地的平原；四塞，是指环绕这个盆地四个方向上依险峻山势修建的关隘。函谷关就是四塞中位于东方的要塞，如今，四塞已经尽在秦人的掌握中，形成了一个环绕八百

里秦川的天然大城池。控制险绝关隘的秦军可随心所欲地兵出关东，实现三百年前秦穆公的奢望。

这些贿秦事件给关东六国造成的遗祸是：这次贿秦的武遂与河东郡，即本文开头着重讲述的晋南地区，包括解州池盐在内的丰富物产，从此全部成为秦国的囊中之物。秦国的四塞之地一下子拥有了两块膏腴之地，再加上之前征服的巴蜀，以绝对强大的国力把关东六国甩在了身后。

正如量变累积产生质变，秦军在一系列战争中取得的胜利，使秦国具有了战略优势。

中国古人对"时空"的概念，是四通方圆为宇，古往今来为宙。这是人类基于朴素的感知、用最简单的原始哲学总结出来的时空观，但也足以称为浩瀚无涯。对此没必要、也没精力全盘悉知，但一定要找出历史进程中那些特殊的、关键的转折点和酝酿转折趋势的源头。放在战国时代的晚期，这个拐点就出现在公元前 280—前 286 年——前 286 年，魏国献河东及旧都安邑之地贿秦；前 284 年，燕国乐毅伐齐；前 283 年，赵国"完璧归赵"；前 280 年，秦军分两路攻楚，破楚都郢城、焚楚陵，楚国被迫东迁远避……就这么短短六七年里，战国后期的几件大事接连发生，魏、齐、楚三个东方强国迅速衰败下去，秦国独大的局面形成。关东六国里，只有赵国暂时还没有伤筋动骨。

这次割地贿秦已经影响到赵国。赵国版图的西部在晋中地区，南侧就是河东郡，魏国割地之后，赵国的晋中和韩国的上党

郡直接暴露在秦军面前，给二十多年后长平之战的爆发埋下伏笔。

在相关史籍里，秦、赵两军发生交战，早在秦惠王时期就多次出现过，但交战性质主要是赵国帮助魏国抵抗秦军对河西地区的进攻，以及履行关东诸国"合纵"制秦的军事行动。

秦军第一次攻入赵国领土是在公元前351年（赵成侯二十四年），"秦攻我蔺"（《史记·赵世家》）；随后，公元前328年，"赵疵与秦战，败，秦杀疵河西，取我蔺、离石"；公元前316年，"伐取赵中都、西阳（今山西省平遥周边）"（《史记·秦本纪》）；公元前313年，"秦拔我蔺，虏将军赵庄"。上述四个记录中，蔺城（今山西吕梁）三次遭到秦军进攻，两度被占，说明赵军在此防御薄弱，秦军攻占也不能长期固守，双方处于拉锯状态。

之后二十余年，史籍里未出现秦攻赵地的纪录。但是到了公元前288年，秦国对赵国的外交挑衅以及秦军对赵国本土的进犯再度频繁起来。公元前288年，"秦取梗阳（今山西清徐）"；前283年，著名典故"完璧归赵"发生；前282—前281年，白起攻赵国兹氏、祁、蔺、离石，这次，秦军攻下这些城池就开始固守，并迫使赵国将公子赵郲送到秦国当人质；前280年，白起攻上党光狼城；前279年，因秦军顺丹江东下发动对楚国都城郢的作战，为防止赵国应援楚国或采取对秦国不利的其他行动，秦国主动向赵国"示好"，秦昭襄王邀请赵惠文王相会于渑池，让蔺相如再次流芳扬名的"渑池之会"发生了。

秦军在前一个时期攻下赵国蔺邑而不可守，现在白起攻下蔺邑可以守之，原因何在？这既与地理问题有关，也与两个时段列国的不同形势有关，具体可以总结成两条：

首先，公元前351—前313年发生的几次战争，是因为秦军频繁入侵魏国的河东郡和上郡，赵国曾派兵助魏抗秦，秦军就从位于上郡的固阳（今陕西延安之东）出兵，东渡黄河，延中川水攻占蔺邑。当时蔺邑并不是秦与三晋较量的要害地区，在这一地区以北，还有与赵国关系紧密的游牧民族林胡和楼烦。占领蔺邑的军事意义和战略价值微不足道，防御成本和风险却非常高。因此，秦军比较明智地将这几次军事行动定性为针对赵国的"惩罚性进攻"，打下来不守，达到"给你点颜色看看"的效果就可以了。但是到公元前282—前281年，形势变了，白起直接从原属魏国的河东郡逆汾河北上进犯晋中盆地，攻下兹氏、祁，蹿到了晋阳的南大门，第二年再出固阳东渡黄河占据蔺、离石，就是自南向北和自西向东两个可以互相呼应的方向进犯赵国的晋中平原，难怪赵国的反应那么紧张。

其次，就在公元前284年（秦昭襄王二十三年、赵惠文王十五年），战国后期的一件大事发生了——乐毅伐齐。在这场战争中，齐国的国力被严重削弱，东方大齐国与西方大秦国原本分庭抗礼的局面结束。燕国也只是回光返照式的短暂崛起，随着燕昭王的死与乐毅遭罢职，又重归三流国家的沉寂状态。齐、燕两国远在东方，与秦国不接壤，在秦国远交近攻的战略中，属于应怀柔笼络的对象。秦国的如意算盘是，与他们同时保持连横外交，在自己以武力对抗三晋和楚国时，让两国发挥干扰和牵制作用。秦国并不希望看到两国发生战争，更不希望两国发生大规模的持久战。因此，秦国对乐毅伐齐的态度非常复杂：齐国遭到削弱，借别人之手打击了一个未来的潜在对手，他乐见其成；齐国遭到过分削弱，被打得几乎亡国，且燕、齐交兵数年不休，赵、魏、楚三国趁机占齐国的便宜，攻占齐土……在秦国看来，这简直是一场灾难。

燕国在开战前也组织了军事联盟，乐毅以燕军为主力，合"五国之兵"伐齐。联军中，赵、魏是真心积极参与——这可是占便宜的大好时机，不能错过了。就连没参加联盟的楚怀王，也打着协助守土的借口，派兵进入齐国南疆"救援"齐国。反倒是作为燕国传统盟友的秦国，表现得则完全像在打酱油——秦国以口头声援为主，利用赵军积极东进伐齐的机会，主力却从河东郡北上，频繁进攻赵国晋阳一带的领土，并对赵国进行外交挑衅。

公元前 283 年，就在乐毅大败齐国的时候，远在西方的秦国不甘寂寞，主动向赵国提出联合讨伐韩、齐两国的倡议。齐国闻听此讯，派出著名的纵横家苏秦的胞弟、同样以卖嘴为生的说客苏厉到邯郸进行外交斡旋，试图劝阻赵国停止对齐国的攻势。

在邯郸，苏厉开口就给赵惠文王分析天下大势，其中有如此内容："秦赵与国，以强征兵于韩，秦诚爱赵乎？其实憎齐乎？

物之甚者，贤主察之。秦非爱赵而憎齐也，欲亡韩而吞二周，故以齐餤天下。恐事之不合，故出兵以劫魏、赵。……破齐，王与六国分其利也。亡韩，秦独擅之。收二周，西取祭器，秦独私之。赋田计功，王之获利孰与秦多？……说士之计曰：'韩亡三川，魏亡晋国，市朝未变而祸已及矣。'燕尽齐之北地，去沙丘、钜鹿敛三百里，韩之上党去邯郸百里，燕、秦谋王之河山，闲三百里而通矣。秦之上郡近挺关，至于榆中者千五百里，秦以三郡攻王之上党。羊肠之西，句注之南，非王有已。踰句注，斩常山而守之，三百里而通于燕，代马胡犬不东下，昆山之玉不出，此三宝者亦非王有已。王久伐齐，从强秦攻韩，其祸必至于此。愿王孰虑之。"

把苏厉的话翻译成通俗语言，大概是以下意思：

秦国联合你（指赵惠文王）进攻韩国，你又趁燕军攻齐的机会讨伐齐国，你以为秦国联合你就是看得起你？你以为你进攻我们齐国，你就能在关东六国里拔头份啦？……韩国丢了三川郡、魏国没了河东郡（即"魏亡晋国"），看上去似乎还没轮到你赵国头上，可大祸已经离你不远了！现在你赵国和秦国联合欺负韩国，又打算趁机侵夺我们齐国，不久的将来，秦国也会和燕国连横，你赵国也是同样的下场。秦国的上郡还紧邻你赵国晋北的榆次，到时候羊肠道以西的晋北也会被秦军夺取。三川郡在上党的西南、河东郡在上党的西边、河内军在上党的南边，灭了韩国和周室，秦军可以从这三个郡三个方向同

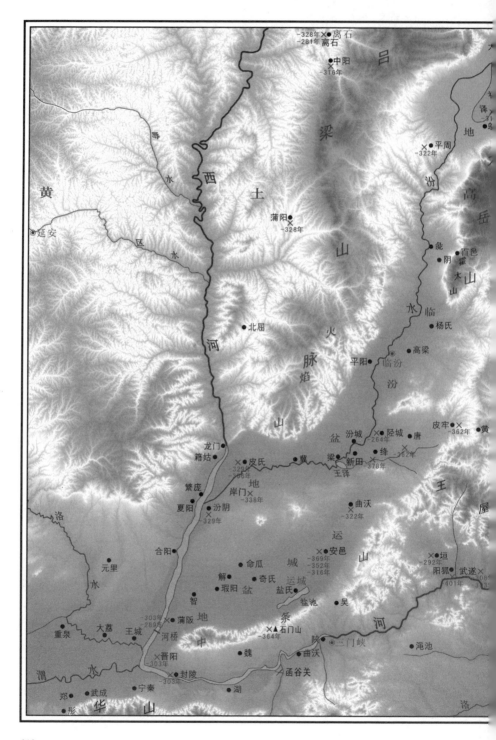

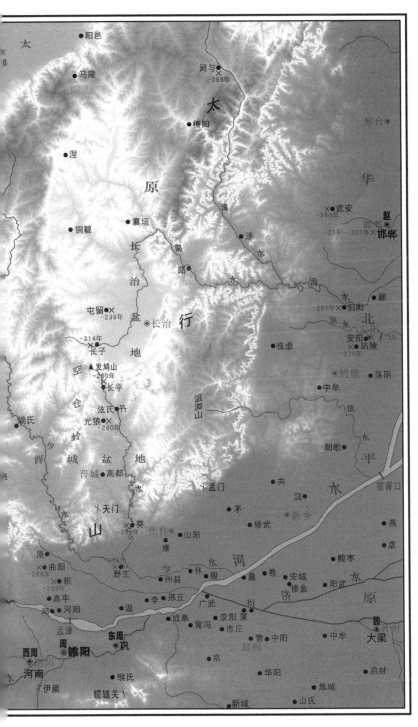

太

阳邑

马陵

阏与
-269年

太 原

梼阳

涅

铜鞮

襄垣

邢台

华 北

武安
-260年

赵
邯郸
-259--257年 邯郸

长 治 盆 地

涉

漳 水

屯留 ×
-239年

长治 行

邺

-281年 × 伯阳

长子 × -314年

临虑

安阳
× -275年
防陵
-275年

▲ 发鸠山
-260年
× 长平

鹤壁 荡阴

泫氏 丹

中牟

空 仓 岭
光狼 ×
-280年

沮洳山

淇 水

端氏

晋 城 盆 地

朝歌

平

晋城 高都

孟门

共

汲

水

宿胥口

山

天门

焚
-360年
焦作 山阳

雍

茅

修武

新乡

燕

虚

原
曲阳 野王
-288年
× 轵
-289年

少 水 河

怀 州县

殷

卷

安城

酸枣

阳武

水

原

高平

李 邢丘

广武

修鱼

邓 河阳

温

成皋 荥阳 厘

衍

济

孟津
周
雒阳
西周
河南
伯阳
东周
巩

京

宛冯 市丘

管 中阳

中牟

魏
大梁

缑氏

伊阙

辕辕关

华阳

启封

新城

焦城

山氏

◎ 辗转晋南地
形图及主要战场
（王晓明 绘）

时进犯上党……

战国时代的这些纵横家们凭口舌之利行走天下，游说列国君王，说话的口气和内容都特别讲究，张嘴就是"夫今天下"云云，给人感觉完全是一种高屋建瓴的全局观，仿佛他们天生就是该去联合国任职的国际主义者，分明是替别人来游说你的，却装出一副设身处地为你着想的样子。实际上，他们不仅翻云覆雨、颠倒黑白，还常常给人下套，诓骗听者往套里钻。不听他们的可能会吃点亏，全听他们的一定会吃大亏。

苏厉的话虚实掺杂，需要辨析真伪——其言辞的绝大部分内容，是对秦、赵双方战略形势和地缘政治方面的分析，这些话都是真实的，从中还能看出他在这些方面用心研究过，有很深刻的理解。但他毕竟是站在齐国的立场，不可能真心实意替赵王着想，谈话结束时就露馅了——他开始切入赵惠文王的软肋，给对方灌输唇亡齿寒的道理，要求赵王不要过分削弱齐国，对赵国在燕国伐齐期间的举动深表遗憾。

赵惠文王用言行不一的方式，给苏说客和齐国泼了一盆冷水。《史记·赵世家》记录了赵王回应苏厉的言："于是赵乃辍，谢秦，不击齐。"（赵国谢绝了秦国邀请他一起攻打齐国的请求。）赵国承诺不会和秦国联合攻齐，可是没承诺不会独自攻齐。赵惠文王回应苏厉的行，是扩大了进攻齐国的规模，赫赫有名的大将军廉颇，就是在随后几年领兵攻齐的战争里积攒下了功勋。

秦国频繁进犯赵国晋中时，赵国还在大举伐齐。有成语"失之东隅，收之桑榆"，用在赵国身上十分恰当——西边被秦国抢去的，便试图从东边的齐国身上找回来。

根本用不着苏厉提醒，赵国对秦国已经看透了，秦国提出共同伐齐本来就是虚与委蛇，全无诚意。既然苏厉打着这个幌子来邯郸游说，正好卖给他一个不值钱的顺水人情。燕、赵、魏、楚四国一起打击齐国，不仅是因为齐国是秦国准备安插在他们身后的一个盟友，更因为齐国已经是一个激起天下众怒的"公害"。当时，齐国外交处境非常被动，秦国只好先隐藏住对齐国遭到过分削弱的担忧，对关东诸国伐齐的举动表示赞同。

苏厉竭力打出"合纵"的旗号讨好赵王，但他无法让这位听众忘记齐国过去反复无常的嘴脸。公元前301年，齐湣王继位，他是继魏惠王、楚怀王之后，战国时代第三位以好大喜功闻名于天下的君主。当时，齐国的国力处在巅峰状态，他积极对周边国家施加影响：干预韩国王位继承；趁楚怀王被秦扣押的机会讹诈楚国领土，因秦国从中干预未果，迁怒于秦，组织韩、魏两国连横伐秦；挑唆中山对赵国发难；与秦国在东西两方遥相称帝，引起其他五国紧张；然后又冒诸国之大不韪，发兵灭宋……此人在位十七年，言行无常，鼠目寸光，还贪图小利，把周边国家挨个全都得罪了。明初名臣刘伯温曾在《郁离子·象虎》里这么评价齐湣王的人缘——"取燕灭宋，遂伐赵侵魏，南恶楚，西绝秦交，示威诸侯以求为帝"——真是让人叹为观止的政绩。

在战国那些没有自知之明的君王里，齐湣王是最具有代表性的一个，无论连横还是合纵，在他嘴里都只是拿来遮羞的幌子，稍有风吹草动就翻脸，毁约败盟更是家常便饭。

在乐毅伐齐的次年，走投无路的齐湣王被带兵来"援助"齐国的楚将淖齿所杀。苏厉这次见赵惠文王，对齐湣王以前的斑斑劣迹既不表歉意，又无悔过之心，而是一概避而不谈，还装出一副可怜相，对赵王大讲唇亡齿寒的道理。赵王要傻到什么份上才会相信这些鬼话？

赵国没有忘记齐国过去的丑态，对秦国那套如意算盘也猜得比较透彻，因此，伐齐就带有指桑骂槐的含义，打的是齐国，疼的是秦国。苏厉借唇齿关系来劝告赵国，但是处在赵国立场上，齐国是秦国的帮凶。被赵国以唇齿相待的是魏、楚两国，赵国一直努力与这两国建立军政同盟，这是赵国一个已经坚持二十余年的战略政策，其最初的规划者，就是赵国历史上最著名的英主——武灵王赵雍。

三 赵王难裁张仪舌 国士须知陈轸心

如果，谁回顾赵国时，是一副感叹赵燕慷慨悲歌的情调，或有哀其不幸怒其不争的抒怀，谁就犯了先入为主的毛病，从一开始就放射出了同情弱者的偏颇心态。如果从站在中立的角度看，赵国可不是一盏省油的灯。

还是晋国世卿时，赵氏先祖就有"简襄之烈"，晋阳两度被围。赵简子与赵氏小宗邯郸氏的一场争斗，引发了持续八年的六卿之乱；赵襄子是"三晋灭智"中的主角，得胜后把"智伯"荀瑶的脑袋砍下来，用头盖骨做成首爵。赵国以军国路线立国，尚武好战是国家传统，杀绝晋国公族这种事，更能看出赵君的心狠手辣。若是比野心，赵君和秦君不相上下；若是比心黑，秦君还稍屈下风，基本上到秦惠王和秦昭襄王时期，秦君的厚黑程度才超越赵君。

但是，赵君心黑有余，心计不足；野心不输秦国，国力不如秦国。前文中已多次交代，从赵烈侯立国，赵国就渴望南下争夺中原，被魏、齐两国阻挡在漳水之北，过不了黄河。赵国与魏国，一向亲疏间或，龃龉不忿。

在武灵王赵雍之前，赵国也是墙头草一样的表现，在连横与合纵之间摇摆不定，孰敌孰友搞不清楚，对外关系更是一团糟，没有一个长期稳固的国家战略规划。当时，赵国留给其他诸侯国的印象，比齐湣王好不了多少。公元前326年，赵肃侯身死，除韩国外的其他五国都不怀好意地派兵来邯郸"吊丧"，打算趁机把赵国大卸五块，可见赵国国际处境之险恶。

赵雍继位后，一改赵国重南轻北的战略格局，转为向北拓展，外部局面开始扭转。

今天世人评述武灵王赵雍，立即就和"胡服骑射"挂上钩。但要注意一些细节：早在春秋时期，当时还是晋国世卿大夫的赵盾（经典名剧《赵氏孤儿》中的历史人物原型），就是随晋文公重耳一起流亡的赵衰娶狄女所生；几代人之后，开创"简襄之烈"的赵襄子也是由翟女所生。赵氏宗主和北方胡族曾密切交往长达两个世纪以上，然而到了赵雍时才推行此策，他的老祖先怎么就没想到？赵雍在位前后三十年，正式推行胡服令已经是赵武灵王十九年，前面三分之二的时间里，他在干嘛？

这些问题表明，在武灵王十九年，赵雍可能受到过强烈的刺激，使其政治立场和施政方式发生了变化；在他驾驭下的赵国国家战略规划，也以此时间点为准，发生了转型。

◎ 赵武灵王

赵雍统治赵国的前半阶段，对内对外都没有拿得出手的作为，整体表现就像他名字的发音——"庸"。大致在武灵王十五年和二十七年前后，两个说客先后来到邯郸，他们出于各自不同的立场，分别对赵雍说了些内容有天壤之别的言辞。赵雍听了他们的话如同醍醐灌顶，突然开窍了。

这两个口舌之士都是当时天下闻名的纵横家，一位叫张仪，另一位叫陈轸。

纵横家大多是没有坚定政治立场的机会主义分子，谁重用就给谁出谋划策，"给奶就是娘"是他们的处世原则。张仪一开始也没立志要帮秦国搞连横，他在魏国不受重视，在楚国还被当成偷和氏璧的贼，差点被打死，失望中去了秦国，却得到秦惠王的欣赏，终于找到施展平台，从此成了连横家。陈轸更是如此，合纵连横他都参与过，不幸的是，他一辈子没遇到识才的明主，没找到政治靠山。

赵武灵王十五年，已经是秦国勋臣的张仪，进行了自己人生落幕前最后一次游说关东列国的行动。《史记·张仪列传》记录下了这次对话的内容。在赵都邯郸，张仪一张嘴便开门见山地说："敝邑秦王使使臣效愚计于大王。大王收率天下以宾秦，秦兵不敢出函谷关十五年。大王之威行于山东，敝邑恐惧慑伏，缮甲厉兵，饰车骑，习驰射，力田积粟，守四封之内，愁居慑处，不敢动摇，唯大王有意督过之也。今以大王之力，举巴蜀，并汉中，包两周，迁九鼎，守白马之津。秦虽僻远，然而心忿含怒之日久矣。今秦有敝甲凋兵，军于渑池，愿渡河逾漳，据番吾，会邯郸之下，

◎ 战国"第一名嘴"张仪

愿以甲子合战，以正殷纣之事，敬使使臣先闻左右……"

这是最能体现中国人语言之多诡、内涵之复杂的言论，从措辞口气上看是极其谦恭的柔肠剑，从内容组织上看是剜肉见血的剔骨刀，合起来就是对赵雍的一顿"捧杀"：

"大王收率天下以宾秦，秦兵不敢出函谷关十五年"——以当时赵国的国力和影响力，根本不至于让秦国怕到十五年不出函谷关的地步，事实上，在这段时间里，秦国主要经略南方的巴蜀和东南的楚国，行军路线是穿越秦岭，延丹江、汉江向东南直下或出武关，用不着出函谷关进犯三晋。

"今以大王之力，举巴蜀，并汉中，包两周，迁九鼎，守白马之津"——这些事本是秦惠王已经做了的和准备做的，现在

全都刻意和赵武灵王扯上关系。把分明不属于这个人的成就，故意扯到这个人身上，而且结合上下文，言辞又那么乖张，夹枪带棒，其实是在挖苦、寒碜武灵王，向他示威。

而后，张仪话锋一转，开始用最直接的语言对赵国进行武力讹诈："今秦有敝甲凋兵，军于渑池，愿渡河逾漳，据番吾，会邯郸之下，愿以甲子合战，以正殷纣之事。"秦军准备打赵国了，我现在把秦军计划的行军路线都提前告诉您，到时您可不要怪我张某人，别说勿谓言之不预。

再看张仪使用的称谓——"敝邑秦王使使臣"——在别人面前表示谦逊客气时，才使用鄙、敝、卑、愚、不才等谦词，他明确表示自己是秦国使臣，是为秦惠王说话办事的。

邯郸，是张仪这次周游关东列国的倒数第二站。他此行对列国国君说话，都是这么一副既风雅客套又嚣张跋扈的口气。四百年后，有个更著名的人说了风格相似的言论："近者奉辞伐罪，旌麾南指，刘琮束手，今治水军八十万众，方与将军会猎于吴"——由此可以大见小，平时人们都会和别人发生矛盾，难免言辞相讥，凡是装横犯混撒泼打滚只会虚张声势的，都是一瓶子不满半瓶子咣当的外强中干之辈，不用太在乎；说话特客气，用辞还很隐晦的，可得倍加小心了。

张仪敢有此言行，关东诸国君还听他的话，和当时天下形势有关。这年是公元前311年，天下尚处在秦、齐、楚、魏、赵五强并存的格局，也是"合纵"策略最低

沉的时期。公元前 324 年，秦惠王称王（秦君身份本为"公"），负有盛名的魏国国相公孙衍（犀首）与秦对抗，在次年也发起五国相王运动。至公元前 318 年，公孙衍更是发起以魏国为主导的第一次关东联军合纵讨秦战争。联军伊始就充满矛盾，虽名为五国，但燕、楚并未出兵，只有三晋参与。初期，形势一片大好，公孙衍还联络到位于河套的游牧民族义渠从秦国背后配合骚扰，但因内部矛盾，联军最后还是在函谷关战败，"与韩、魏共击秦，秦败我，斩首八万级"（《史记·赵世家》）。秦国随机对三晋进行报复性反攻，齐国也趁火打劫进攻赵国。公元前 316—前 312 年，秦国反攻义渠，南下吞蜀，击败楚国占领汉中，气势极端强横。合纵策略陷入瓦解，

三晋和楚国都灰头土脸，当初开战的盘算着怎么与秦国讲和，观战的盘算着怎么与秦国提升关系，于是就有了公元前 311 年张仪收效颇大的东方之行。

这是当时的国际环境，具体到赵国国内环境，张仪的话还触及一个让赵国很难堪的软肋。对战国历史有兴趣的爱好者们，可以历数下赵国历史上发生的大事和名人，无非是胡服骑射、完璧归赵、阏与之战、长平之战、邯郸之战、赵雍、廉颇、蔺相如、赵奢、李牧……这些事和人都有一个时间上的共同点：集中出现在公元前 307 年后战国晚期的八十余年里，而在公元前 307 年之前到三家分晋的近百年时间里，赵国又发生了哪些大事呢？在不查阅历史书的情况下，大多数人只会想起杀绝晋国公族

◎ 车裂，古代一种残酷的死刑，用几辆马车或几匹马把人分拉撕裂致死。图为电影《孔子》车裂公山狙的剧照。

和著名典故"围魏救赵"——从成语的字面上看，赵国属于那个挨打盼援的。这就反映了赵国前期历史的一个事实：赵雍以前的历代君王，虽不乏尚武勇烈之辈，但南进中原战略却始终没有突破，在列国中的影响力不大，是个二流国家。

张仪向赵武灵王说这些话之前，秦国已在开疆扩土方面颇有收效，国家战略形势大为改观。其中，吞并上郡征服巴蜀让楚怀王蒙羞等事件，还是张仪的功绩。别看张仪只是秦国的臣僚，取得的功绩却远超过赵国国君；别嫌张仪说话猖狂，人家毕竟有猖狂的资本，不是吹牛。反倒是当听众的赵雍，虽贵为君侯，此刻却是窘态毕露，尴尬万分啊。

张仪用一通颠倒黑白的言辞蛊惑赵雍，让赵雍口头应允了连横的劝言，表示会对秦国"割地谢前过，以事秦"。赵雍嘴上这么说，心里想的却不一样。他是一个有自知之明、能自我反省的君主。张仪的话提醒或者说刺激了他，使他知耻而后勇，产生了带领赵国争霸天下的雄心。史籍中没有直接文字记录他内心的考量，但能通过他随后的行动加以验证。

三年后，即赵武灵王十八年，秦武王在东周雒邑"绝膑而死"，赵雍把在燕国做人质的秦惠文王之子赵则[1]从燕国迎回秦国，试图染指秦国的政权继承人问题。此举只取得有限的收效：不到20岁的赵则成为秦昭襄王，秦将武遂之地归还韩国，甘

茂出奔齐国，公子壮发动叛乱被迅速镇压，以赵则生母宣太后、魏冉为代表的太后外戚一系势力开始膨胀。

赵武灵王十九年正月，赵雍正式颁布胡服令。他向重臣肥义和公子赵成解释了推行胡服令的原委："今中山在我腹心，北有燕，东有胡，西有林胡、楼烦、秦、韩之边，而无强兵之救，是亡社稷，奈何？……变服骑射，以备燕、三胡、秦、韩之边……今骑射之备，近可以便上党之形，而远可以报中山之怨。"请留意这些话，赵雍提到的赵国周边的这些势力，主要是北方的少数民族、西边的秦国和东边的燕国，始终未出现与赵国有百年恩怨的魏国。

"胡服骑射"只是对赵雍若干改革中有关军事和日常服饰部分的浅显总结，远不能概括他的政治作为。这四个字涵盖的是赵国国家战略方针的重大调整，赵雍一改祖先偏重向南发展的传统，改为经略北方，同时向魏国示好，尝试重建团结三晋的政治军事同盟，试图再次组织以赵国或赵、魏两国主导的合纵联盟，对付西边的秦国和东边的齐国。赵国国家战略规划转变，是先决；立胡服令推行具体的政策，是实施；联络三胡、吞并中山，是成果。

"胡服骑射"的学习对象是三胡（东胡、楼烦、林胡），作为国策，只有在赵、秦、燕这三个与北方胡族为邻的国家中才有推行的条件。这三国早就有与北方民族交流融合的历史，宣太后给义渠王生了两

---

[1] 先秦男子称氏不称姓，秦王为嬴姓赵氏，因此，管秦始皇叫"嬴政"值得商榷，应该叫"赵政"。

个孩子，不就是秦国贵族和北地游牧民族交流的典型么……当然，秦国的选择余地大，没必要推行此策。赵和燕都推行此策，过程和方式有差异。起家晋阳的赵国因位置靠近三胡，和胡人的融合最广泛，加之赵国重臣肥义、楼缓都是胡族出身，因故，推行胡服在赵国的成果最有代表性。

凡是有利必有弊。赵雍改革的好处是扩大国土，提升军力，与魏国的关系大为缓和；坏处是灭了中山，联络三胡，与齐、燕两国的分歧就变大了。齐国和中山的关系比较近，把中山视为夹在赵、燕之间的磐石，认为有了这块石头在那里硌着，赵、燕都不舒服。现在中山被灭，夹在齐、赵、燕三国之间的缓冲区就不存在了。

仅是向北经略和推行胡服还不够，赵

◎ 陈轸

雍还需要在别的地方继续开拓。新机会竟在他晚年出现了：秦国和楚国发生战争，前面提到的那个叫陈轸的纵横家从楚国远道而来，面见赵雍。陈轸的口才和"大局观"，比张仪、苏厉之辈不差，一番雄辞让赵雍大彻大悟。

陈轸来邯郸面见赵雍的时间，大致在赵武灵王二十七年（公元前299年）——说"大致"，是因为这件事没有记录在司马迁的《史记》里，而是记录在西汉史学家刘向整理的《战国策》里。不同于纪传体《史记》和编年体《资治通鉴》，《战国策》是一部国别体史书，以国家为辑录分类，着力描述纵横家们的言行，重点交待事件的发生过程和人物之间的谈话内容，但不重视事件的起因和发生时间。而且，《战国策》也不是刘向编撰的，而是他收集前人的文献资料整理而成的。这两个特征，使《战国策》不具有清晰的时间轴，里面都是一些散碎孤立的小故事，还经常有后一个故事的发生时间比前一个故事要早的现象。《战国策》读起来的感觉也不像史书，倒是很像寓言故事集。读者读《战国策》，体会到的不是历史事件的宏大磅礴，而是人心叵测和尔虞我诈，若是打算考据《战国策》中某个事件的发生时间与来龙去脉的话，需要与《史记》摆在一起对应比较才可以。

陈轸对赵雍说的话里有这些内容："及楚王之未入也，三晋相亲相坚，出锐师以戍韩、梁西边，楚王闻之，必不入秦，秦必怒而循攻楚，是秦祸不离楚也，便于三晋。"这个"楚王"，是指楚怀王；"楚王入秦"，是指秦昭襄王诓骗楚怀王在武关会面，刚復的楚王不听直臣屈原的苦苦劝谏，执意前往，被秦国扣押。《史记·楚世家》记载此事发生在楚怀王三十年，即公元前 299 年。

陈轸与赵武灵王之间的对话肯定发生在楚怀王入秦前夕，因为陈轸这些话是对楚怀王会采取什么行动提前做的预估：怀王不入秦，赵国该怎么办；怀王入秦被扣押了，赵国又该怎么办。他对事态的未来走势分析出两种结果，供赵雍参考，并再次对赵雍强调"三晋相亲相坚"的主张，请求赵雍在这个敏感时期要继续深化与魏、韩两国的亲密关系，并强烈要求向韩、魏两国与秦国接壤的西部边境派出赵军精锐部队，对秦国进行武力威慑。

相比于苏厉的巧舌如簧和张仪的危言耸听，陈轸的话实在多了，基本处在赵国的角度，替赵雍着想。这是因为此时的陈轸已经如同落魄的丧家之犬，他的学识和口才丝毫不输张仪，却是战国那些纵横家和谋略家中，最怀才不遇的悲剧人物。陈轸曾和张仪一同前往秦国，被张仪排挤后，只好出走楚国。楚怀王又是一个扶不上墙的庸主，让他的才干无施展之地。眼看着

楚国在秦国打击下连遭战败和外交羞辱，陈轸在失望和落魄中被迫出走，来到邯郸。

赵雍立即采纳了陈轸的建议，派出赵军驻守韩、魏西部边境，制造出赵国将提供武力保障的迹象，使秦国不敢轻举妄动。陈轸的话还提醒了赵雍：在三晋之外，还有一个可以争取过来的联盟对象——楚国。赵、楚两国，一个在北一个在南，中间被齐、魏隔开，既无领土纷争又鲜有历史恩怨，有可以"远交"的地缘政治优势。而且，此时的楚国正被秦国打得屁滚尿流，简直是赵国的天然盟友。

因此，赵武灵王综合了张仪和陈轸的话，祛其糟虚取其精实，为赵国制定了新的国家战略——"团结三晋，结连楚国"，加重赵国在关东六国中的分量，提升国际地位与国家影响力。北赵、南楚、中韩魏——打造一个纵贯南北、隔绝东西的国家联盟，在西方对抗秦国，在东方压制齐国和燕国。

赵雍及其以后的历代赵君，主要围绕以此策为中心的国策左右摇摆，引导赵国走上短暂的一时兴盛，直到最后亡国。赵国成也因此策，亡也因此策……

简襄之烈与侯马盟书

1965 年初冬，位于山西省西南部侯马市秦村的一座发电厂工地上，施工人员在地表下发现若干奇特的方形竖井，井中存有牲畜尸骸和写有文字的长条圭形石片。这个不寻常的发现

被迅速上报，很快，发电厂的工程进度被终止，省城太原和首都北京赶来的考古人员代替了之前的施工工人。

在发电厂工地上发现的这处古迹，就是自

1949 年以来中国考古发现的十大成果之一——侯马盟书。

侯马盟书的主盟人是春秋晚期晋国"六卿"中赵氏的宗主赵简子（赵鞅），盟书内容是在主盟人的主持和监督下，参盟者向神明宣誓，以包括本人在内的身家性命为担保，对主盟人进行效忠仪式，承诺若违反盟誓，甘愿受到全族诛灭的惩处；强调同盟者不准私自纳室（储纳奴隶人口），如知道他的宗族兄弟有纳室行为却不加拘捕或不上缴其室，就要受神明诛灭的制裁；还对敌方加以恶毒诅咒，使之遭祸受害，以求精神上的强势。

侯马盟书证明了晋国晚期，晋君大权旁落君位架空，公族式微，异姓世卿势力崛起的历史进程。赵简子发起这场"寻盟（反复举盟）"运动，是当时晋国国内六卿争夺中一个结连政治同盟的环节。以赵氏为骨干，联合韩、魏、智三家合作攻灭中行氏、范氏和赵氏小宗邯郸氏，将晋国六卿变至四卿。这场政治斗争又是随后赵、魏、韩"三家灭智"和"三家分晋"的序幕。

晋国的"六卿"制，起始于晋文公重耳。公元前 636 年，在秦穆公派遣军队护送的情况下，重耳终于结束了长达十九年的流亡生涯回到晋国。为巩固自身统治，重耳重用跟随自己一同流亡的异姓臣僚，依靠这些人在晋国实施军事政治改革，创立三军制度，设置六卿，由此开始了晋国在春秋时代的百年霸业和晋楚双雄逐鹿中原的伟业。六卿都是世袭，在晋文公死后，这些异姓大族轮番执政，继续辅佐后代晋君。他们都为晋国的霸业做出了贡献，功勋卓著，但同时也逐渐坐大、蚕食晋君的权利。至公元前 6 世纪末，形成范、智、中行、赵、魏、韩这六氏六卿。其中，中行氏与智氏同出荀氏，

后者是荀氏的庶枝小宗，但二宗之间的关系早已疏远。赵氏中也分出一枝小宗，因封地于邯郸，又称邯郸氏。

范氏在士鞅时期专横贪婪，长期把持晋国政局，在六卿内形成范氏—中行氏政治集团与赵、魏、韩三家政治集团的对抗，其中以赵氏宗主赵鞅与范氏宗主士鞅之间的矛盾最为激烈。智氏宗主更为老谋深算，以"大智若愚"的表象悉心观察政治风向变化。当时，晋国与周边郑、齐、宋、卫等国交恶，六卿纷纷展开对外战争，国力弱小的卫国被迫向晋国进贡结盟。卫国曾向晋国进献五百良民，因为邯郸距离卫国最近，是从卫国前注晋国的主要通路，五百良民就安置于赵氏小宗邯郸氏麾下。公元前 497 年，赵简子打算把卫贡五百户良民从邯郸迁到晋阳，邯郸氏宗主大夫赵午听取家臣建议，给予回绝。赵简子怒杀赵午，赵氏两枝反目成仇。

邯郸氏与中行氏互为姻亲，中行氏又与范氏接亲，范氏还和赵简子有政治矛盾，两家关系长期紧张，于是中行氏、范氏同时支持邯郸氏，三家合兵围攻赵氏老巢晋阳。赵简子这边也并不孤立——韩氏与中行氏互相厌恶，魏氏对范氏平日的飞扬跋扈心存不满，智氏宗主荀跞与大宗中行氏有矛盾，与赵简子也是貌合神离，但荀跞审时度势，认为中行氏、范氏才是眼下的最大政敌，援救赵简子又可对赵氏施加影响，于是就联合韩氏、魏氏支持赵氏，联兵救援晋阳。

一场原本属于赵氏"家丑"的财产纠纷，演变成晋国六卿的第一次政治大洗牌。最终，经过八年混战，中行氏、范氏被另外四家联军消灭，晋国由六卿变成四卿。侯马盟书就是在此期间，赵、智、韩、魏四家为达成政治联盟，进行缔约活动的条约宣誓文本。

盟书，是春秋晚期至战国早期晋国卿大夫

---

① 对侯马盟书所述内容的考证有多种观点，本文取张颔先生之研究结果。

举行盟誓的普遍约信文书习俗，亦称"载书"。《周礼·司盟》中的"掌盟载之法"注："载，盟誓也，盟者书其辞于策，杀牲取血，坎其牲，加书于上而埋之，谓之载书。"在结盟仪式上，以猪牛羊等家畜作为牺牲，参盟者都要歃血，宣誓文本内容由朱色毛笔写在长条玉石上，郎音宣读。盟书一式二份，一份藏在盟室，一份埋于地下或沉在河里，取请天地神鬼为证之意。为埋藏盟书在地面挖出来的方坑叫作"坎"，先将文书放在坎底，再放入牺牲。

在侯马盟书古遗现场大约3800平方米的范围内，共发现长方形竖穴祭祀盟誓坑401座，已发掘326座，盟书文字都是用毛笔蘸朱砂书写在玉石上，这是我国目前所发现的古代文字中用毛笔书写且篇章完整的古人书写真迹。书写文字的玉石器共5000余件，可以辨识的约为650余件。其总字数约3000字，除去重复，单字也有近500个。从侯马盟书现有材料分析，其中宗盟类514件、委质类75件、纳金类58件、诅咒类4件、卜筮类3件。人事方面的内容大大超过诅咒、占卜这类与超现实鬼神观念有关的东西，可见"轻神重人"已成为参盟人的主体意识，这反映了社会意识随着经济、政治发展有了相应的进步。

赵、魏、韩、智四家缔结盟书或者说晋国六卿大肆攻杀之时，也是孔子带领弟子周游列国推销自己政治主张的时候。孔子是强调尊周复礼的，可晋国正在发生的这场祸乱，恰恰反映出当时礼崩乐坏的历史趋势，再次证明孔老二及其坚持的政治主张，与他所处时代的发展是不合时宜的。晋国国内的这场由六卿变四卿，再经过三家灭智变成三卿的过程，就是春秋入战国的前奏。

盟誓并没有起到真正约束四卿的作用，攻灭中行氏和范氏不久，赵氏又和智氏渐生矛盾。两家的下一代宗主赵襄子赵无恤和智襄子荀瑶也都是各怀政治抱负的雄主。一山难容二虎，智氏荀瑶不断为难赵、魏、韩三家，并裹挟魏、韩合攻赵氏，再次围攻晋阳，挖开汾河水淹晋阳城，"……三国攻晋阳岁余，引汾水灌其城，城不浸者三版"，最终却因自己狂妄自大遭到杀身之祸。作为胜利者的赵襄子对荀瑶深恶痛绝，把他斩首，头盖骨制成酒器"首爵"。赵简子和赵襄子父子两代人历经这番攻略，为日后赵国的崛起、在战国时代能有一席之地打下了政治和经济基础。

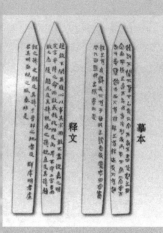

盟辞意译：

本人赵，竭诚披肝沥胆效忠我们的宗主，誓愿无条件践行神圣的盟约，遵从"定宫平畤之命"[的权威]。[本人及部属]如有胆敢违誓改志，背叛"二宫"盟约的；如有妄图使[罪恶的]赵尼及其子孙、先痙的子孙、先惠及其子孙、通赶的子孙、史醜及其子孙在晋国复兴而密谋私盟者，天地神明共鉴，甘愿诛身灭族，永不翻身。

注释：

赵——青chaò，为参盟人名。
赵尼：先痙(kè)；先恕(zhǐ)；赶(通)赶(chéng)；
史醜(chǒu)——人名，均为被诛讨对象。

◎ 侯马盟书释读

◎ 图为委质类盟书，出土于山西省侯马市晋国遗址。委是委身相事，质为自送人质，委质即质身投靠于新主。这类盟书是敌对阵营中投诚者的自我宣誓，发誓与旧阵营决裂，献身于新的主君（自誓与君所）。

四 龙虎相啖食 兵戈逮狂秦

"团结三晋，结连楚国"，这八字方针的新国策在执行初年就遇到各种考验，过程是磕磕绊绊的。赵国想联络的三个对象，态度有天壤之别：魏国积极响应，成为赵国的坚定盟友；韩国已经被秦军削弱得不像个国家了，秦国一瞪眼就听强秦的，赵魏一表态又恭听赵魏的，分明是个受夹板气的附庸，因此只能在道义上倾向赵国，拿不出实际行动；而楚国则态度模糊，摇摆不定。

八字方针在贯彻实施中，受到赵国国内影响最大的一次就是沙丘之乱。万幸的是，逼死赵武灵王的权臣李兑、成年后亲政的赵惠文王和随后的赵孝成王都能坚持此策不动摇，魏国信陵君和楚国春申君也能有所呼应、配合。联盟成员之间都有各自的小算盘，出现过信任危机和重大失误，但好歹没散架子拆台。比起以前那些翻脸如翻书之徒，已经是难得的长性了。

都说"以史为镜"，历史可以反衬现实。战国就是一面很好的镜子：所谓政治联盟，几乎都是弱者与弱者互助的联盟，或强者领导弱者的联盟；强者与强者之间更多的是强强竞争，从没有过强强联盟。中国民间还有句俗话"得意必仰首，失意常低头"，人在风光得意之时，都是最不可能替别人着想的浮躁之态，所谓分享快乐、分享胜利果实都是扯淡之辞；遭受重挫沦为弱者了，才想到寻求别人帮助。设身处地，就是在什么样的处境里才会有什么样的心态。

这也给前三次合纵抗秦事业为什么总是虎头蛇尾，提供了答案——人心叵杂，自以为是还自作聪明，包括合纵的代表人物苏秦在内，每个人都在打小算盘，一个比一个鸡贼。彼时魏、齐、楚三国正处在国力上行阶段，好大喜功的君王们脑子里想的都是如何出人头地，而不是平易待人。赵国确定八字国策随后的几年，正好是楚、魏两国接连遭到秦国挫败的岁月。"穷帮穷"，这三个字就是最精准的解释了。

当然也可以用一个对比的眼光去看：是因为其他国家纷纷衰弱了，才凸显出赵国的强大，老赵家也不过是矬子里面拔出来的将军罢了。赵国还需要用实际行动证明自己的实力。随着秦国加紧对关东六国的打击，秦、赵两国在晋南、晋中地区开始了一系列软硬兼有的较量，这就产生了渑池之会、阏与之战、长平之战、邯郸之战……战国落幕前最为气势磅礴的高潮部分，由此开始了。下面主要从地理地形、地缘政治和国家战略走势等方面对这四个事件加以分析。

渑池之会的经过，主要收录在《史记·廉颇蔺相如列传》。通过司马迁的笔墨勾勒，蔺相如大智大勇的形象已然流芳千古，本属配角的他成为这个事件中最抢戏份的核心人物，在他的强大气场压抑下，两位主角秦昭襄王和赵惠文王反而相形见绌了。

若我们过滤掉蔺相如的光彩，还是会看到秦王的嚣张与赵王的懦弱。赵王始终处在"战战兢兢"的状态下，对此，没必要过分责难他，这是他正常的表现。赵惠文王本身就是偏文弱的人，性格上就压不过秦王；此时是公元前279年，天下已经呈现秦国一家独大的态势，赵国实力不如秦国，赵王自然心虚气短；秦国在这方面还有前科劣迹，距此二十年前，秦昭襄王诓骗楚怀王会面，后者欣然前往，从武关进入秦土后便被扣押，客死他乡，渑池这个地方在函谷关以东，属于秦国，谁能保证赵王此行不会重蹈覆辙？

《廉颇蔺相如列传》里对此事的描述中有如此文字："王遂行，相如从，廉颇送至境，与王诀。"君臣分手前已经都商量好了，若赵王和蔺相如超过三十天还没归国，就立太子继位，防止秦国拿被扣押的赵王做政治筹码。留意下这个用词——"诀"——知道为什么给《史记》"无韵之离骚"这么高的文学评价吗，就是因为用辞颇为精妙，写到关键处，一个字就能把气氛烘托出来，比"那雪下的更紧"有过之而无不及，可以想象下当时的场面，真有点撕心裂肺。

笔者打算选取一个司马迁、刘向等古代史家先贤们都没有具体说明或涉猎的角度，分析一个既偏门也有趣的问题：赵惠文王走哪条路前往渑池？

结合当时三晋与秦国的领土版图和边境线走势，有三条可供选择的路线——

首先，当时赵国西北边陲的云中、九原和晋中地区（今山西太原盆地）都与秦国接壤。赵王可以从邯郸出发向北走，通过"太行八陉"中的井陉，进入晋中，再顺汾河南下，经过河东郡，渡黄河抵达渑池。不过这个路线实在是"南辕北辙"了，绕了一个大圈子，日程也肯定会超过三十天的期限。

其次，从邯郸南下，渡漳河进入魏国，再从白马津渡过黄河，沿黄河南岸向西走；或先不过河，从黄河北岸西行穿过魏、韩两国，在韩国河内郡从孟津渡口过河，入函谷关抵达渑池。这条路也是可行的，行程缩短到只有第一条路线的三分之一，时间上不会超过期限，但是四分之三的路程都要借道邻国，虽然与韩、魏关系融洽，但对赵王的安危风险依然很大，且还存在让人借机兴风作浪，引发国际麻烦的隐患。

可能性最大的路线，是取道上党。从邯郸向西，通过滏口陉穿越太行山，进入赵国控制的东上党郡（今山西长治盆地），再走故关口穿过丹朱岭，进入日后爆发长平之战的丹河河谷、晋城盆地，南出太行陉，进入韩国河内郡，从孟津渡黄河，西入函谷关抵达渑池。这条路线的好处是，赵王的行程尽可能多地安排在赵国领土内，廉颇亦可尽量护送得远一些，离开国境后也只借道一个邻国，因此，最为稳妥。

赵王赴会路线的选择，受国家政治和领土限制的影响还是次要的，主要的影响来自于晋南地区，一个类似奔驰车标的山系地形。这个地形又对三晋和秦国的地缘政治关系，以及随后秦赵之间的三场大战，产生了无比重要的作用。

翻开一本中国分省地图或历史地图册，把目光聚集在我国山西省，特别留意晋南地区。山西全省都位于太行山系，之所以说山系，是因为那不是一座孤立的山，也不是一条单薄的山脉，而是由若干山脉接连附加起来的重峦叠嶂。整个山西省大致有五条呈南北走向的山脉：东边是太行山和五台山，中间是恒山和太岳山，西边是吕梁山。到了晋南情况有变，有两条山体规模较小的山脉，一个西南走势一个东南走势，搭成了"人"字。这两个山脉，就是著名的愚公发誓要带领全家人搬走的中条山和王屋山。

我们更应该把这个山体看成一个天然的奔驰车标"三叉星"。因为这个三叉星把晋南一分为三，让每个120度的内角，都对应着一片位置关键、富庶诱人的土地：左边是河东郡，右边是上党郡，下边是三川郡和由韩、魏瓜分的河内郡。

五条南北走向的大山脉与晋南的这个三叉星之间，还有不规则的相接交错，于是在山脉之间切割出若干块宜居的河谷盆地。山脉高耸绵延无法通行，但是在山脉相接交错的地方会有一些山坳，在山体中间也会有相对低势的断口，这些地方就可供通行，成为交通要道。这些山口的经济价值和军事价值，就不必再啰嗦了。

提到太行山，还经常能听到的词汇——"太行八陉"，上文分析赵惠文王前往渑池的三条路线里，已经出现了几个"陉"。陉，是指山口；"太行八陉"，就是总结了太行山自南向北分布的八个山口。"太行八陉"都是外陉，通过这八个山口，就能离开山西省，走出太行山，来到华北平原和中原大地。笔者在上文中已经说明，太行山系并非只有一条山脉，在这些山脉

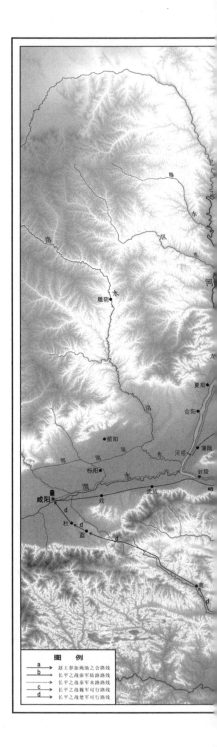

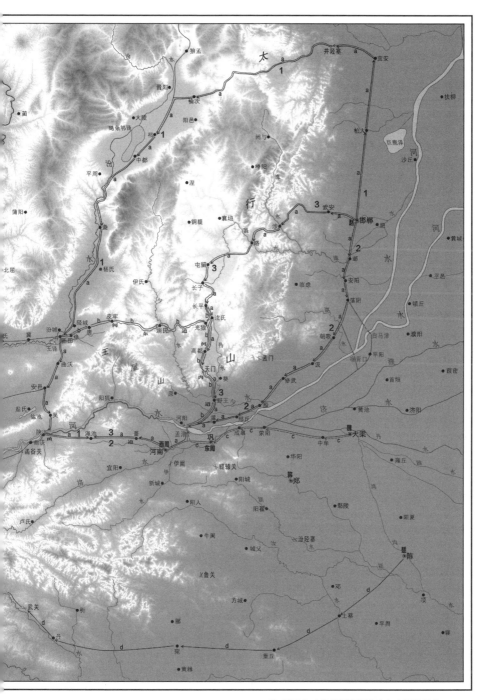

◎ 赵惠文王赴秦辗转路线图（王晓明 绘）

之内，还有数量更多的内陉。山脉分隔出山西省内的太原盆地、临汾盆地、运城盆地、长治盆地等等宜居的河谷平原，相互之间依靠内陉实现交通相连。

谁守住了山口，谁就守住了山口后面富饶的河谷盆地；谁想抢占对方的盆地，必须先夺下对方控制的山口。秦、赵两军随后在晋南地区进行了阏与之战和长平之战，两次战役的战术意图和战略目的，就可以概括成这么六个字——夺山口，抢盆地。

阏与之战发生在公元前269年（赵惠文王二十九年，秦昭襄王三十八年）。起因有两种说法，一是《赵世家》里的"秦、韩相攻，而围阏与"，这个说法不太靠谱，秦、韩两国交战，何必牵连到处在第三方的赵国呢？另一说法来自《战国策》：秦、赵两国达成一个交换领土的协议，但事后赵王单方面毁约，秦昭襄王恼怒，为此出兵攻赵。

粗看这个事件的经过似乎是赵国不守信用，但只要滤清来龙去脉，就能发现这是秦国诡计的故伎重演。秦国拿出来交换的蔺、离石、祁拔三城本属赵国，是白起在公元前282—前281年侵犯晋中时占领的赵国城池；而秦国想从赵国交换的焦、黎、牛狐三地，处在赵国控制的东上党郡周边，位置更靠近邯郸。秦国的盘算是打算用过去从晋中南部侵占的赵国旧地，换取东上党的赵国领土，不仅会把势力伸进上党郡，还会对邯郸造成威胁。

赵王毁约不同意换地，是明智的选择。

阏与的位置已属晋中以东地区，秦军由胡阳统帅，行军路线依然取白起走过的老路，从河东郡出发溯汾河北上，进入晋中盆地后再折向东。秦军围攻阏与的目的，是威胁太行八陉中的井陉（即今天河北石家庄以西，石太高速公路穿越的井陉），切断晋阳与邯郸之间的联系。如果秦军的目的实现，赵国的领土将被切半，不再是横跨山西、河北两省的赵国，而变成只有河北省的赵国了。马服君赵奢取得阏与之战的胜利，其意义有两点：

首先，在后人讨论赵国军事改革成果的言辞中，总有一种非黑即白的片面之论，说赵国强盛是源于学习游牧民族搞胡服骑射，赵军骑兵强步兵弱，擅攻不擅守，擅长平原作战不擅长山地阻击，但是，阏与之战却用事实驳回了这种谬谈，阏与之战是典型的山地防御阻击战，证实赵军在山地战方面并不输于秦军。

其次，阏与之战不是一场独立的战斗，更不是只有秦、赵两方参与。赵奢救援阏与时，魏军在晋南积极策应，公子魏咎取道河内郡向安邑进兵，对秦军后方形成威胁，使北上深入的秦军陷入战线过长，老巢不保的忧患当中。秦军在阏与被击败后又迁怒于魏，转攻魏国几邑。赵国担心魏军孤立难支，让廉颇率赵军救援几邑，联军再次击败秦军，取得几邑之胜。赵、魏两军在南北两线互相配合，充分体现了"团结三晋"策略的合作抗秦战略。

阏与之战让已经二十年没打过败仗的秦国再次品味到战败的感觉。一时间"天下震动"，这个"天下"肯定也包括秦国在内，只不过他的震动与别人不同罢了——这次战败对秦军军力的打击并不严重，对秦国国力更谈不上折损，但是给秦国声誉或者说面子上造成的影响却很恶劣。但此时的秦国统治者是兼有野蛮贪婪本性与积极进取精神的秦昭襄王，一两次战败不会阻挡他吞并天下的野心。

秦昭襄王迅速采纳范雎的倡议，开始推行"远交近攻"战略——这四字战略不是范雎发明的，以前就被秦国采纳过，只不过范雎对此进行了理论总结和文字概括。在范雎给秦王规划"远交近攻"争夺天下的布局中，燕、齐是远交的对象；楚国正处在昏君顷襄王在位时期，毫无振作之态，可以暂不打击；三晋成为近攻的对象，军事力量最强的赵国被秦视为主要假想敌，但鉴于赵魏的抱团和本着先捏软柿子的原则，秦国将三晋中最弱的韩国列为优先打击目标。在范雎眼中，韩、魏两国所处的位置是"中国"，被当成"天下枢纽"。说得再具体些，这个天下枢纽的核心，就是晋南"三叉星"。长平之战的端倪，就是秦、韩、赵三家针对晋南"三叉星"的一场较量。

齐国说客苏厉给赵惠文王分析晋南地区地缘政治特征的那番话里，有一句"秦以三郡攻王之上党"的预言，这"三郡"就是河东郡、三川郡和河内郡。再算上上党，一共四个郡，都是分布在"三叉星"周边的。

阏与之战发生前，秦国有三叉星左边的河东郡，韩、赵两国拥有右边的上党郡，韩国拥有下面的河内郡和三川郡。因此秦国只能从一路出击，北上进犯赵国。阏与之战后，吸取教训的秦国加紧了对韩国的

打击。从公元前264年开始，秦军对韩国的西上党郡和河内郡展开不间断进攻：公元前264年，攻占韩国西上党郡的陉城，杀韩军五万人；前263年，攻占南阳太行道；前262年，攻占野王，断绝上党；前261年，攻占缑氏（今河南偃师市南），由此才让上党郡的原韩国官僚举全郡投赵，引发了长平之战。

过去，绝大部分文字都把秦军攻占野王，上党道绝当成长平之战的导火索，笔者必须再次更正一下：在攻占野王前一年，秦军攻占太行的事件才是引发长平之战的关键。从随后的历史发展来看，秦军占野王，不过是往韩国人的肚脐眼上补枪；秦军占太行道，才是扼住了天下人的咽喉。

太行道，即太行八陉里的太行陉，位于今天晋南的泽州市以南。出太行陉南行，是河内郡的沁阳（今河南焦作市西侧），与之相望的黄河南岸，就是楚汉战争中刘邦、项羽长期据守对抗的成皋、荥阳和天下粮草西入关中的集散地敖仓；入太行陉北行，经过羊肠阪和天井关（今晋城市以南）两个内陉，可直通晋城盆地和丹河河谷盆地。而在这条南北向的太行陉以西，是雒阳，以东，是魏惠王修浚、沟通黄淮两大水系的运河"鸿沟"的起始点。

东南西北四通八达，且每个方向都是兵家必争的要害之地，天下的十字路口，关东六国安危悬系于此。这就是太行陉。

战国晚期，秦昭襄王在谋臣范雎"远交近攻"战略的建议下，连年征伐三晋的韩、魏两国，其中重点就是太行陉和周边属于河内郡的战略要地："举兵而攻荥阳，

则成皋之路不通；北斩太行之道，则上党之兵不下；一举而攻荥阳，则其国断而为三。魏韩见必亡，焉得不听？韩听，而霸事可成也。"秦昭襄王就照他说的去做了，由此引发了长平之战。

又过去几十年，到了楚汉战争，刘邦阵营的谋臣兼说客郦食其也论述了太行陉的重要性。郦食其也是耍嘴皮子的高手，汉三年秋（公元前 204 年），刘邦正被项羽打得抱头鼠窜，连爹家小都顾不得了，从彭城一路逃回关中。郦食其给他加油打气，劝他振作精神，带兵重出函谷关争天下，"收取荥阳，据敖仓之粟，塞成皋之险，杜太行之道"，固守这块战略要地。刘邦振作精神，依计而行，逐渐改变了己方的不利局面。

当公元前 263 年白起攻占太行陉时，韩国河内郡的绝大部分都已经失守，说得再准确点，此时的河内郡已是秦国在函谷关以东的一块突出部。三叉星的左侧和下侧，如今都是秦国领土，这样一来，赵国和魏国面对的形势就急剧恶化了。赵国将面临着秦军取道河东郡和太行陉，同时被两路夹击的局面，苏厉"秦以三郡攻王之上党"的预言，现在可以实现了。秦军还可以堵截在太行陉南口的沁阳—平皋—成皋一线，防止魏军西进，若秦军再度出击北上侵犯晋中或东进侵犯上党，魏军就无法在南线策应赵国。

长平之战，赵国是被动的参与者，这点毋庸置疑。自此战后两千多年来，无数史家和文人在抒发感叹之余，还对一个问题进行了持久的争议：当韩国西上党郡守冯亭"举十七邑投赵"时，面对这顿既诱人又烫手的美食，赵国到底该不该要？

绝大部分的争论，除了比较秦国和赵国此时的国力、军力外，还主要针对《史记·赵世家》中平原君赵胜与平阳君赵豹之间意见相左的言辞（即赵胜支持接纳上党和赵豹反对接纳上党的政治观点）对抗，以赵胜表现的贪欲与赵豹表现的谨慎来为自己的立场做依据，同时极力反驳对方。如果单纯从这个角度分析的话，笔者的观点也倾向于赵国不应该接受这份大礼。

但是，千百年来的这些争论，却罕有从地理和地缘政治角度做分析判断的：在秦国已经控制了河内郡与太行陉的前提下，如果赵国再以无动于衷的态度，坐视秦军吞并韩国西上党郡，那么赵国东上党郡肯定是秦昭襄王的下一个目标。自秦赵争霸二十多年以来，一直处于防御作战姿态的赵国根本没有选择的余地，长平之战打也得打，不打也得打，最多只有早打晚打的区别——早点打，还能尽可能争取一些主动，拖得越晚越被动，与其陷入这种让别人牵着鼻子走的被动局面，还不如自己主动出击，至少还可以赌一把。

赵武灵王的"胡服骑射"是无须质疑的英明之策，但当赵国摸索出正确的国家战略规划时，秦国已走在他的前面，而且没犯过大错。赵国的崛起比秦国慢了一步，一步慢就步步慢，到公元前262—前260年，在对手的步步紧逼之下，赵国不得不坐到赌桌边上。

五 长平战鼓烟尘飘 岁久遗垒金不销

现在就有一个问题：发生长平之战的准确时间是在什么时候，此战又到底打了多久？

有一种特别流行的说法，称长平之战中，廉颇以坚守不出的方式，与秦军"对峙了两年多"，然后凭此得出长平之战"长达三年"的结论。这个说法犯了一个特别可笑的低级错误，这种计算在时间上是从前262年秦军攻占野王，断绝上党就开始的，它忽略了一个事实：从公元前262—前260年4月的这段时间里，秦、赵两军根本没有发生接触，更不要说对峙和交战了。

《史记·秦本纪》里的记录，提供了非常确凿的文献依据："（秦昭襄王）四十七年，秦使左庶长王龁攻韩，取上党，上党民走赵。赵军长平，以按据上党民。"秦昭襄王四十七年，就是公元前260年。将这个过程重新捋一遍就是：

公元前262年，秦军攻占野王，上党断绝，上党郡守冯亭举全郡投赵，赵国高层经过争论后欣然接受，还派出平原君赵胜为代表前去接收。这个举动激怒了秦昭襄王。公元前261年，秦军再次发兵攻占位于黄河南岸、韩国颍川郡的缑氏（今河南偃师市南），将上党与韩国本土的隔绝再次拉大，以此警告赵胜和冯亭。这两人对秦却毫无服软示弱的迹象。公元前260年，秦王派出左庶长王龁率领的秦军，从河东郡出发，直接以武力吞占西上党郡。赵国得知后，迅速派出廉颇统领的二十万军队，

西进晋城盆地，据守丹河河谷西侧的空仓岭，接应从西边出逃的冯亭和韩国难民。当年4月，向东追击韩国难民的秦军，与从空仓岭向西接应韩国难民的赵军发生交战，战争爆发了。

要想对这个问题有更加直观的认识，就不能只看文字记载，还要参考山西晋南的地形图和历史地图册。

人类从上古时代开始，都习惯以河流或山岭作为部落、国家的天然边界。在山西省，河谷盆地地势平缓，土壤肥沃，是适居、适耕，交通便利的地域。盆地的面积有限，土地很宝贵，还被周围的山岭围成封闭空间，因而不以河流作为分界线，而是以山脉分水岭作为边界线。在山西省南部，包括中条、王屋二山搭成的这个"三叉星"在内的几条山脉，将整个晋南地区切出一大三小共四块河谷盆地。当地呈现两道岭夹一盆地，两盆地隔一道岭，高低间错如同波浪一般的地形特征。为了便于理解，笔者以英语字母代表盆地，以汉语天干代表山脉分水岭的方式加以解释说明。

整个晋南的地形按照自西向东的顺序，就是A甲B乙C丙D。A是秦国的河东郡，B和C合起来是韩国的西上党郡；D是赵国的东上党郡。只要弄清楚了这个地形，就不难理解公元前262—前260年4月发生的事情了：秦军从A出发越过甲攻占B；赵军从D出发越过丙占领C。公元前260年4月，双方终于在乙相遇，打起来了。

故此，长平之战的爆发时间是公元前
260年的4月，持续到9月，前后只有5个月。
因为以讹传讹的原因，这个"长达三年"
的不实论述，如今已经非常普及，譬如维
基百科网站中关于长平之战的词条介绍内
容，直到现在还在坚持这个错误说法。

当年4月，两军小股斥候首先在空仓
位置，有南、北鄣城之分。
二鄣城与浩山东麓的光狼城
结成一个三角形，不仅可以
互相呼应，还能给西垒壁的
后方提供三个支撑点，可以
充当将领的后方指挥所、粮
草补给和后备兵员的囤积集
散地等等。

尽管已经如此安排，廉
颇依然没有守住，到了7月，
空仓岭防线被秦军突破，二
鄣城也被攻占，赵军在丹河
西岸已无法立足，大幅退回
东岸。廉颇再次在丹河东岸
和后方的丹朱岭—羊头山—
韩王山—大粮山一线，重新
构筑起一道有多重纵深的新
垒壁长城防御体系。此后，
赵军坚守这道垒壁，龟缩不
出，秦军对此也是无能为力，
双方陷入僵持状态，一直到
赵军临阵换将，以赵括替代
廉颇。

从地图上可以看到，赵
军退守丹河东岸，之前占据
的丹河河谷就丢掉一半了，

岭以西接战，赵军初战受挫，一个叫"茄"
的裨将还被秦军斩杀。在秦军猛烈进攻下，
廉颇不得不采取守势。他就地利用空仓岭
的险峻地形，在山岭上临时修筑起一道长
城，即西垒壁。赵军又在丹河西岸、空仓
岭东麓的山脚下修筑了两个小型堡城，安
排四个都尉领兵据守。两个堡城依照相互

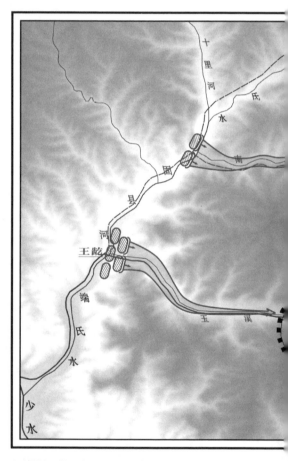

◎ 辗转长平第一阶段（王晓明 绘）

盆地	山脉分水岭
A：临汾—运城盆地 （面积最大、出产解盐的膏腴之地）	甲：中条山、王屋山
B：沁河河谷	乙：太岳山向南延伸的一条支脉空仓岭
C：晋城盆地 （该盆地北部的丹河河谷为长平之战主战场）	丙：太行山南端支脉丹 朱岭—羊头山—关岭山—韩王山—大粮山
D：长治盆地	

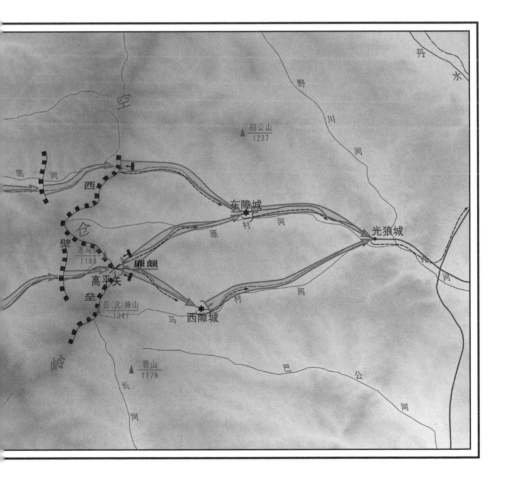

而且又处于秦攻赵守的态势,若是用"你从哪里来,又回到哪里去"这句话来讥讽赵军,应该还是挺恰当的。这场秦、赵两强争夺韩国上党郡的角逐,从此时的表面情况上看,可宣布秦国实现了战前意图,获得了战略意义上的胜利。

新的问题就由此产生:廉颇为什么迅速丢掉了空仓岭防线,导致两军开战才三个月,赵军就完全丧失了争夺西上党的可能性,重现了秦攻赵守、赵国被动防御的局面?更严重的是,如今西上党已入强秦囊中,可这场仗还没有打完呢,两军正处于对峙状态,赵国这不是偷鸡不成反遭罪吗?

本文之前的各种问题,都可以从历史书里找到一些蛛丝马迹,但是要想破解这两个问题,光看历史书根本无济于事,司马迁和刘向的文言文里没给出任何解答。不要妄图从历史考据的角度去找答案,而是要看地图册,看地形图,通过对军事、地理、考古和地缘政治四个方面的综合分析寻找答案。

"夺山口,抢盆地",答案就在笔者之前总结的这六个字里。丹河河谷盆地就像一个大口朝下的破酒瓶子。空仓岭是酒瓶左壁,大粮山—七佛山是酒瓶右壁,丹朱岭—羊头山是朝天的酒瓶底,朝下的瓶嘴就是太行陉。太行陉是外陉,往南走出来就到了河内郡。太行陉的北侧或者说酒瓶口里面,还有两个内陉——羊肠阪、天井关,他们和太行陉连成一条南北纵穿的通路,就是瓶颈了。

这个破酒瓶子的确太破烂了,在左壁和瓶底还漏了三个眼。左壁空仓岭上的眼,

叫高平关,是连接丹河河谷与沁河河谷的一个山口。在高平关的东边,还有一个叫浩山的空仓岭支脉,山的南北两侧各有一条通往丹河的通路,二郫城修筑的位置,正好一南一北,堵截在这两条通路上。

看清了这个地形,一切就明白了:攻(守)城,重点攻(守)的是脆弱的城门;同理,攻(守)山,强调攻(守)的是关键的山口。从西边打过来的秦军要想穿越空仓岭进入东边的丹河河谷,只能取道高平关。廉颇在空仓岭修建西垒壁,核心目标就是坚守这个山口,为了加强关隘的防御能力,又在高平关东侧,浩山南北这两条通路上各修一个堡城,浩山东侧还有一座光狼城。一旦高平关失守,两个堡城和光狼城也可以对破关而入的秦军形成重障,阻击或迟缓秦军向丹河河谷突入。

如此排兵布阵,廉颇真可谓是煞费苦心。

这样布防的西垒壁,虽不敢以固若金汤评价,但足以给来攻的秦军一点颜色瞧瞧。廉颇却只坚持了三个月,初战遇挫后就彻底放弃了。从各种史籍资料综合起来看,在空仓岭发生的这几场战斗并不激烈,算不上什么大仗,尽管对赵军造成了一定损失,但损失还远远达不到难以承受的地步,更不至于惨重到必须弃守山口,从前沿阵地全线后撤的程度。以廉颇的处世为人,再参考他的"负荆请罪"行为,可以得知他是一个粗犷直率、敢作敢当、心胸坦荡的元老宿将,做事不可能不经过深思熟虑。他如此行动,主要是担心在空仓岭赵军防线侧后,丹河河谷以南连接河内郡的太行陉。

当赵军防守空仓岭时，太行陉就位于他的南线左后翼位置了。笔者可以用"12点钟方位"表达法来进行比较形象的解释：背东面西、站在空仓岭上的廉颇大将军，此时高平关就在他的脚下，在他正前方12点钟，是在王龁指挥下猛攻过来的秦军；但位于他左后脑勺7—8点钟方向的重要关隘太行陉，早在三年前就已经被秦军控制。两军主力在空仓岭接战时，如果秦国能再组织起一支偏师从河东郡出发，取太行陉—羊肠阪—天井关北上进入晋城盆地，就可以切断空仓岭的赵军后路，包抄廉颇。

这不是笔者的猜想，而是事实；也不是对战争的推断，而是定论。那位"纸上谈兵"的庸才赵括，不就是这么死的吗——在白起佯败的引诱下，他率领赵军主力轻率出击，越过丹河进攻秦军防线去了。秦昭襄王得知后又惊又喜，居然亲自火速赶往河内郡，以加封民爵一级为激励手段，临时把当地十五岁以上的男子全部征发充军，取太行陉入丹河河谷，抄了赵军的后路。[1]

公元前263年，秦军白起攻占太行陉，仅仅过去三年，这件事给关东六国的战略形势造成的严重后患，就在长平之战体现出来了。

经验丰富且头脑冷静的军事将领，不会只看到眼下正在发生的战局，一定会提前做到知己知彼，预计到敌方可能采取的行动。廉颇在这一点上做得着实不错，整体表现完全符合老将的军事素养，在他指挥的三个月里，没有发挥失常的行为。史籍用寥寥几笔说明了赵军在空仓岭的损失，却没有说明赵军在此地给王龁的秦军造成的损失。书里没提，不等于没有。在战国那个主要装备还是青铜材质冷兵器的时代，人类改造自然的能力极弱，交战某方能拥有地形优势，在战斗中发挥的作用相当重要。在空仓岭西麓的山脚下，被迫采取仰攻姿态的秦军蒙受的损失，肯定会比在山梁上凭险固守的赵军更加惨重。因此，在廉颇的指挥下，赵军前三个月战斗不是完全失利的，他们在空仓岭给予秦军重大杀伤后，鉴于后方太行陉的威胁，果断回撤。

廉颇头脑清醒认清了这一点，忍痛放弃空仓岭，退避三月；赵括意气用事看不清这一点，草率强攻空仓岭，坑陷三军。

当年7月，廉颇带领赵军退守丹河东岸，再次利用山势地形构筑丹河东岸防线和东壁垒防线。顾名思义，丹河东岸防线位于河东岸。而东壁垒的主体修建在西北—东南走向的丹朱岭—羊头山—关岭山—马鞍壑一线上，长度达百里。在这一线山岭上，还有大致与其呈垂直角度，向西南方向伸入丹河河谷的韩王山、大粮山和七佛山。赵军同样利用这三条山岭修筑垒壁、指挥官行营和观察哨所，由此构筑起一道有多重纵深、可互相照应的庞大壁垒长城防御体系，从此坚守壁垒，避战不出。

---

① 出自《史记·白起王翦列传》："王自之河内，赐民爵各一级，发年十五以上悉诣长平，遮绝赵救及粮食。"

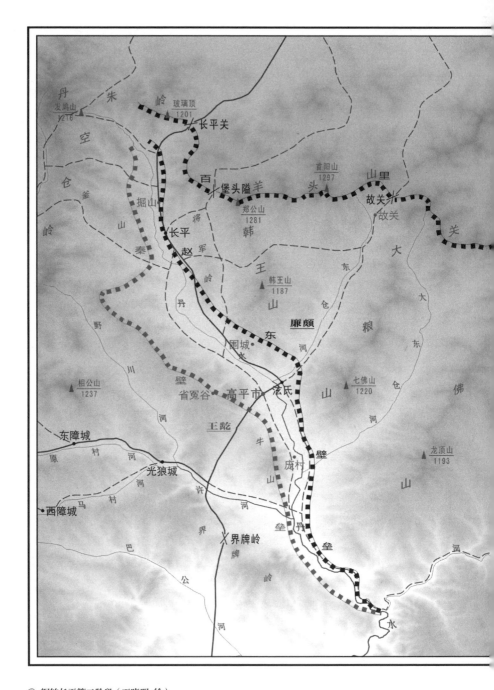

◎ 辗转长平第二阶段（王晓明 绘）

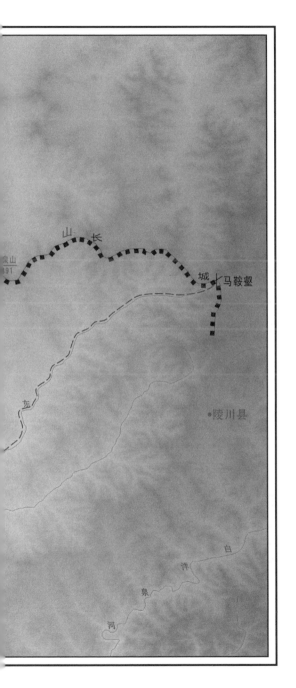

长平之战进入第二阶段。

"今天我们大踏步的后退,是为了将来大踏步的前进,不要怕砸坏了一些坛坛罐罐"——这是老电影《南征北战》里的一句经典台词,据说还是开国领袖亲口说过的。这句话里面的部分内容,就在长平之战的第二阶段体现了出来。

当廉颇退守丹河东岸后,赵军的战术依然是防守,战略目的则变更为保卫本国的东上党郡——长治盆地。当赵军退回丹河东岸后,太行陉就位于他们的正南方。还是用12点钟方位表达:当廉颇背北面南站在韩王山上时,无论是已经从高平关突入的秦军王龁部,还是可能被秦军利用的太行陉隐患,全都位于他正前方12点钟的方向。身后是祖国的东上党郡,再也没有后顾之忧了。

在司马迁笔下,《史记·白起王翦列传》以区区四句话五十一个字,就概括了本章节:"赵军士卒犯秦斥兵,秦斥兵斩赵裨将茄。六月,陷赵军,取二鄣四尉。七月,赵军筑垒壁而守之。秦又攻其垒,取二尉,败其阵,夺西垒壁。"

六 故垒中宵鬼神入 云愁月暗戈应泣

丹河河谷盆地以丹河和小东仓河交汇处的泫氏城为中心，海拔834米。这还是盆地里面属于比较"高"的位置了，越往下游就越低。相比之下，把守东壁垒的赵军拥有明显的高差优势：丹朱岭主峰海拔1131米，韩王山主峰海拔1187米，七佛山主峰海拔1220米，羊头山主峰海拔更是高达1297米，此四者主峰对比泫氏城，有300～460米的相对高差。

就在丹朱岭—羊头山防线上，还有一西一东两个山口——长平关和故关——是连通晋城盆地与长治盆地的必经之地。这两个山口是相对低势的：长平关海拔1100米，仅比主峰低30米；故关是最低势的，海拔950～970米，对比泫氏城依然具有120～140米的高差优势。[1]

虽然数字略显枯燥，但笔者依然选取一个例子来说明这种居高俯瞰的优势：位于北京市西北香山公园的主峰香炉峰海拔有575米，北京市区海拔约520米，游客站在香炉峰上，可凭肉眼观察到10～12公里外的海淀区和西城区。赵军控制的几个主峰有300～460米的相对高差，其中韩王山、大粮山与泫氏城仅有3.6公里和4公里的距离。

廉颇稳坐山头，偌大的丹河河谷尽收眼底。山下有什么一举一动，山上都看得一清二楚。秦、赵两军在此对峙，并不是单纯把各自几十万人的兵力沿两翼展开，弄出一个无比宽大的正面阵地，而是有针对性地锁定重点地段——故关，这个山口海拔最低，是赵军防线上最薄弱的地方，秦军肯定会重点"照顾"这里的。

不过，在幅员面积较大的丹河河谷北部，还有一个较小的小东仓河河谷，故关就处在这个小河谷北端尽头，被羊头山横截的位置上。大粮山和韩王山山脉向南延伸，左右相夹，使这个小河谷的东西北三面都被群山包裹。如果把丹朱岭—羊头山视为城墙，把故关视为城门的话，大粮山和韩王山就如同从城墙向外延伸出来的"马面"或瓮城，提升了城门的防御强度。

因修筑的工程规模远远超过西垒壁，后人对赵军东垒壁防线有"百里石长城"的别称，说明廉颇对坚守这条防线的信心和决心都非常大。这点是没有任何疑问的，这道防线后面就是本国的东上党，赵军已不能再退了。

长平之战过去1860多年，到了公元17世纪初的明朝晚期，根据万历二十九年辛丑科（1601年）殿试二甲进士、山西长治人周一梧的文字记叙，此时在丹朱岭、

---

[1] 故关海拔没有准确数字是因当地修建铁路和高速公路，施工时曾炸开山口，地表地形已发生人为改变，只能参考工程影响和山体地质特征，估算出当初的海拔高度。

羊头山至马鞍壑一线，断断续续还存留有五十余里长的东垒壁长城。就算是今天，丹朱岭上依然还有部分残段。

前文曾提到过魏国大夫公孙颀对上党重要性的评价："挟上党，固半国也。"在王龁进攻西上党以前，上党地区是战国的一个世外桃源，从未发生过战争，三晋之间的易地行为属于和平交换，没经历过战火创击。虽然长治盆地还不足上党的一半面积，但开发成熟，因此依然可以作为赵军的补给基地，当前方兵力的增加超过了这里的供给能力，更多的粮草物资和兵员，还可以通过内陉上党关和外陉滏口陉，从晋中盆地、华北平原地区和国都邯郸调配过来。

相比三个月前，廉颇防守空仓岭西壁垒时担心被包抄的尴尬，如今退回丹河东岸，地形优势尽享，后勤补给相对便利，还无后顾之忧。所谓"退一步海阔天空"，不就是如此情景吗？

北魏地理学家郦道元写过一册著名的河系地理专著《水经注》，为著此书，他跋涉山河艰辛考察，在讲述晋南沁河和丹河水系时，记录了自己在长平城周边看到的垒壁长城："长平城在郡之南，秦垒在城西，二军共食流水，涧相去五里。……城之左右沿山亘隰，南北五十许里，东西二十余里，悉秦、赵故垒，遗壁旧存焉。"北魏的这个长平城，就是战国时的泫氏城。古人以坐北朝南为正姿，"城之左右"就是城东城西。他还在城两边，看到了当初长平之战两军修筑的垒壁工事，此时已过去大约750年了，这些古迹合起来还有

七十余里的长度，由此可见当初修筑得很牢靠。

长平城东西两边的这些故垒遗迹，就是东垒壁和西垒壁——谁如果就这么想当然地做出推断，那就犯错了。请注意郦氏文中这两句："秦垒在城西，二军共食流水……城之左右沿山亘隰……悉秦、赵故垒，遗壁旧存焉。""隰"，是低湿之意；"亘隰"，可以理解为连续不断的低湿之地，那么肯定不是在山梁上。郦氏在城东西两边的所见，是秦、赵两军在丹河两岸各自修筑的前沿垒壁防线，为了和空仓岭的西垒壁、丹朱岭沿线的东垒壁加以区分，不妨把丹河两岸的两军垒壁称为秦垒壁和赵垒壁。

"战国"，顾名思义，因时值天下诸国混战不休而得名。既然有战争，就会强烈刺激军事需求，由此，战国成为中国古代军事技术装备、军事战略思想和战术运用体系得到突飞猛进的时代。长平之战所处的战国晚期，秦、赵军都已经组建了独立的骑兵集团，利用无马镫骑兵的机动性和有限突击能力，突击对方防线或进行迂回包抄。赵武灵王的"胡服骑射"就是战国晚期骑兵军事改革的代表。再如秦始皇陵兵马俑，既有车兵，又有骑兵，说明这时秦军的机动兵种，已经处在由战车向骑兵发展的过渡阶段。随后的楚汉战争中，西楚霸王项羽更是使用骑兵的翘楚。骑兵集团的出现和骑兵战术的运用，促使同时代的各国军事指挥将领，必须采取相应的制衡战术。

丹朱岭一羊头山一线的东垒壁已经位

于丹河河谷的东北边缘，如果廉颇完全退守东垒壁，虽拥有险峻地利，却把地形平坦开阔、极适合骑兵驰骋的丹河河谷全都让给秦军了，还使本方缺少防御纵深。于是，廉颇就在丹河东岸附近的河滩平地上，以泫氏城为中心，修筑了与丹河大致呈平行走向的赵垒壁。赵垒壁向西北一直延伸到长平关，向南延伸到高平、晋城交界的上、下城公村，绵延百里以上，成为赵军的最前沿防线。

如此一来，赵军拥有丹河东岸河滩平地上的赵垒壁前沿防线及丹朱岭上的东垒壁防线，在丹朱岭后面的长治盆地，还部署随时准备增援前沿的赵军预备队。最终，赵军形成了有多重防线构成的大纵深防御体系。

廉颇是如此规划的，河对岸的对手和他想到一块儿去了。

王龁是突入丹河河谷了，但是任凭如何挑战，赵军死活不再应战，可谁知道廉颇会不会趁秦军懈怠时搞突然袭击呢。赵军如果组织几队悍勇敢死精兵，向无险可守的河谷盆地来一个冲锋，那里的秦军一定会遭到很大冲击；更何况赵武灵王的"胡服骑射"早就名扬天下了。在战国晚期的著名将领里，王龁名气不如廉颇和李牧，成就不如白起和王翦王贲父子，但并不代表他没水平，他只是被这些人盖住了风头而已。做到知己知彼，对有可能发生的情况做出提前预防，是王龁这种宿将必备的军事素养。

在丹河西岸附近，恰好有一道叫李家山的山岭，是空仓岭东麓延伸出来的支脉；

在处于相对下游位置的浩山东麓山脚下，还有一座光狼城。因此，本着与廉颇相似的顾虑，王龁就以李家山—光狼城一线为中心，构筑了秦垒壁防线。秦垒壁向北一直延续到釜山与丹朱岭快要接的地方，向南一直延续到丹河河谷南部的河滩平地，建筑规模与赵垒壁旗鼓相当。

秦军以秦垒壁为前沿防线，以空仓岭西垒壁为第二道防线。另外，还在空仓岭西边的沁河河谷布置了有数万人的秦军重兵，这在随后的战斗中发挥了至关重要的作用。

当秦垒壁和赵垒壁完工之后，以中间的丹河为对称线，秦、赵两军都形成了各自拥有前后两道防线，前后两块纵深阵地和一块后方阵地的大纵深防御体系。整个丹河河谷布满了垒壁长城，如同一张被切割得支离破碎的披萨饼。

作为双方的前沿阵地，秦垒壁和赵垒壁之间最近的地方大致为 3.6 公里，中间就隔着丹河。秦军数次挑战，赵军皆不应战。这么近的距离，双方就没有擦枪走火的时候？一条丹河就这么管用？

如果想解答这两个问题，就又要涉及另外两个学科：水文和季节性气候因素。作为黄河中游的一条支流，丹河可不是小河。今天山西省晋南的高平市、晋城市和河南省焦作市，还是依靠丹河提供的水源。在上游修建了任庄水库、焦河水库和青天河水库等水利工程，对河水层层截留的前提下，丹河在晋城市附近河段依然有约 100 米的河宽和每秒 1520 立方米的最大径流量——后一个数字对比前一个数字，已经属于"洪峰"的概念了。由此往回推2200年，这时是公元前260年的7月，中国北方处在雨季，正是河水水位最高，水体径流量最大的时候。

当时的丹河，因为上游没有水库截留，因此，无论是河床宽度，还是水体径流量，都要比现在大得多，在泫氏城与大粮山附近河段，还有大、小东仓河在此汇入。这给双方形成冷战制造了有利的自然条件。综上所述，秦赵隔丹河而不战的疑问就完全解开了：秦、赵两军夹丹河对峙时，正处在阴雨连绵的汛期高峰，大雨还形成洪水，洪峰从丹朱岭上冲下来，河面溢涨，河水湍急，让人望而却步。你很难过来，我也很难过去，对坚守不战的廉颇来说，这等坏天气乃是神助；但对河对岸的王龁来说，这可是倒了大霉。

古人常说，为将带兵，除了要熟读兵法体察军心，还要留意观察所到之处的山川形势，"上知天文，下知地理"，此话着实不虚。

秦垒壁和赵垒壁的建筑规模非常之大，都超过百里，合计约有270里长。因为秦、赵军都担心如果本方的垒壁比对方短了，对方就可以从两翼绕过去包抄。所以两军较着劲比着修，你的长一丈，我的就不能只有九尺，秦、赵垒壁就向南北两边逐渐伸展出去，越修越长，一直到山脚下为止。平原是人口密集聚居、平时生产活动频繁的地方，当战争结束，外逃躲避兵灾的老百姓回来了，这些垒壁既没用，还挺碍事，遂逐渐被人们拆掉，构筑垒壁的石料也都挪做盖房子铺路之类的生活或生产用途。

于是，就有了长平之战结束750余年后，郦道元在长平城东西两边看到的合计70里左右的垒壁遗迹。赵垒壁基本坐落在河滩平地上，被拆得最彻底。到了今天，只有在李家山的地表上，还残存少量秦垒壁的墙体。

尽管垒壁在地表以上的部分几乎被后世的老百姓拆干净了，但在地表下还存有墙基，这就给考古发掘提供了线索。二十世纪八十年代和九十年代末期，文物考古部门曾组织了两次对整个丹河河谷垒壁遗迹（包括空仓岭西垒壁、丹朱岭东垒壁和丹河两岸的秦、赵垒壁）的实地考察，进行了全面系统的研究。通过发掘地表下打夯、垒石堆砌等遗迹，以及从这些遗迹中不断出土的青铜箭镞、赵刀币、秦半两、散落人体骨骸等物，再结合对历史文献和地理环境的反复考证，终于确定了长平之战相持阶段，秦、赵两军各自垒壁防御体系的格局和工程规模。这个研究结果在当时就颇有轰动效果，因为它的出现，先肯定了一个说法，同时还否定了一个流传两千年的质疑：

（一）中国早在公元前3世纪就已经实践出大纵深防御体系，主要目的是针对当时刚刚出现的骑兵集团和步兵的大规模集结突击（基本可以理解成人海战术）；

（二）自从司马迁的《史记》一问世，两千多年以来，不断有人质疑里面记录战国兵力的数字。白起一杀就是十几万人、几十万人，长平之战后被他杀死和俘虏的赵军更是达到了40万；王翦攻灭楚国，张口就要求秦始皇必须给他60万秦军，后者居然还痛痛快快答应了……这些数字都遭到了后人的质疑。当时秦国总人口也就 500 多万，赵国还不到 400 万人，可是两国扔到长平的人就合计 100 万。这些人是怎么被投送的，简直太不可思议了。笔者在影视圈做制片人的一个老友甚至认为，古人是不分"万、千"的，那时的"40 万"不过是今天的 4 万而已。随着长平垒壁遗迹考古研究取得的进展，这个与长平之战几乎一样悠久的历史疑问就迎刃而解：100 万不仅是可能的，还是必须的。秦、赵两军在长平总计修筑了 400 余里长的垒壁长城，除此之外，还建有若干用于驻兵囤粮的堡城、在山顶上修建用于侦查的敌台、山口关隘……如此浩大的工程量，又是在极短的时间内完工的，必须投入这么多人才能保证在有限的时间内完成，同时，庞杂的阵地体系，人少了根本盯不过来，守不住。

在长期处于战争状态并随时都可能死亡的情况下，人的潜质被激发得让人难以置信，这是我等长期处在安逸平和的现代社会里所谓的"文明人"难以体会到的高压状态。[1]

本章节主要讲述了长平之战第二阶段，双方对峙时修筑的垒壁防线、兵力部署、气候地理环境影响等。这在司马迁的笔下，用的字更少了，只有 15 个字："廉颇坚壁以待秦，秦数挑战，赵兵不出。"（源自《史记·白起王翦列传》。）

七 此地由来是战场 平沙漠漠野苍苍

《史记》，是司马迁被汉武帝施以辱刑后修撰的，在这个过程中，不可避免会掺入个人立场以及微妙的情绪发泄。以《史记》为代表，绝大多数有关长平之战的史籍文献里，都把赵国摆在了弱者的角度上，着重描述赵国的惨痛损失和秦国的残暴，尤其突出了白起坑杀的 40 万赵军战俘，从字里行间表达出对秦国的谴责和对赵国的同情，却对秦国的损失轻描淡写。实际上，秦国在这场恶战中的损失也非常严重，完全是一场惨胜。

秦军在长平之战的损失，主要是兵员。战后，白起就对秦昭襄王说过这种话："今秦虽破长平军，而秦卒死者过半，国内空。"在双方处在同一军备技术层次，且指挥将领不出现明显处置失当的前提下，正应了

---

[1] 当然，40 万赵军不可能都是担负战斗任务的野战军，即"战兵"。研究者们结合考古、后勤等因素推测，40 万赵军是由负责作战的"战兵"和负责后勤保障、物资运输、垒壁修补工作的"辅兵"组成的。

"一夫当关，万夫莫开"之语，秦军若打算攻占赵军依险峻地形构筑的防线，只能用数量优势去抵消对方的地形优势，投入的兵力一定要比赵军多。《孙子兵法》说"倍则功之"，言下之意就是兵力还不能比对手只多那么一星半点，必须要具有压倒性的优势才可以。

秦国在此战中的消耗，主要是粮草。秦军是远道而来，粮草难支，欲求速战，廉颇就看准了对方这个软肋，避战不出。十多年后一手策划赵政继位、出任秦国相邦的政治商人吕不韦，曾组织人编修《吕氏春秋》，其中在《审应览第六·应言》里提到了长平之战给秦国造成的影响："秦虽大胜于长平，三年然后决，士民倦，粮食索。"

说起这个关于军粮和粮道的话题来，简直要愁死秦人了。

秦军过去已经有多次大规模杀俘和决水灌城的劣迹，在关东六国老百姓的耳朵里早就声名狼藉，争取不到民心。王龁在四月发动对西上党郡的进攻，到七月进入相持阶段，这就意味着，夏半年耕作期最重要的几个月全都被战争耽误了，整个西上党郡当年不会有农业收成，长平战场的秦军也没有就近解决粮草补给的可能。此外，当地韩国难民在冯亭的带领下逃往赵国后，秦军还无法就近征调人力资源。秦军在当地征不到粮食也抓不到民夫，这会给他的后勤运输保障产生严重的负面影响。

秦军所需的粮草，只能依赖本国的民夫从本土运到前线。在后方，秦军距离前线最近的物资供应基地，是刚刚从韩国打下来的河内郡、三个月前王龁出发的河东郡以及更远的关中八百里秦川。

秦国攻占河内郡后，曾驱逐原韩国国民，迁入本国刑徒充实新土。河内郡饱受战火摧残，此时还没有恢复正常生产，本身并没有富余物产提供给长平战场，但它有孟津、太行陉等战略要地，是很关键的转运通道。因此，前线秦军所需物资，主要由河东郡和关中地区提供。秦国将面临的问题是，这两个地区出产的物资，通过什么方式，由哪些路径输送到长平前线。

从古至今的战争，还具有这么一个特征：前线拼的是真刀真枪的厮杀，后方拼的是国力供给和物资运输。一个在前方冲锋陷阵的战斗人员，至少需要一个民夫在后方为他提供后勤保障服务。民夫的数量是和战线的长度、运输的难易程度成正比的，随着战线逐渐延长和沿途地形难度的增加，所需民夫的数额会急剧、成倍增长；运输的效率却会急剧、成倍降低。二者之间充满矛盾。

王龁部从河东郡临汾—运城盆地出发，历经临汾—运城盆地、中条山、王屋山、沁河河谷、空仓岭、晋城盆地，一路边走边打，终于被赵军阻击在丙的前面，过不去了。古时无论行军还是货运，以利用自然河湖和人工运河的漕运最为便利。其次是在陆地上开通驰道，穿山越岭是最不方便，效率最低的交通路线。现在王龁就在犯这个兵家之讳，他不想犯讳都不行，因为晋南的地形就是这个样子——这些岭、沟、河，都是呈南北走向的。

王龁走的这条路，因自河东郡出发，

有"河东道"的古称，是当时可供秦军前往丹河河谷的两条路径之一。另外一条路叫"河内道"，名称来自河内郡，就是秦昭襄王亲自包抄赵括的线路。这两条路径有同样的起点和最初一段重合的路径：起点在秦国都城咸阳，都可以先利用漕运，取渭河顺流东下，在今天陕西省华阴、潼关一带进入黄河，从这里开始分叉，各自的具体路线为——

河内道：从华阴、潼关段黄河顺流东下，到达位于河内郡平阴、河阳附近的黄河古渡口孟津，在这里舍舟上陆，取太行陉北上晋城盆地，抵达丹河河谷。

河东道：从华阴、潼关段黄河逆流北上，在山西蒲坂进入汾河；顺汾河继续逆流北上，到达原晋国旧都曲沃和东边的翼城，水路至此结束；从翼城出发，翻越中条山北麓进入沁河河谷；沿河谷北上抵达端氏城；自端氏城向东北方向翻越空仓岭，抵达丹河河谷。因为先走水路后走山路，区别明显，因此河东道又被细分为西河东道和东河东道。

两条路对比，河内道的简洁顺畅与河东道的艰难险阻截然分明。尽管前者的路途距离比后者多出80公里，但是其中三分之二的路程可以取水路顺流而下，相对来讲比较便捷。后者却是十分艰辛，尤其是后半段的东河东道，大约140公里的路程，全部要在晋南的山岭和河谷之间艰难跋涉，"险绝"之名仅次于秦岭（秦岭的子午谷、褒斜道的长度是东河东道的一倍以上），直到今天，当地依然交通不便，只有低等级的省道。

当王龁部终于突破高平关进入丹河河谷后，从关中地区出发的秦军后续部队肯定选取河内道，而不会再考虑取河东道前往长平前线。即使是这条相对好走的河内道，全程也达450公里，依然是一条漫长且脆弱的路途。我们可以想象这么一幅宏大的长镜头画面：

在长平前线，几十万人的秦军野战军团，布列在从空仓岭到丹河河谷的垒壁后面，一筹莫展地望着北方丹朱岭山脊上的赵军垒壁。在他们的身后，是数倍于此的秦国民夫和刑徒，迤逦散布在从咸阳到太行陉之间的漫漫行程。关中盆地和临汾盆地收割囤积的成担谷粟、供应高级军吏的生鲜禽畜、腌熏的腊肉，还有咸阳工坊匠户打造好的青铜弩箭，解池盐田晒好的盐巴……都集中在渭河和汾河的渡口等着装船出发，于华阴进入黄河。南北岸分别是崤山和中条山，粮船在两山相夹的湍急河水中小心翼翼地漂流，在豫西的绵延山地间顺势而下，到达雒邑东北的孟津渡口后，苦役民夫又将粮食卸船，改为人背、畜驮或车载，整编成队，走太行陉翻过太行山，再穿过逼仄狭窄的羊肠阪和天井关，终于抵达终点——丹河河谷。

秦、赵双方的后勤补运基地，一个长达450公里，另一个几乎就在身后，差距太悬殊了。秦国投入的兵力和民夫比赵国多，后方运输的路线还比赵国长，运输路线的沿途还周折艰险——光是这三条，就给秦国的后勤保障造成了重负。

后勤运输，用现在一个流行词说明，就是物流。秦国遇到的问题就是物流瓶颈，他具有明显比赵国强大的国力，却因这个瓶颈抵消了很多。在这种比拼综合国力的对抗中，国力的体现只能是在前沿的战场上。受制于物流瓶颈，最终体现在终点的实力，只能是起点的一个残值；要是再遇到运输瘫痪或被对方切断运输线的灾难，还有可能变成负值。

《孙子兵法·地篇》专门对行军作战的地形地势进行了论述。在总结的九种形态中，重地、圮地、围地、死地四种都出现在了长平之战中。"人人之地深，背城邑多者，为重地；山林、险阻、沮泽、凡难行之道者，为圮地；所由入者隘，所从归者迂，彼寡可以击吾之众者，为围地；疾战则存，不疾战则亡者，为死地。"廉颇组织的防线就是重地，王龁的行程就是圮地，太行山的险要就是围地，两军对峙的丹河河谷就是死地。"重地则掠，圮地则行，围地则谋，死地则战"，如今秦军入重地无人无粮可掠，入圮地漫漫冗长难行，入围地无妙计可谋，入死地向赵军挑战却不应战……

这是战场上的情况，战场外也在同时发生着变数。两强正在较劲的关键阶段，如果谁能经过谈判，把第三者争取到本方的立场上；或者干脆直接冒出第三者主动跳进来搅局，将对最终的胜负产生决定性影响。在秦、赵两国周边，有能力扮演第三者且有能力把本国兵力投送进来、对长平战场发挥干预作用的，是三晋中的魏国和南方的楚国。

韩国可以先否定了，当时韩国已经羸弱得不像是一个"国"，说"附庸"更合适。

最明显的变数发生在楚国：公元前263年，楚国的庸主楚顷襄王终于死了，依靠春申君的协助，在秦国当人质的太子熊完（即考烈王）得以回国继位。在继位之初，考烈王做出亲秦的姿态谨慎应对，随后几年，他逐渐表露出想同赵国建立联盟的政治倾向。

楚国还只是刚做出亲近赵国的姿态，魏国则刮起了亲赵、亲韩、反秦的政治旋风。自赵武灵王确定团结三晋的国家战略后，赵、魏两国就越走越近，到了长平之战前后，两国已经处在如胶似漆的蜜月阶段了。战国晚期有闻名天下的四大公子，其中，魏国以"宽厚仁长"著称的信陵君魏无忌与赵国以"贤能"著称的平原君赵胜，是小舅子和大姐夫的姻亲关系。信陵君是魏国亲赵派势力的代表人物，从公元前263年秦军进攻太行陉开始，他就开始在魏国国内制造政治舆论，还组织了一支专业的炒作团队，由他亲自带头，对他的长兄魏安厘王进行游说活动，劝说对方尽早加入赵楚同盟。

此时的魏国虽然衰落了，但那种"我家祖上也阔过"的没落贵族酸腐脾气还很浓厚。因为与韩国有特殊的亲近关系，魏还想对韩国施加影响。秦国攻占太行陉与野王，魏国就出现一种声音，呼吁主动借路给韩国，使韩国本土通过魏国提供的通道，继续与上党保持联络。信陵君就把国内这两种亲赵亲韩的呼声综合起来游说魏安厘王："今韩受兵三年，秦挠之以讲，识亡不听，投质于赵，请为天下腐行顿刃，楚、赵必集兵，皆识秦之欲无穷也，非尽亡天下之国而臣海内，必不休矣。是故臣愿以从事王，王速受楚赵之约，（赵国）挟韩之质以存韩，而求故地，韩必效之。"

信陵君这番言辞讲得的确挺好听，但有编瞎话的嫌疑，当时楚国仅仅表示结连赵国的口头意愿，两国还没缔结实际盟约，根本就没有什么"楚赵之约"。他是打算打个时间差，利用传闻给他哥哥下套呢，可见他的宽厚仁长也不是那么纯粹。

如果魏国能够出兵的话，魏军沿黄河西进，哪怕只是佯动，秦军都必须分出兵力在沁阳—平皋—成皋一线设防，以保护太行陉南口和孟津渡口。楚国虽然在南方，但是楚军还是可以从魏国借道北上（邯郸之战中救援赵国的楚军就是借道魏国），或者干脆顺淮河西进，杀入秦国南阳郡，攻打武关，开辟南线第二战场。当时秦国已经到了连刑徒都被征发尽，开始考虑是否组织妇人协助前线运输的紧张程度，根本就没有预备队应付来自第三国的进攻。这两种可能只要有一个真的发生了，此后的中国都将走向另一条路。

无论是战场上的还是战场外的局势，都开始向有利于赵国、不利于秦国的方向缓慢偏移了。

八 恒多风雨幽魂泣 如在英灵古庙荒

当到了战争手段暂时无法解决问题的阶段，以外交谈判为主的政治交涉就开始发挥作用了。长平之战进入僵局后，秦、赵两国开始和谈。

今天，历史学、军史学等学术界对长平之战的各项研究中，有一个值得深思的现象：关于这个事件的绝大部分学术争论，都是集中在战场环节上的，就如本文前几章中的战争发生时间、行军路线和阵地部署等，由此产生了几种各执一词的观点。

无论这几种观点是从哪个角度进行研究的，都有一个高度统一的定论：秦、赵两军进入对峙阶段后，双方展开外交和谈，以秦昭襄王和范雎为首的秦国决策层老奸巨猾，在政治谋略方面技高一筹，把赵、魏、楚等国全都蒙住了。

论军备武力，赵军无论是将领指挥水准、兵源素质还是武器装备，都不输秦军；论政治谋略，赵国稚嫩和不自信，明显不如秦国。长平之战，是赵国的外交失算，导致了随后的战场惨败。换用现在的流行话语来诠释：赵国输在了国家软实力上。

任何研究长平之战的学者，都整齐划一地支持这个观点，没有异议。

赵国的这种不自信，在赵孝成王身上体现得最为明显。在得知长平战场初战失利后，他就准备与秦国和谈。有谋士虞卿向赵孝成王提出：

在目前前线处在秦攻赵守的状态下，若想和秦国通过外交途径达成停战，必须先要向楚、魏两国派出使者，大张旗鼓，制造出三国即将合纵，准备联手抗秦的声音。故意虚张声势，让已经被长平战场困住的秦国在政治上感到孤立，在外交上感到被动，陷入更强烈的恐慌状态。然后，赵国再向秦国派出使者，就能在谈判桌上占据主动，达成尽量有利于本方的停战协议。

惶惶忐忑的赵孝成王没有采纳虞卿的建议，而是直接向咸阳派出议和使者。赵国使者一入咸阳，就成为秦王和范雎作文章的棋子，秦国以极高规格热情款待赵使，随即开始谈判，还煞有介事地对赵国提出割地的要求，并对所割让的城邑数量表现得斤斤计较，好像真的已经很在意与赵国商榷停战事宜了。秦国又将这些事大肆宣扬出去，弄得天下皆知，让魏、楚等国都觉得秦、赵二强行将媾和言欢，和平已指日可待，于是两国都打消了与赵国合纵制秦的意愿，改为静待和谈结果了。

至于秦国再设下计谋，诓骗赵国临阵换将，以赵括替代廉颇的举动，研究者们也是一致赞扬。赵孝成王不仅缺乏军事素养，还缺少对廉颇的信任。他太在意赵军在廉颇指挥下丧失空仓岭，蒙受数次战术失败的事情，意识不到廉颇"退一步海阔天空"使赵军乃至秦国在战略上逐渐陷入被动的得当之举。

此时，以赵孝成王为首的赵国决策集团，已经制定了彻底放弃对原韩国西上党郡的领土要求，把重点放在与秦国进行停战谈判的新策略上。而廉颇之前的退守和现在的避战，不利于现阶段赵国与秦国展开的和谈。他们主要是出于这种考虑，做出了撤换廉颇的决定。

《史记》中明确说明，秦国在得知赵国换将后，也秘密以白起替换王龁。白起到达前线，以浩山东麓的光狼城为大本营，指挥秦军做出佯败假象，引诱赵括离开垒壁防线，渡河攻击秦垒壁。但是近年来，有一种研究推测逐渐引起关注：赵括到达长平前线，立即指挥赵军改守为攻的举动，是他从邯郸出发前，就已经得到赵孝成王首肯的。甚或还有说法，认为改守为攻的主张就是由赵孝成王本人下达的，赵括不过是王命的代言人与执行者。这两种观点判断的目的一致：赵国决策层企图用一次战场上的胜利，来增加谈判桌上的筹码，换取尽量有利于己方的停战协议，其战略目的已重新修订为"以打促谈，以打促和"，再一次显露出赵国在政治上的底气不足。

而这一切，早就是秦王和范雎当初设计好的连环诱计，将政治谋略、外交斗争与战场局势相互挂钩，一线主动，全线胜出。用一句有些戏谑的话说，秦王在下一盘好大的棋！[1]

已经不必等到最后的时刻了，在赵国

---

[1] 历史在这里出现了无比惊人的相似性：1945年8—9月间，国共两党在重庆展开谈判阶段，国民党阎锡山部也在晋南对共产党武装发起进攻，企图以一次军事胜利，在谈判桌上向共产党施压，由此爆发了解放战争初期著名的上党战役。发生上党战役的地点就在长治盆地，即2200年前的赵国东上党郡，与长平古战场仅隔一道丹朱岭。

最高决策集团暴露出他们的政治短板与外交失误时，长平战场上数十万赵军的悲惨命运就已经被决定。

哀其者，虞卿；误其者，赵括；杀其者，白起；害其者，赵王。

既然都已是定论，那么笔者就不再在这方面浪费笔墨了，还是把视点重新聚焦于战场，看看这惨烈的大结局。最后阶段的战斗，依然还是记录于《史记·白起王翦列传》："秦闻马服子将，乃阴使武安君白起为上将军。而王龁为尉裨将，令军中有敢泄武安君将者斩。赵括至，则出兵击秦军。秦军佯败而走，张二奇兵以劫之。赵军逐胜，追造秦壁。壁坚拒不得入，而秦奇兵二万五千人绝赵军后，又一军五千骑绝赵壁间，赵军分而为二，粮道绝。而秦出轻兵击之。赵战不利，因筑壁坚守，以待救至。秦王闻赵食道绝，王自之河内，赐民爵各一级，发年十五以上悉诣长平，遮绝赵救及粮食。至九月，赵卒不得食四十六日，皆内阴相杀食。来攻秦垒，欲出。为四队，四五复之，不能出。其将军赵括出锐卒自搏战，秦军射杀赵括。括军败，卒四十万人降武安君。武安君计曰：'前秦已拔上党，上党民不乐为秦而归赵。赵卒反覆，非尽杀之，恐为乱。'乃挟诈而尽坑杀之，遗其小者二百四十人归赵。前后斩首虏四十五万人。赵人大震。"

司马迁的这段文字，比之前讲王龁与廉颇在空仓岭—丹朱岭一线交战的66个字要多，但依然非常简略，我们还是得采用合上历史书、打开地图册的方式去勾勒细节。

赵括到达前线接过指挥权后，为准备发起进攻，首先要对赵军的布防做出调整。最后被白起包围杀害的赵军达40万人，这里面有两个需要留意的地方：

首先，如此庞大的赵军兵力只是在赵括发起进攻的阶段才被投入战场；在廉颇防守阶段，赵军兵力是从前沿赵垒壁、第二道防线东垒壁、后方长治盆地上分布部署的；决定主动进攻后，为实现兵力优势，赵括把部署在长治盆地和东垒壁的赵军调到前沿阵地，这两个地方的兵力就会相对空虚，给对手提供可乘之机。

其次，40万是赵军的主力，但还不是赵军的全部人数。直到战斗结束，险峻的东垒壁防线依然在赵军控制下，只不过秦军截断了赵括的主力与后方救援部队之间的联系。

赵括发动进攻的时间，大致是在八月。此时已是仲秋，尽管雨季已过，丹河水位却依然较高。大决战，就在一派秋高气爽的平川旷野之间开始了。依照白起制订的计划，秦军在接战后先做出佯败，将赵军主力引诱向丹河以西；然后，白起下令严防死守以北至李家山、南至光狼城为核心的秦垒壁防线，不让赵军突破。两军就在秦垒壁一线展开激战。就在两军胶着于秦垒壁防线时，白起分别以"奇兵"和骑兵各一部，插入赵军主力，对赵军形成包抄。

之所以在这里给"奇兵"两字加了引号，就是想专门强调这个"奇"字。出其不意攻其不备，为奇；瞒天过海声东击西，为奇；本方已达成战术目的，蠢敌方才后知后觉，恍然大悟与惊惧懊悔同至，为奇……这些是谁都明白的大道理。说的容易，理解就难，

想实现更难。白起的"奇兵",是这样实现的:

趁赵军主力进至丹河西岸,被阻于秦壁垒前,白起组织一支25000人的精锐秦军,从西垒壁高平关返回沁河河谷。在河谷端氏城,有一条汇入沁河的支流端氏河,端氏河发源自北方的发鸠山,是丹河河谷与长治盆地的一座界山,海拔高度为1390米,比丹朱岭羊头山的主峰还高出近100米,当地根本没有山口,平时无人通行。这25000名精锐秦军,就从端氏河逆流北上,硬是强行翻过发鸠山,进入赵军后方的长治盆地。

作为战国名将,白起以好杀著称,留给后世的名声并不好。其实白起在很多地方有他的过人之处。笔者斗胆露丑,以自己的拙见,分析下长平之战中出现的几名战国名将。

廉颇和王龁都是持重之人,规规矩矩,他们指挥作战的特点是头脑清醒、小心谨慎,面面俱到;但同时也有拘泥于兵法,循规蹈矩缺乏创新的风格。他们带兵打仗的优点就是让人放心,不会犯大错,但也做不出能让人拍案叫绝的惊人之举。当这俩人碰到一块儿,那就是八两对半斤的势均力敌,因此在这两位的指挥下,长平之战的前半阶段,就完全是教科书式的打法,有点两千年之后湘军"打呆仗"的意味。①

从平时根本没路可走的地方强行通过突入敌后,实现"奇兵"效果——笔者认为,

廉颇和王龁都曾萌生过这种想法,或者他们身边的参谋智囊团队早就提出过类似建议,但以两人一贯的持重风格,要么仍旧停留在"想法"的阶段,要么干脆在反复斟酌后加以搁置。相比之下,白起就能下这种命令,往好听了说这叫敢想敢干,往不好听了说这就是心狠手辣。

如果是廉颇对白起,白起未必会对廉颇用这一招,因为这个狠招是建立在赵军主力前出,后方兵力已经空虚的前提下,只适用于急攻的赵括,而不适用于保守的廉颇。就算白起对廉颇用了这招,廉颇被打得措手不及,布置在长治盆地的赵军后方部队也能凭数量优势,把这股秦军吃掉。和三国时偷越阴平小路进入蜀中的魏军邓艾一样,这种通过跋涉艰险抄对手后方的奇兵,都有"有去无回"的特点——这股秦军既然敢强行翻越发鸠山,就没有可能还从原路翻回去。他们出发前就已做好心理准备,自己要么是必胜之师,要么是必死之师;只有实现目的和全军覆没两个结果。

25000名秦军翻越发鸠山突入长治盆地,又以5000名骑兵"绝赵壁间",最后再加上秦昭襄王亲自从河内征发的生力军,就把赵军主力包围了。这么有限的兵力,包围了高达40万的赵军,也让人觉得不可思议。

这就又牵扯到一个概念:什么叫"包围",什么又叫"包抄"。

---

① "打呆仗"是曾国藩手下湘军武装的最大特色,湘军极为重视防御工事的修建,每到一地作战,无论攻、守,必先稳固营盘,挖深沟、筑高垒,然后等对面太平军、捻军主动来攻。

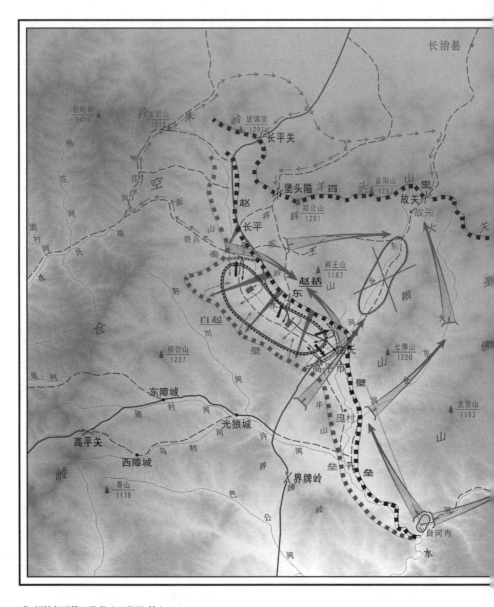

◎ 辗转长平第三阶段（王晓明 绘）

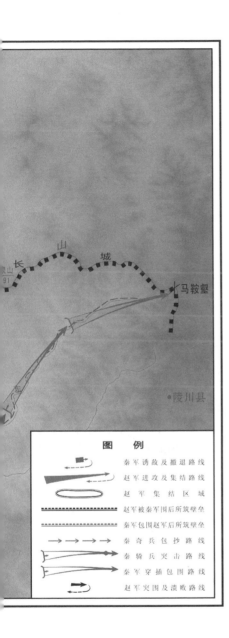

《孙子兵法》里说"十则围之"，这四个字体现的是敌我之间悬殊的兵力对比，拥有数倍于敌的兵力优势，才具有包围敌人的理论条件。但此战秦军的兵力估算为50万～60万之间，从整体上并没有对赵军形成成倍的优势。《孙子兵法》提到的这种包围，是团团包裹，密不透风。但是，翻阅中国历朝历代的战争史，这种情况的出现概率并不大，出现方式也基本都是单一的围城战。据简略统计，在中国古代战争史里，更频繁、更灵活的包围战，有以下两种。

其一，围三打一，欲擒故纵——包围敌方的大部分方向，同时留一个缺口。给他围死了，他很可能狗急跳墙，坚定防守的决心死拼到底；故意留一条"生"路，他就会产生逃生的念头，然后在其突围的路上堵截掩杀。其二，封堵要道，瓮中捉鳖——利用地势，占领敌方可供撤退转移的交通要道，正面对抗时，派兵偷偷穿插到对手后面去，把他身后的粮道或退路切断。这个更应该叫包抄，白起采取的就是这种方式。

翻越发鸠山进入长治盆地的25000名秦军，从赵军东垒壁背后，分两路直插高平关和故关，又以故关为重点。5000名秦军骑兵利用机动优势，从赵军正面阵地强行突破，冲入小东仓河河谷，使故关南北两侧都被秦军所控制。至此，丹河河谷周围四个与外界出入的山口——太行陉、高平关、长平关、故关，全部被秦军占据。白起对赵括的包抄封堵，初步完成。

如果把长平之战当成一曲战歌、一场

大戏，他的高潮部分就出现在落幕前的尾声。当赵括注意到身后故关发生的骇人逆转，在惊惧和悔恨之下，他迅速率领赵军展开对故关的争夺，试图夺回这个生死攸关的山口。两军为争夺故关发生过激烈战斗。秦昭襄王自河内组织的生力军随后抵达战场，目的就是直接增援封堵故关口的秦军。此时，对这位已经在秦国王位上稳坐了47年的老人来说，他正处在人生中最为紧张、也最兴奋的时刻，惊惧、惊喜……无论是前方的惨重伤亡还是后方的巨额消耗，都正折磨着他的神经。赵军终于发动进攻，白起已经在实施包抄计划的消息让人感觉胜利似乎就在眼前，但稍有差池就会步入万劫不复的深渊。这种折磨让他沉不住气了，这位已经65岁的老人做了决定——亲自赶往距离长平前线最近的地方督战。

关于秦昭襄王亲自征发的河内郡生力军投入战场的行动路线，有两种推论。比较普遍的说法，是河内郡秦军自太行陉北上进入丹河，没有直接扑向河谷中央的赵军或增援小东仓河河谷的秦军骑兵，而是在河谷南口的界牌岭一带转向东北行军，进击东垒壁防线最东端的马鞍壑，从这里再顺山梁一路向西，将东垒壁防线直达故关的漫长段落全部占据了。另外一种说法，是河内郡秦军从赵垒壁的东侧，绕过泫氏城，增援小东仓河河谷，使封堵故关口且已经蒙受严重战损的秦军骑兵兵力得到加强。

笔者比较倾向于后一种说法，但同时也必须申明：在长平之战的研究中，由于对河内郡秦军援兵的行动路线缺少史籍考

据、考古研究和地理资料分析等等方面的依据支持，到目前为止，还只停留在研究者们各执一词的推论阶段，没有形成定论。因此，这两种说法，都是仅供读者参考比较的。

虽经历了惨烈的厮杀，秦军插入故关的部队依然顽强把守住了这个山口，使赵括率主力突围的打算完全失败。为了防止秦军骑兵和车兵再将他们分割，赵军主力开始向核心收缩，最终聚集在韩王山以南、李家山东北、泫氏城西北方向一块呈倒三角形的地域，中间核心是韩王山的南岭主峰。当初这里是廉颇的主将行营，现在是被困赵军的阵地中心。赵括这时候应该是恢复冷静了，下令赵军重新修筑垒壁，坚守待援。

当初廉颇的主将行营大致就设置在韩王山的南岭主峰，周边有配套比较齐全的营房设施，再加上之后赵括为进攻做的准备，因此包围圈里还保留有一定数额的粮草、军器储备，甚至可能还存有战马，这为赵军的坚守待援多少提供了一点物资供应。再加上丹河的一段上游河段也成为包围圈的西侧外缘，更为被困赵军提供了宝贵的水源。众所周知，人类的体质决定人可以忍受数天的饥饿，但对水的需求却是一天都不能少的，三天不进食可勉强维持生命，三天不进水的话怕是早就虚脱了。包围圈里有水源，还有一点剩余的粮草物资，再加上求生的期望，才使赵军居然坚持46天之久。

赵军在最后时刻的表现值得称道，"来攻秦垒，欲出。为四队，四五复之，不能出。

其将军赵括出锐卒自搏战,秦军射杀赵括"。在被围困46天后,赵军还能组织四支分队,对秦军防线进行不间断的持续冲击,试图凭此得以突围,说明军心依然未垮,军官的权威也没有失效,士兵还有战斗力,在有监督的情况下能服从军纪约束。在主将赵括亲自带队突击遭到秦军射杀后,群龙无首,赵军才彻底丧失了斗志。虽然败了,但赵军还是体现出优秀的单兵军事素养。

公元前260年的九月,已经是深秋了,树枯草黄,凉风萧瑟。有些事已经结束了,还有些事正等着被结束。丹河河谷终将归于宁静。

2200多年过去了……

1995年5月的一天,位于韩王山西麓将军岭下的高平市永录乡永录村,村民李珠孩在耕翻梨园土地时,不断从地表下刨出越来越多的人体骨骸,且其间还有箭头和带钩。显然,地表下存有尸骨堆。同年10月,考古发掘正式开始,最终确定这是一个长11米、宽5米、深1.2米的尸骨坑。坑中尸骨无规则层层叠压,超过百余具,有的是仰面,有的是侧面,有的则是俯身,有的头与躯干分离,还有的头部有钝器、刀器、石块造成的创伤等,情景触目惊心。在坑内还出土了赵国刀币17枚、铜镞2件、铜带钩1件、铁带钩1件、铁簪1件、陶盆口沿残片1件。随后,在这个尸骨坑西侧还探测到一个宽3~4米、长55米,规模更大的尸骨坑。

这就是永录尸骨坑。这个尸骨坑的发现,是1995年及随后几年考古学和历史学界比较有震动性的事件,甚至还在全社会掀起了一场小小的"战国热"。笔者有从事影视工作的长期经历,听一位前辈亲诉,当年中央电视台就曾利用这个事件的影响,为古装大戏《东周列国志》进行前期宣传。

在长平之战结束后的两千多年里,历代后人不断记录当地大量的战场遗迹、遗物,还经常会拣拾到人体骨骸和青铜兵器残件。到了公元8世纪,唐明皇李隆基巡游到这里,还能看见"骨骸千具,头颅似山"。于心不忍的李隆基不仅亲自祭奠,还让人把这些暴露荒野的尸骨集中盛殓,修骷髅庙祭慰冤灵。而永录尸骨坑,则成为迄今为止保存最原始、最完好、规模最大,并最具有文物价值的古战场尸骨坑遗址,长平古战场的遗物、遗骨不再只是零散地被发现。

对这个尸骨坑的发掘研究,又证实了一些猜测:赵军放下武器投降后,遭到秦军的集体屠杀。他们被杀害的地方,就是他们刚刚放下武器的地方。秦军没有专门挖掘深坑填埋赵军尸体,而是本着就近、就易的原则,将尸体抛入附近的沟渠、河洼等地势较低处,草草掩埋。覆盖尸堆的只有一尺厚的薄土,于是才造成之后两千年地表浅层土壤被夏季雨水冲刷后,经常露出尸骨和兵器的事情。

最后,再说一件有意思的事。笔者十多年前即对长平之战产生了浓厚兴趣,为此曾利用工作之便,走访过有关的历史学、军事学和考古研究人员,期间结识了一位曾参与古战场考察及尸骨坑发掘研究的考古工作人员,脾气相投,交往日久,已成老友,他曾经吐露过一种在充分调查研究后得出的推测:

既然秦军是本着就近、就易的原则来处置赵军战俘尸体,那么在战后,当地最便于填埋尸体的地方,其实就是丹河。秦军与其还要在尸堆上盖一层薄土,不如直接将尸体抛进河里,这样的处置方式更方便。丹河是当地最大的河,自然也是当地地势最低、水体容积最大且最隐蔽的天然"尸坑"。如果技术水平发展且有关部门政策允许，能将丹河从将军岭南岭山脚下的河段进行截流的话，从这里开始到高平市的数公里河床下，将极有可能发现规模更大、更让人惊骇的尸骨堆垒层。

◎ 长平永禄尸骨坑（以上六图）

箭镞,俗称"箭头",是箭铤前端体现杀伤力的部位,由尖锐的锋、张开的两翼以及脊和铤组成。由于矢镞器形的特殊,所以它全身的各部分都有专名:前端的尖头称为"前锋",两边称为"翼",翼上打磨锐利的部分称为"刃",翼下垂的刺称为"后锋",后锋与脊相连处称为"本",中间为"脊",脊后端与铤连接处叫"关",关后端负责与木质箭杆连接的圆根称为"铤"。

箭镞必须和箭杆牢固接连才能扣在弓弦上射出去,箭杆的尾部扣弦内凹处被称作"括",从尾部算起占全杆五分之一处设"羽",用以稳定飞行姿态,抑制箭在飞行时发生滚摆。

一枝完整的"箭",就通过上述部分组合在一起了。至于装箭的容器,常被俗称为箭囊、箭壶,在古时候也有个专用名称"箙",由皮革或木料制作而成。

在上古时代的氏族部落社会,弓箭作为狩猎工具和兵器就已出现。在春秋晚期和战国后期这两个时段,箭的制作工艺发生过两次技术进步。

春秋中前期,箭镞以双翼镞为主;春秋末期,三翼镞开始流行。比起双翼镞,三翼镞的制造相对要麻烦一些。能够制造三翼镞,证明当时中国的青铜冶金加工工艺更加成熟,在铸造方面取得的进步尤其显著。用一个比喻加以说明的话,就是从双翼镞发展到三翼镞,是青铜箭镞铸造工业从"平面几何"走向"立体几何"的一次产业升级。

双翼镞属于"平面几何",用两块平板"合范"铸造,和后世铸造铜钱的工艺差不多,同一范模上可以有多个镞形,或同时浇铸多个箭镞。而三翼镞大致呈三棱锥体,需要用三块各有120度周角的"夹范"合铸而成,而且还不能同时生产。

三翼镞有镞身长短之分,战国时各国三翼镞的铸形也大不相同,但是无论长短还是铸形,三翼镞的重量都要大于双翼镞。衡量弓箭武器对目标的杀伤力和甲衣的穿透能力,取决于箭重、箭速、箭镞硬度、镞形和镞锋锐利度等若干要素。三翼镞镞体重量大,镞尾铤长,这是优势;但是重量大了,速度就受影响,没有足够的速度,重量优势也体现不出来;三翼镞要想获得与双翼镞同等的速度,拉弓的力量要更大……可见,重量、力量和速度,是互相影响又互相制约的矛盾三体。万幸的是,弩的制造工业也在提升,机械结构更加精巧高效的青铜弩机的出现,逐渐化解了这个三体矛盾,对推动箭镞的进化起到很大作用。比起弓,弩的发射力更大,射程更远,三翼镞与弩更是天生的绝配,无论如何放置,总有一翼隆起,可以起到准星的作用。

通过对秦始皇陵兵马俑中出土文物的研究可得知,当时秦国在武器制造方面已经有了一套严格的监管承担制度,武器上刻有生产单位或工匠的名称信息,在武器与生产者之间采取直接挂钩的责任人负责制。实际上,这不是只存在于秦国的现象,战国七雄里的其他国家也有类似的负责制度——在长平古战场部分出土的赵军箭镞上,刻有"左淖工"、"右淖工"字样,这是在赵惠文王时期设立的赵国铸兵枸的名称;燕国的箭镞,会有"左司库"、"右司库"字样,为燕国铸兵枸;若是刻有"寺工"字样的则是秦国铸兵枸。

赵国最终被秦国所灭,赵国的版图势力也仅局限在华北平原和山西,所以刻有"左淖工"、"右淖工"字样的赵军箭镞相对少见,在今天已属难得一见的稀世珍宝。

赵军箭镞的形制和材质,也和秦军迥异。赵镞圆润修长,体形和重量更大,镞身凸起三个锋利箭刃,与脊部相连形成血槽,打磨规整,倒钩锋利,流行线条更符合空气动力学。特别值得一提的是赵镞的材质：以铜镞铁铤为主，即"箭头"部分用青铜铸造，与箭杆连接的"铤"是铁质。同样的现象在燕国箭镞里也有出现。这说明，当时燕、赵两国的铁器应用和普及水平，在战国七雄里处于前列。但是认真追究原因，并非这两国的冶金能力多么发达，而是和物产资源有关。燕、赵两国大部分版图地处华北平原，这个区域的铜矿和锡矿资源相对短缺，铁矿却特别丰富，出于物产资源限制、铸造原材料成本和经济因素的综合影响，就出现了这样的情况。

抛开赵镞，再来看秦镞。秦镞已经发展到战国三翼镞类型里的一个极端——三棱镞。秦军三棱镞依然为纯青铜质地，镞身短小，仅三厘米左右，铜铤可长达半尺。秦军使用这种形制的箭镞，与杀伤力、空气动力学都无关，就一个原因：简单。三棱镞形制简单，铸造方便，便于大规模标准化生产。三棱镞上的锋、翼、刃三部分全都简化了，成为一个标准的三棱锥，全都是见棱见角的直线条，没有曲线。那么在制造时，"夹范"模具的空腔加工就很简单，铸造方便，而且对重量控制更加有效；箭镞成型出范后要进行打光，只要研磨锥体的三面即可，生产更为快捷。三棱镞镞体短小，重量不足，采取后面搭配一根很长的铜铤的方式增重，以保证箭镞的杀伤力和穿透力。

秦始皇陵兵马俑出土的秦军三棱镞是镞身和铜铤分铸的，这也是从生产角度出发的考量。一体化的三翼或三棱箭镞越长，对三个范的精度要求越高。镞身分铸可以提高箭镞的成品率，同时铤可以继续停留在平面几何阶段，采用双范大批量生产，大大提高了制造效率。因为这种简化生产工艺的影响，秦军三棱镞大小重量相差很小，说明标准化生产已经比较成熟，秦军士兵拿到任何箭镞后，可以凭自身感觉和经验射击，而不必再受分量不一等因素的困扰。

从这么一枚小小箭镞上反映出来的特性，大概能说明这既是秦军技术装备方面的优势，也是秦国能统一中国的一个局部原因吧。

◎ 秦镞

◎ 三翼铜铤三翼铁铤

九 莫将学步当真事 念此翻覆诚邯郸

长平之战是赵国衰落的标志。40万人，超过赵国总人口比例的10%，何况还都是十几岁到四十岁之间的青壮年男性。战后，说赵国几乎每家都有军烈属，也不夸张。随着赵国的衰落，关东六国再也没有可与秦国单独对抗的势力，这为战国的结束敲响了暮鼓，为天下七雄并立的时代开启了倒计时；但同时，也为关东六国最后的负隅顽抗，即合纵抗秦事业，提供了政治条件——一群没落贵族凑到一起，难道还要继续比"我家祖上也阔过"吗，如今谁也没底气对别人颐指气使，既然大家都成穷人了，就可以抱团穷帮穷了。

以此，长平之战的一个政治意义和历史意义就在于：不是判了关东六国的死刑，而是判了关东六国的"死缓"。长平之战后，紧接着爆发了邯郸之战，赵、魏、楚三国以前所未有的坦诚姿态团结起来，给予秦国一击强有力的重创，合纵抗秦事业在邯郸保卫战与第四次反秦战争中达到高潮。

长平之战后，秦军自河东郡分两路东进和北上，攻掠赵国在太行山的领土——"四十八年十月，秦复定上党郡。秦分军为二：王龁攻皮牢，拔之；司马梗定太原"——这个被复定的"上党郡"，可不是韩国的西上党，而是赵国的东上党了，同时秦军还攻占赵国的起家之地晋阳（山西太原），随时准备东出太行山进攻邯郸，有欲以此一战攻灭赵国之势。

国家存亡关头，赵孝成王在长平惨败和马上面临的亡国威胁下终于醒悟过来，苏秦的胞弟苏代和魏国信陵君也担负了合纵抗秦的大任。

秦国的文武君臣之间，存有派系矛盾。此时担任相国的范雎原本是魏人，以客卿身份受秦昭襄王重用得以成为重臣，他在秦国的根基很浅，除了抱定秦王这根大粗腿以外，再无靠山。白起是本土秦人，还是经前任相国魏冉一手提拔起来的。范雎能成为秦国的政治红人，就是因为秦昭襄王有打击权势熏天的魏冉一党的政治需求。从出身角度说，范雎和白起有外乡人与土人的矛盾；从秦国政治集团内的立场说，范雎和白起还属于两个矛盾尖锐的派系。苏代就以此为突破口，利用范雎对白起军功的忌讳，在出使秦国时对范雎进行游说，最终促使秦昭襄王同意赵国割地求和，回绝白起攻赵的要求。此举既离间了秦王与白起之间的君臣关系，又给赵国提供了近一年的喘息之机，一举两得。

赵孝成王也知道要听取虞卿的话了，对之前向秦割地求和的态度加以反思，改为重重酬谢魏、楚两国。秦王以赵王毁约为由，于公元前259年10月，以10万秦军自东上党出太行山滏口陉，进入华北平原，围攻赵都邯郸。赵国依然以廉颇为主将守卫国都。两军交战一年，邯郸不克，秦国先后增兵15万，又以王龁替换王陵；赵国方面也终于争取到楚军和信陵君率领的魏军的增援，联军不仅解了邯郸城之围，而且给予秦军惨重打击，王龁被迫带领败军回撤，中间不敢立足，一直退回到河东郡。

联军在邯郸城外给秦军造成的兵力损失，在史书中只有"秦军多失亡"这样简短的文字描述，没有提供具体的数字说明，但史籍有提及秦军在联军的打击下"为之却三十里"（《史记·平原君虞卿列传》）。秦将郑安平率领的一部秦军因为部署于邯郸城东南，归路被截，还被迫向联军投降。郑安平带领的这支秦军援兵赶来时有5万人，投降时只剩下2万人，即便有少量突围的部队，损失也超过一半。如果郑安平的情况可以代表邯郸之战秦军的整体状况，那秦军仅在邯郸城下就已经是伤筋动骨的大损了。

秦国更大的折损，是领土的得而复失和将才的损失。

秦军这一退就没有收住脚，直接退回河东郡和函谷关里面去了，之前攻占的太行陉、河内郡、野王、西上党郡，东上党郡、晋中……全都不要了。这的确有点讽刺：经历了长平之战和邯郸之战的洗劫，付出了几十万人的生命，秦、赵、魏、韩的版图，又重返十年前的老样子。

"杀神"白起因为对秦王和范雎不用其策的不满，在秦王让他重新指挥邯郸战事时，以生病为借口拒绝，还对秦王口出怨言，冷嘲热讽。后者在恼羞中把白起的军功全部抹掉，将其职位也一扒到底，先赶出咸阳，最后赐死。白起死时，距离长平之战仅仅三年。在司马迁的笔下，白起临死前曾发出对屠杀赵军战俘行为的忏悔："我固当死。长平之战，赵卒降者数十万人，我诈而尽坑之，是足以死。"

笔者一直怀疑此话的真假，不相信白起这种武人能在生命结束前，迸发出良心发现的可能。战国时代是儒学无所适用的时代，当时的武人还没有建立"杀降不祥"的道德谴责意识，尤其在秦国，商鞅的军功爵制度把武人的功名利禄直接和人头挂钩，"商君为法于秦，战斩一首赐爵一级，欲为官者五十石"。这个制度使秦国武人的观念中只有功和德，没有善和恶。这话不像是白起自己说的，反倒更像是司马迁借白起之口，替白起说的，目的是对白起本人进行道德谴责。

随后的两三年里，除了燕国趁赵国衰落发动侵略以外，秦、赵、魏、楚之间未再有大战，大家都伤得不轻，打不起仗了。一直到赵政继位，秦国才开始对关东列国发起新一轮的大规模进攻。

直到亡国前夕，赵国依然能依靠李牧在战场上多次击败秦军。《战国策》这样评述了赵国最后由李牧指挥的几场胜仗："秦、赵战于河漳之上，再战而再胜秦；战于番吾之下，再战而再胜秦。四战之后，赵亡卒数十万，邯郸仅存。"从字面上看，这是杀敌三千自损八百式的胜利，给人感觉就是"胜得越多，死得越快"。于是就有声音质疑李牧，说他打败秦军的成本太高，用了十万赵军士兵的生命才堆出他的英名。

这自然是外行话，实际情况是当时秦国已经占据了整个山西省，太行八陉秦军已经控制了六个。秦军由这六个外陉可随心所欲杀入华北平原和中原，赵、魏军无法从这里突入太行山。从地理学和地缘政治的角度一看就明白：这种状态就很类似1200年后的契丹辽国与失去"幽燕十六州"屏蔽的北宋，太行山成为秦国的天然大长城，退缩华北平原的赵国已经处在"居低临上"的位置，华北平原又是出了名的无险可守之地，战略上无比被动，李牧只能用自己巨额的兵力消耗去抵消这种地理上的绝对劣势，换取几场惨胜。

此时距离战国落幕只有十年光景，李牧所做的一切，不过是赵国这个绝症晚期病人的回光返照。

赵国没有输在战场上，也没有输在国家技术层面和军备建设方面。对此，笔者可以举出几个例子。

战国晚期，秦国已经在整体国力上具备明显优势，但关东六国也并非一无是处，某些国家会在某个具体领域领先秦国。燕国是如假包换的弱国，战国七雄里绝对倒数第一的垫底货，但是燕国在铁器的应用上，比秦、楚、韩、魏、齐等国都要普及。在辽东地区出土的燕国农具中，铁质农具超过90%，当时只有赵国的铁器应用水平接近燕国。长平古战场出土了大量秦、赵两军箭镞，秦箭镞是青铜材质，赵箭镞已经以铜镞铁铤为主。公元前3世纪末，华夏文明的冶金工艺从青铜器晚期向铁器过渡的阶段，燕、赵两国走在最前列。

另外一个例子还是有关李牧。《史记》记录李牧活动的时间非常晚，也没有单独为他列传，其生平事迹归纳于《廉颇蔺相如列传》。在这篇列传中，李牧有具体时间交待的事件，是在赵悼襄王元年（公元

前243年）以相国身份出使秦国，并于同年攻占燕国的武遂和方城（今河北省武强和固安县）。之前他在赵国北方的代郡、雁门郡驻守，防备匈奴，虽有文字记叙，所处时间却不可考，只能估计是在赵孝成王时期（公元前265—前245年）。其中他最光彩的战功，是击破匈奴对赵国北方的骚扰："边士日得赏赐而不用，皆愿一战。于是乃具选车得千三百乘，选骑得万三千匹，百金之士五万人，彀者十万人，悉勒习战。大纵畜牧，人民满野。匈奴小人，详北不胜，以数千人委之。单于闻之，大率众来入。李牧多为奇陈，张左右翼击之，大破杀匈奴十余万骑。灭襜褴，破东胡，降林胡，单于奔走。其后十余岁，匈奴不敢近赵边城。"

就是这些文字，恰好说明了当时赵军兵种装备拥有的优势。

◎ 李牧

在之前的章节里，已经反复提及赵武灵王赵雍于公元前 307 年推行的"胡服骑射"军事改革，在推行过程中曾遭到赵国国内守旧势力的抵触。公元前 295 年，赵雍困死沙丘，围困沙丘宫的公子赵成和李兑都是曾抗拒此策的保守派。因此就产生疑问，赵雍死后，"胡服骑射"是遭到守旧势力废止了，还是作为赵军的骑兵传统得以延续下去了？李牧破匈奴之战，就解开了谜底——"选车得千三百乘，选骑得万三千匹"——赵军在战斗中使用的战车和骑兵比例达到 1 比 10，战车已经成为被边缘化的配角，具有绝对数量优势的骑兵成为主角。再考虑到此战中十万彀者（弓箭手或弩手），说明赵军的北方守备部队已经以骑射为重，"胡服骑射"之风在赵雍之后没有消失，而是得到了继承和发扬。几十年后，就是这支擅长骑射的赵军最后一支精锐主力，在战略形式极为不利的情况下，依然在华北平原给予了秦军两次迎头痛击。

要想更清晰地说明赵军这种优势，最好再找同时期的对手来作横向比较。位于陕西临潼，有世界第八大奇迹之称的秦始皇陵兵马俑，是研究秦军兵种装备的最好古迹史料。秦俑二号坑为车马坑，出土战车 89 乘，驭马 356 匹，正好是 1 比 4，标准的驷马车；同坑中还出土了骑兵俑 108 具，战车与骑兵的比例约为 1 比 1.21。

秦军为 1 比 1.21，赵军竟然高达 1 比 10，不放在一起比，感觉还不直观，放在一起对比，差异之大就体现出来了。秦俑车马坑的比例说明，直到秦国统一天下，战车和骑兵在秦军兵种军备中依然同等重要，正在逐渐向骑兵为主的趋势转化。赵军的比例说明，赵国在秦国统一前，就已基本完成了骑兵取代战车的过渡，因为赵国所处的华北北方长期有林胡、楼烦等游牧狩猎民族，再加上还要防备匈奴南下骚扰，以战车取代骑兵是最好的选择。

赵国最大的缺憾是输在了政治上，其次是国家战略眼光上的短缺。

赵国是战国晚期仅次于秦国的人才大国，这是公认的看法。虞卿、蔺相如是擅于权谋的政治家，以气势逼压对方；廉颇、李牧、乐乘是擅于带兵打仗的将领，即战术军事家。唯一有全局观倾向的战略军事家、政治家，只有赵奢这么一个。

放下赵国，再看秦国。范雎就是战略军事家中的代表。他一个在秦国毫无根基的外乡人，怎么能见到秦昭襄王？几句话一说，秦王就被他牵着鼻子走，对他佩服至极了？要知道，范雎九死一生到秦国时，秦国已经一强独大了，如果他跑到燕国投奔燕昭王，那叫雪中送炭，现在跑到秦国见秦王，顶多是锦上添花。范雎必须使出浑身解数，让秦王感觉到"你是来给我送温暖的碳，而不是让我臭美的花"，所以，范雎对秦王说的都是关乎全天下的战略形式：太行陉到底有多重要，韩魏怎么是天下枢纽，出成皋、据荥阳怎么就能制关东诸国，怎么远交近攻……按现在的话说，这些就属于地缘政治学。

范雎的这些话，正好应了秦王吞并六国，一统天下的政治欲望。话还没全说完，秦王已经心悦诚服了。

类似范雎这种战国晚期的战略军事家，在秦国至少还能找出魏冉、张仪，其他国家，还有陈轸和赵奢。显然，秦国在这方面具有优势，它有一个清晰的、以"鲸吞天下"为目的的国家战略规划。秦国的外交结盟、发动战争、资源开发、农业生产、人口户籍调查等所有行动，都是围绕这个战略规划的。赵武灵王的"团结三晋，接连楚国"战略规划则主要立足于固守和结盟，与秦国的战略架构相比，就明显气势不足了。

在《战国策·赵策三》里面，有一段都平君田单和马服君赵奢之间的争论，发生时间是赵惠文王三十年，一个是火牛阵破燕军的齐国再造之人，一个是因阏与之战扬名四海的智将，二者的对话很有意思，也很精彩。前者对后者的养兵用兵策略提出异议："单闻之，帝王之兵所用者不过三万，而天下服矣；今将军必负十万、二十万之众乃用之，此单之所不服也。"[1]

赵奢回复对方的核心部分如此："古者四海之内，分为万国。城虽大，不过三百丈者。人虽众，不过三千家者。而以集兵三万，距此奚难哉？今取古之为万国者，分以为战国七，能具数十万之兵，旷日持久，数岁……今千丈之城，万家之邑相望也，而索以三万之众，围千丈之城，不存其一角，而野战不足用也，君将以此何之？"[2]

田单被赵奢这顿话说得心服口服："单不至也！"

赵奢的回复，再次证实了在战国时代，国家战略格局和军事思维的变化——从春秋的强国争霸，变成了战国的争天下；从春秋时在诸侯中追求道德领袖权威，变成七雄之间的直接吞并和武力统一。战争不再仅是战场上的战斗，还是国家实力的综合性对抗。显然，田单的脑子有些保守，还停留在周礼桎梏下的"诸侯争霸"概念中，经赵奢提醒，他才恍然大悟。

赵奢懂，也能讲出来，但并没归纳成兵法理论，吴起和商鞅就归纳总结出来了。且吴起生活的时代要比赵奢早100多年，可见吴起的思想有多么超前。吴起、赵奢和田单，前者是战略理论军事家和战术实干家，中者是战略军事家和战术实干家，后者就是个单纯的战术军事家，正应了"人比人得死，货比货得扔"那句俗语，高下立判了。

---

① 我听说，过去天子用兵不过三万，天下就能归服；现在将军您一定要有十万、二十万之多的兵力，这点我实在不能信服。

② 过去周天子分封天下为万国，都城再大，周长也不超过三百丈；人口再多，也不超过三千家。集中三万兵力去对付这种国家，有难度吗？如今，当初的万国已经分为七雄，每国都有数十万的兵力，战争也是旷日持久……周长千丈的大城，居民超过万家的大邑，都已经司空见惯了，三万兵力也就能围攻大城的一角，更不要说野战了，田桑，您打算怎么办啊？

十 六合之内皇帝之土 人迹所至无不臣者

公元前 221 年，齐国最后一位君主田建在秦军大兵压境的情况下选择出城投降，齐国灭亡。战国时代的结束，秦国的一统天下，对中国历史的重要政治意义和战略意义是第一次实践了"大一统"。我们都反复听说过"封建社会"这个词，还被灌输这样的一个概念：我国过去历史是"几千年的封建社会"。这句话有点毛病，"封建"这个词最早出现在《诗经》中的《商颂》，"命于下国，封建厥福"，《吕氏春秋》中评述为"权轻重，审大小，多建封，所以便其势也"。说俗了，就是封地建国，以为周室屏藩。

中国历史上只有周朝才是纯正的"封建社会"。从公元前 11 世纪到公元前 3 世纪，基于周朝宗法观念的封建制度持续了大约八百年。从战国时代及秦国实现统一后，封建和集权反复较量——战国是郡县制和分封制同在；秦国完全采用郡县制；西汉初年，有好几位异姓功臣封王封国，是分封制的反扑，刘邦和吕雉这对政治夫妻大杀功臣，把他们全部收拾掉，汉帝国采取同宗同姓封王封国政策，平定"七国之乱"后，汉武帝又颁布《推恩令》，对同姓封国的规模也加以限制。

之后的一千多年，发展趋势是封建逐渐式微，集权逐渐强势。14 世纪建立的大明帝国，虽然还出现了同姓亲王封藩，但明廷中央取消宰相设置内阁，加强了皇权；到清朝，连同姓封藩都被废弃了，爱新觉罗氏的亲王郡王们未经皇帝许可，连北京城都出不去，西南边疆土司也要一并改土归流，蒙古王公也被限于各旗盟划定的草原……诸如此类的形式，已经不是封建帝制国家，而是集权帝制国家。

这种从封建到集权演变的历史起点，就是战国时代。

类似的说法还有很多，如长城就属此例。一提到长城，最常见的解释就是"中国古代中原政权为防御北方游牧民族南下修筑的防御工程"。但是，实际情况恐怕未必如此。中国修建时间最早的长城，是春秋时期楚国的楚方城，位于今天河南省中南部南阳市下辖的方城县境内，是楚国北上黄河流域，为实现与晋国、齐国争霸中原而修建的。到了战国时期，七雄混战不休，都在边境线上修筑长城，目的也是防备邻国，而不是游牧民族；包括长平之战中秦、赵两军修的垒壁工事，不过是长城的另一种说法罢了。直到战国中晚期，秦、赵、燕三国才在各自的北方边境修筑针对防备游牧民族南下的长城。因此，长城最早出现在春秋战国时代，最初的用途是当时诸侯在争霸中原和吞并战争中的防御工事，自战国晚期和秦统一天下之后，对外军事需要改为防备游牧民族南下，长城的修筑选址才集中在北方草原地带与农耕地带的边界。游牧民族就这么无端为长城的出现背上了"黑锅"，而且一背就是两千多年，到现在依然没有甩掉。

秦帝国的建立和大一统，是中国历史上的首次，正因为如此，所以具有许多开创性的战略、战术，还有些被后世反复使用。比如说，秦国第一次实践了以关中平原"四塞之地"为根基的战略构架，东出崤山函谷关争夺中原的军事地理路线，之后刘邦的汉军集团对此是全盘照抄，在楚汉战争中击败项羽集团，建立汉帝国四百年基业；直至公元 6 世纪晚期，经历南北朝的民族大融合，胡汉兼杂的关陇集团依然遵循了这一原则进行他们统一的步伐，最终建立隋、唐两朝。再比如，公元前 279 年，秦军分两路攻楚，一路由白起取丹水、汉水（即今天的丹江、汉江）南下，另一路由蜀郡守张若顺长江走水路东下。首次实践了自长江上游顺势向下游进军的路线。后世发生的多次北方政权对江南的统一，都是延续这个路线；直至晚清，湘军依然遵循这个地理特征平定太平天国。

战国是个民不聊生的战乱时代，同时也是个地理大开发的时代。和西周、东周春秋前两个时期相比，战国时期的"天下"并没有向外扩张，依然还局限于东北亚黄河流域、长江流域的中原地区，但因国家战略竞争的需求，各个国家都热衷于对领土的开发。秦国在秦昭襄王晚年开始修建成都平原的都江堰、在秦始皇初年开修关中地区的郑国渠，这些是出于帮助农业生产，增强国家经济实力的目的；魏国在魏惠王时修浚的鸿沟，秦国征伐巴蜀探索的秦岭子午道、巴山的金牛道，连通关中与河外、上党的河内道等等这些是出于缓解交通压力，高效进行军事行动、物资运输

和行政管理的目的。

地理开发产生的直接效果，就是国家综合实力的增强。那么，检验地理开发的效率或者衡量国家实力的标准，也就是看领土、人口、物产和交通这几个因素。人口、物产是可再生资源，但鉴于战国时代的卫生条件和出生率增值基础，人口基数的再生需要很漫长的时间；交通压力也可以通过开发得到缓解。只有领土这种资源不能自然扩张，更关键的是，作为非再生性质的资源领土，却是人口、物产等可再生资源的承载基础。战国时代的执政者也早已认清了这种轻重有别的资源处置方式，因此，秦国把"争夺天下"的国家战略通过具体战争和外交手段表现出来，就是首先强调对他国领土的占据，然后是对他国人口的消蚀。

就以秦国来看，一个政治势力如果想实现统一，那么就要具有攘扩天下的战略规划，清晰的地缘政治和地理形势观。北京师范大学的宋杰教授十多年前曾撰写过《先秦战略地理研究》一书，我必须承认，这本书对我的影响实在是太深刻了。说句不夸张的话，这是我所读过的对中国古代国家战略观、地理经济、地理交通和地缘政治学方面文笔最清晰、认识最全面的一部著作。

在此书中，宋先生从地理战略和地缘政治角度，对战国时的国家领土进行归纳总结，有国霸之地、锁钥之地、偏离之地等等区分。限于篇幅，我斗胆以自己的理解对此加以说明：

国霸之地，可以理解为常说的根基之

地、根据地、龙兴之地，是一个国家的核心地域。核心地域是经济最发达、人口最稠密、交通最便利、土地最肥沃的"膏腴之地"，这种地方通常也是国家政治中心所在，如关中平原对秦的意义、成都平原对蜀的意义。核心区的面积未必很大，但是对国家的意义不可小觑。秦国的核心地域就是关中的八百里秦川，这地域占据秦国国土的面积比例并不大，但却集中了秦国的精华。战国七雄各自拥有自己的国霸之地，有些国家还不止一块，比如魏国就有河东和大梁两个核心区，赵国也有晋中和邯郸两个核心区，国力最弱的燕国也能拿出燕下和督亢两块核心区。

锁钥之地，可以理解为重要交通枢纽、兵家必争之地，其地位重要到敌人一想到这个地方还牢牢掌握在你的手里就特别头疼，都不敢轻易对你发动战争的地步。本文前述章节中多次提到的函谷关、太行陉，还有连通蜀中与汉中的剑阁、北京西北的居庸关等等，皆属此例。

秦国在公元前280年后之所以能一强独大，就是因为他控制的国霸之地和锁钥之地越来越多，同时还在不停抢夺其他国家的国霸之地和锁钥之地。秦国占据的战略空间越来越大，控制的战略枢纽越来越多，等他把这些空间和枢纽全部抢过来，天下就统一了。

公元前221年，秦国终于实现统一天下的目标。但秦国仅以武力方式实现了政治版图的统一，而文化、生产生活秩序的同化，民心的收拢，书同文，车同轨，统一度量衡，社会运作体制的统一等问题，

这时才刚刚开始。在这个方面，秦国做得非常不好，最终让自己成为历史的笑柄，以及让后世历代引以为戒的反面教训。

秦始皇的焚书暴政和随后项羽冲击咸阳后的报复性纵火，把无数珍贵的先秦历史资料付之一炬，以至于今天可供后人研究参考的原始资料非常的单一、有限。由此引发的诸多问题中，就包括后世对司马迁《史记》的质疑。

《史记》是二十四史之首，却有一个客观存在的问题。《史记》不是官方的修史著作，而是由司马迁独自完成的。它的历史价值不可否认，但内容的真实性一直受到后人的不断挑战。做某一历史事件的考据研究，要把多处的史料作比较后才能得出令人信服的研究结果，但是，因为秦始皇的焚书暴政，导致对先秦时代许多重大历史事件的考证，就只能依靠《史记》的内容了。

281年，《史记》付梓三百多年后，这时已经是西晋晋武帝司马炎太康年间。这年发生了一件大事：一座位于今日河南省的战国古墓被盗，盗墓者随后被抓，同时还收缴了他从古墓盗出的大批竹简。这座古墓的主人就是战国晚期信陵君的长兄魏安厘王。这些随安厘王一同埋在墓穴里的竹简，幸运地躲过秦始皇的焚书举动。

当时西晋政府对这些竹简非常重视，晋武帝命令中书监荀勖、中书令和峤负责翻译，最后再由官员负责把竹简中有关历史事件的部份整理好，并将之命名为《竹书纪年》。《竹书纪年》对史学界产生了强烈的震撼，因为它不光与《史记》所描

述的内容不同，价值取向也相异。因为《竹书纪年》的偶然出现，《史记》中所记录的先秦时代若干事件的真实性和可靠性，就受到了强烈的质疑。

因此，就产生了一个现象：《史记》本身是一本史学专著，但对《史记》所记载内容的正误进行辨析，居然比研究《史记》更有意思。

后记

"终于写完了！"

——据说，这是很多作者在截稿收笔那一刻都爱说的话，我也没能免俗。在如释重负的叹息之后，于轻松当中把拙文从头到尾再回顾一遍，在心里默念的，是三个"没想到"。

第一个没想到，是我会在这个时候、这个场合完成这篇文稿。我的本职工作是在影视行业——一个和历史、地理及军事并没有广泛交集的职业。同绝大部分中国男性一样，从撒尿和泥的顽童时代，我就对战争有着先天的热爱，十几岁进入中学后，又对地理和历史学科产生兴趣，尽管最后投身于影视行业，但没有放弃这点属于个人的小爱好。至于我对赵国和长平之战的兴趣，说起来还点意思：二十多年前，我父亲所在单位的职工工会设有一个小图书室，其中有一套《东周列国志》小人书，就是通过这套已经残破不全的儿童读物，我得知了这段历史。长平之战这个残酷的历史事件让我震动，同时也让我产生了浓厚的兴趣，再也忘不掉了。

2001—2002 年，金铁木导演拍摄大型文献纪录片《复活的军团》，本来和本片剧组无关的我，却有幸认识了有"秦俑之父"称号的袁仲一先生。我就利用这个机会，向先生请教有关长平之战的问题。以纯粹外行的身份与一位史学、考古学大师交流，我是带有"捐班的怕见科班的"那种心虚感。但袁先生和其他学者却给予我积极热情的回复、指导。这已经是十多年前的事，他们的原话我已不能全部复述，大致的意思就是：历史爱好者照样可以对历史有所认识、感悟和属于自己的观点，了解历史不在于多而在于精，本着个人兴趣选择几个侧重点，再加上自身的持之以恒，克服趋功近利的焦躁心态，就一定会有所收获。

受这些学者的鼓励和点拨，我就选择自己兴趣最浓厚的明清史和战国时代作为自己的重点，坚持了十余年。

创作本文的构想，其实很多年前就在脑子里产生了。之所以迟迟未动笔，用冠冕的话说，是觉得自己认识还不深，积累还不多，感觉还不强烈；换成大实话说，那就是一个字——"懒"。记得我还在进修电影文学专业时，师长就用恨铁不成钢的责备口气说："写得好不好看是一回事，能不能写完是另外一回事；写得不好还可以修缮，半途而废的就什么都不是！"话说得都在理上，但我就是很难改掉这种臭毛病。于是，这种要命的惰性一直延续到今年2月下旬。

2月底，我在一个平时经常出入的历史论坛里，看到一个讲解"战略与战术"的帖子。发帖者在文中讲述军事地理，以长平之战举例，提出的观点富有争议。我想分享一下自己的心得，便利用一个下午的时间专门写了一个主题帖加以详细说明，本打算就写万把字，将长平之战的战场地形以及春秋过渡到战国的社会状态交待下就得了。但这一动笔，感觉就来了，再也没能收住，干脆利用这个机会，把自己憋在肚里的念头一口气圆满了。于是，以这个未曾想到的偶然开头，就有了了却夙愿的必然结果。我算了一下，从2月底到4月初一个多月的时间里，因为工作繁重，写作此文的实际时间累计不超过八天，期间不止一次产生过犯懒辍笔的念头，但是在难以解开的心结的支配下，终于坚持下来。

天下事，以难而废者十之一，以惰而废者十之九。现在我可以用一种美妙的成就感，宣告自己又取得了一次击败懒惰的胜利。

第二个没想到，是我终于能把自己对地理和历史的感受综合起来了。

在这里，请允许我说一句不甚谦虚的话：历史并不是一门只要埋头在故纸堆里抄抄写写，就能有所收获的学科。想了解历史，就不能光翻历史书。笔者不敢存有借机抨击先贤的妄想，但有一点是客观存在的：史学家也不是全才，尽管他们在考据或文学上有所专长，但未必精通军事和地理。和军事行动有关的历史事件，只看史籍却不看地图，也不分析地形的话，就属于盲人摸象，很多细节就会一团糊涂，永远搞不清楚。

人类历史就是和大自然做斗争的过程，地理因素和气候环境因素对历史发展产生的作用相当重要。因此，历史学从开始就已经是一门杂糅了地理学和环境气候学的综合性学科。

在我还将此文憋在肚里酝酿时，就留意各种相关的文章。在相对专业的历史学论文之外，各种泛泛的历史杂文和笔记中，极少见到对著名历史事件进行地理、气候环境分析的文章。诸如本文重点讲述的秦赵长平之战就属此例。关于此战最周详的原始史料文字记载来自于《史记》，其中能把此战做最完整描述的，只有《白起王翦列传》中仅三百多字的文字。因此对长平之战的研究，就具有这么一个特征：因为第一手资料的稀缺和过于单一，单纯从文献考据学的角度进行研究显得苍白无力；但综合考古发掘、军事研究、地缘政治、地理和气候学等等学科进行综合研究的成果，却是非常具有说服力的显著事实。

依靠地理学和考古研究来分析长平之战，还得结合当地的情况：上党地区的自然地质活动和人为活动都比较稳定，没有出现过明显的波动。自公元前260年长平之战发生后，2200多年以来，晋南地区没有发生过强地震、泥石流等剧烈地质活动和自然灾害；同时山体植被资源保存也较好，森林植被被大规模砍伐的情况相对而言较为轻微，水土流失现象不严重。这两个特征，就保证了长平古战场地区的周边地表、地质条件，与当年战争发生时，基本处在同一地质性质，基本可以用现在的地理资料，套用在对两千多年前的历史研究中。

我们经常听到这么一句话"文史不分家"，最直观的例子就是二十四史，兼有描述历史的现实感与驾驭文字的艺术美学。但是还有同等重要的一句话却被大多数人疏忽了，那就是"史地不分家"。

第三个没想到，是我在文字中多少夹了一些"私货"。

自古常说"兴，百姓苦；亡，百姓苦"，从字面上理解，老百姓什么时候都是最倒霉的，现在随着自己年龄的增长和生活阅历的加深，对这句话的理解就比以前更透彻了一些。就以二十四史来说，我们所接触的这种主流价值取向的历史，都是胜利者和统治者的历史，总是以一种宏大且沉重的气势扑面而来；但他不是平民的历史，更不会迎合以善恶区分的道德价值取向。

百度百科的"长平之战"词条，解释这个事件的深远影响时，其中用了这么一句话："长平之战，秦军取得了巨大胜利，大大地削弱了赵国，为秦完成统一创造了有利的条件。"当看到这句话时，我感到毛骨悚然，忽然之间就明白了，为什么鲁迅在《狂人日记》里说中国的历史里面充斥着"吃人"的骇人场景。历史的大车轮滚滚向前，还真是不在乎飞转的轮子下被碾压的这些花花草草。用四十万赵国人的生命换来的胜利，那是要泛起多么刺鼻的血腥之气。我不敢肯定这种"有利条件"里到底都有什么，但肯定是没有人性的。

此地由来是战场，平沙漠漠野苍苍。
恒多风雨幽魂泣，如在英灵古庙荒。
赵将空余千载恨，秦兵何意再传亡。
居然词宇劳瞻拜，不信骷髅亦有王。

最后，特别声明要感谢本文中五幅战争地图的制作者王晓明先生（新浪微博ID"军事历史地图"），他没有把此事当成一次纯挣钱的"行活"，而是当成一项兴趣和事业来做，不仅义务担任了本文的校对员，还对文中长平之战的若干战役叙述过程给予了详尽的指点、说明和参考资料。由此可以看出，他对历史也有浓厚的兴趣。我没有找错制图人。对此，我深为感动。

2014 年 4 月 6 日终稿于京东肉饼慎思轩

战神的竞技场

拜占庭统军帝王传

作者：龙语者

一 "白色死神"

960 年的远东，北宋正式终结唐末以来的中原战乱站稳了脚跟。而同一时刻的亚欧交界处，另一个黑暗时代的文明帝国——东罗马帝国，完成了复兴前一系列的改革与准备，改变了这个农耕民族惯常的防御战略，正迈向黄金时代。就在赵匡胤登上开封金色的宝座时，马其顿王朝黄金时代的第一位战神尼基弗鲁斯·福卡斯正率领强大的舰队进攻克里特岛。自他开始，拜占庭帝国（即东罗马帝国）连续三代君王均精通武器装备，擅长军事谋略，热衷统帅与征服，这个时代也被称作"拜占庭的征服者时代"。

尼基夫鲁斯·福卡斯，在历史上被称为尼基夫鲁斯二世，据记载，他身体强壮，皮肤黝黑，头发浓密，双眼漆黑，眉毛很浓，鼻子略带弯钩，脸颊上覆盖着稀疏的白色汗毛。他性格粗犷，常情绪化，生活单调，驰骋疆场搏杀是他唯一的爱好。他在成为皇帝前就是帝国军队中炙手可热的人物，当时东部地区正处于阿拉伯人建立的哈姆丹王朝的威胁下，是他击败了当时哈姆丹最彪悍的统治者赛弗道莱（赛弗道莱，阿拉伯语的意思是"统治之剑"），使得东罗马军队能在东线重新占据主动。

960 年进攻克里特岛时，尼基弗鲁斯

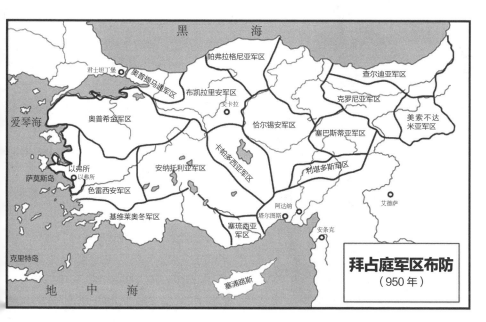

◎ 950年，东罗马帝国东部军区的情况。

还只是军队的统帅,当皇帝罗曼努斯二世在君士坦丁堡意外死亡后,他的地位有被剥夺的危险,他才返回夺权,并与先皇的皇后赛奥法诺结婚成为皇帝。有趣的是,这样的一个杀戮者在成为皇帝之前竟是个素食主义者,精神需要是祈祷和与圣徒交谈。而且,他也不近女色。这样一个禁欲主义者,有点后世十字军骑士的作风。他在东方连续取胜,最终从阿拉伯人手中夺取了整个小亚细亚以及叙利亚的北部地区,被阿拉伯人称为"白色死神"。

"白色死神"尼基夫鲁斯是第一位"战神",与其他两位战神——约翰·吉米斯

◎ 尼基夫鲁斯·福卡斯

基和巴西尔二世——相比,他的军事技术素养应该说是最优秀的。他既是军事家,也是将军。他对拜占庭军事技术有相当多的贡献和创举,这是其他两位战神所不能比拟的。首先来看他在骑兵建设上的成就。

铁甲圣骑兵经常出现在军事刊物和电脑游戏中,但成建制地使用这种超重装骑兵并不存在于拜占庭的所有历史时期。拜占庭大规模使用这种骑兵一般有三个时期:第一个时期是东罗马帝国早期,延续至查士丁尼大帝与希拉克略大帝,其中,名将贝利撒留通过对铁甲圣骑兵的组建和运用,使之达到了早期铁甲圣骑兵最辉煌的时代,之后一段时期,拜占庭帝国面对如日中天的阿拉伯帝国,只能被动防御,长时间很难组建这些昂贵的兵种;第二个时期是10世纪后期,通过尼基夫鲁斯对铁甲圣骑兵的重建与改进(利奥六世时期就有了基础),这一时期称得上是圣骑兵数量最庞大且力量最强大的时期,圣骑兵在奇里乞亚和叙利亚纵横驰骋,战无不胜;第三个时期则是12世纪科穆宁王朝短暂复兴时代,曼努埃尔一世借鉴西方骑兵的冲锋技巧而重新组建的铁甲圣骑兵,虽然在当时算得上战力超卓,但规模和质量比起尼基夫鲁斯的黄金时代还是逊色不少。

尼基夫鲁斯二世重建的铁甲圣骑兵,是当时拜占庭帝国的中央军主力,相比二百年前查士丁尼时代的重骑,骑兵马铠尽可能采用了板条甲与扎甲,而非原先的纯金属铠甲,骑手的装甲也采用了多层增强防护力。骑兵使用的长矛长度则大幅度增加,甚至可与"船篙"等长。这一时

期的铁甲圣骑兵，改变了查士丁尼时代冲击与骑射的多功能性，换而强调骑兵冲击与射击的专业性，超重装骑兵们习惯排列成钝型，以楔形队形发动猛烈冲锋，楔形阵箭头则以厚重的马铠撕开敌军阵型防御，楔形阵内的重骑兵则使用弓箭进行掩护，位于两翼的超重装枪骑兵则对被震撼的敌阵随即进行连锁冲击。

历史学家哈尔顿（J. F. Haldon）这样描述超重装骑兵："整个连人带马包裹覆盖在闪闪发光的金属铠甲中，连脸部都有甲片保护，只露出双眼。他们保持着精确的步伐前进，整齐地小跑，维持着紧密的阵型且全程沉默。不同于一般骑兵冲锋时的呐喊，圣骑兵冲锋时的齐整与诡异的宁静无时无刻不震慑着面前的敌军，让他们四散奔逃。"

由于前几代皇帝如罗曼努斯一世及君士坦丁七世的励精图治，拜占庭地方农兵也得到了充分发展，出现了一大批"中产者"及"富有者"农兵，他们也仿效中央军发展拥有装甲战马的骑兵。东部大军区1万多名骑兵中就有4000名半身或全身马甲的重骑兵。因此可以说，尼基夫鲁斯二世开创了拜占庭帝国的"超重装骑兵时代"。

对于作战战术，"白色死神"也有相当多的创举，比如，他在希兰迪安（Chelandion）型战舰[1]的船舱中设计了上骑兵跑动的通道，并在船只前方装上踏

◎ 拜占庭铁甲圣骑兵

板，让重骑兵从海上直接冲击抢滩。著名的960年克里特岛登陆战就使用了这一战法。克里特岛上的阿拉伯军队认为，阻挡拜占庭军队进攻的关键是滩头，趁东罗马重装步兵下船且无法列阵之前就进行箭雨覆盖与袭击。因为一旦列阵，阿拉伯步兵将无法对抗拜占庭军队的长矛重步兵。

但尼基夫鲁斯却让这些不畏箭雨的重装骑兵借助通道和踏板直接冲上海滩，冲乱了敌军阵脚。而当阿拉伯人再次集结完军队反击时，重装骑兵争取到的时间与空间已让重步兵们列阵完毕。随后，大纵深方阵的拜占庭重步兵"轻而易举击败了阿拉伯人"。尼基夫鲁斯的这一设计使得本来很可

---

① 一种大型的拜占庭德罗蒙战舰。

能让拜占庭军队伤亡甚大的登陆战损失甚
微。这种战法不禁让人联想起现代大型两
栖攻市舰的登陆突击，令人叹为观止。

964 年，已为皇帝的尼基夫鲁斯二世
带领大军向亚洲进军，进攻阿拉伯人哈姆
丹王朝所控制的摩普绥提亚堡垒——哈姆
丹王朝侵扰拜占庭帝国边境的重要基地。
这座堡垒防卫严密，粮食和淡水充足。尼
基夫鲁斯二世观察地形良久后，发现城池
部分城塔相对脆弱，就派遣士兵在半夜潜
入城墙墙脚下，挖了一条河沟至附近的皮
拉莫斯河，并筑坝蓄水。当阿拉伯人发现
的时候，城墙的墙脚已经浸泡在水里了。
面对拜占庭大军的围攻，阿拉伯人不敢出
城来修，导致地基很快腐烂。随后，他们
不得不从城中收集木材顶替砖石修葺，防
止坍塌。看到这种情况，尼基夫鲁斯立即
发布命令："明晨全军列阵，定破此城！"
第二天清晨，拜占庭军队发起全面进攻。
当阿拉伯人从城塔上射箭时，拜占庭步兵
就在工兵的掩护下冲入城塔，并引燃了地

基的木质支撑物。结果，城塔轰然倒塌，
上面的弓箭手被摔死，大批的拜占庭步兵
从破损处涌进堡垒完成了攻克。先水攻后
火攻，尼基夫鲁斯又在东线露了一手军事
土木工程绝学。

尼基夫鲁斯在军事管理上冷酷无情，
对开小差或违反军令的士兵绝不姑息。但
他又身先士卒，与战士同甘共苦，很受士
兵们的爱戴。他甚至会亲自教士兵驯服烈
马，训练他们的作战步伐和鼓点，或者如
何使用弓和标枪达到最大的命中率。此外，
他也是个军事狂人——他用士兵的标准训
练自己的管家和仆人，让他们射箭，练习
刀剑，驾驭战马，甚至还要求他们"出现
在战斗中最危险的地方并维持队形"。可
以说，尼基夫鲁斯二世具有一位出色军事
统帅的一切优秀素质。他亲自指挥的战役，
没有战败的。在东方，他亲自统兵，将拜
占庭帝国的领土一直推进到叙利亚，还收
复了安条克古城。

在军事理论研究上，尼基夫鲁斯二世

◎ 描绘960年尼基夫鲁斯二世进攻克里特岛的镶嵌画

◎ 尼基夫鲁斯二世攻克东方重镇阿勒颇

著有《军事学》、《前哨袭扰战》等军事著作。《军事学》是马其顿王朝黄金时代最重要的军事著作之一，《前哨袭扰战》是一本详细介绍边界冲突作战（主要指阿拉伯人与小亚细亚地区的边界冲突）的军区军官手册。后来的两位战神与他相比，都会略有差距。不过，尼基夫鲁斯二世仿佛将自身的所有天赋都投入到了军事领域，因此在其他领域并不出色。

尼基夫鲁斯二世在克里特岛登陆战中首创的重骑兵抢滩登陆，取得重大胜利后，又侦察到了岛上阿拉伯军城外军队主力的驻地，发动突袭歼灭了数万敌军。至此，也面对的克里特岛首府只剩下老弱病残。按理说，最后一战应该能轻松取胜，但"奇葩"之处就在于，他命令军中的亚美尼亚士兵先将数万敌军尸体的头颅割下来，再用长矛将这些敌军的头颅插起，列在了克里特岛首府的城门道路前。

后世著名的罗马尼亚弗拉德三世大公曾经也对入侵的奥斯曼大军营制造过这种恐怖的场面（大公更重口味一点，因为他用的是活奥斯曼战俘而不是死人），效果颇为轰动。撇开道德因素不谈，这种做法往往在防御者面对入侵者时使用才会较为有效——恫吓入侵之敌，让他们却步不前。但如果入侵者使用这招，往往会适得其反。尼基夫鲁斯二世本想通过炫耀武力使城中的敌人陷入恐惧，但他这样做的结果是：城中的人看见自己的父亲、孩子或丈夫如此惨象时，爆发了复仇的决心。他们誓死守城，发誓要与城市共存亡。精神的力量是巨大的。本来可以轻易夺城的拜占庭大军攻城数次失利，只好在岛上过冬，直至来年春天再夺取城市。

尼基夫鲁斯二世很好地诠释了"失败的心理战"案例，而第三位战神巴西尔二世在心理战方面却强得多。1014年克雷西昂战役后，巴西尔二世刺瞎了14000多名保加利亚战俘的双眼。当哭喊着的这些战俘回到首都时，保加利亚沙皇萨穆埃尔被惨状所震动，忧郁而死。战俘庆幸自己捡回一条命的同时，也完全丧失了抵抗的勇气，这使巴西尔二世势如破竹，损失甚微。之后，他又通过只在保加利亚地区收取低实物税来安抚民众，让这个本来极不安定的地区直到巴西尔二世死后很长一段时间都没有发生大规模叛乱。

作为帝国的最高管理者，尼基夫鲁斯二世也有不足之处。尽管他亲赴沙场的战役几乎全部获胜，可帝国的疆域如此广袤，西线、东线、北线都有强敌窥伺，不可能所有事情都亲力亲为，他既需要有能独当一面的好帮手，也需要在某些时候与周边国家搞好关系，从而休养生息。尼基夫鲁斯二世仗着拥有一支强大的军队同时与好些国家开仗，却又不能知人善任。他把出

◎ 硬币上的尼基夫鲁斯二世和巴西尔二世

色的外甥约翰·吉米斯基留在自己身边统帅骑兵，却派轻率的侄子曼努埃尔及尼西塔斯统兵进攻西西里岛。结果，曼努埃尔中伏被杀，尼西塔斯被俘。967 年，因为意大利领地的权益以及西方教皇为奥托一世加冕，他本人在东线，却又盲目与西方神圣罗马帝国开战，结果出师不利，拜占庭军队退回意大利南部。

同样的地区，同样的背景，尼基夫鲁斯二世的谋略便与后两位战神不同。约翰·吉米斯基 972 年大张旗鼓向阿拉伯人进军时，不愿意两线作战，为缓和与西方帝国紧张的关系，他将皇室女眷嫁给了神圣罗马帝国的皇帝奥托二世，使自己可以专心在东方攻城略地。

而巴西尔二世则在东西线拥有大批独当一面的名将，不用对西方帝国姑息。1018 年，他带兵攻克保加利亚帝国最后的堡垒时，将优秀的博雅尼斯将军派往意大利坎尼城对战诺曼骑士大获全胜，随后占领意大利南部，诺曼军队丢盔弃甲。博雅尼斯甚至计划在 1025 年与皇帝一起发动对西西里岛的远征，但因巴西尔二世去世计划取消。

内政与权术，尼基夫鲁斯二世也是个门外汉。他企图增加军役地产，借此维持

◎ 963年，尼基夫鲁斯二世在部下的"劝说"下穿上了猩红色的靴子（象征皇权），返回君士坦丁堡夺权。

君士坦丁七世以来保护农兵的政策，但他又不想限制贵族土地兼并，牺牲大批中农和贫农的利益。结果，他的主力军只能从这些获得发展的小贵族中招募。然而，即使尼基夫鲁斯征服了东方大片土地，也没有缓解由于土地兼并而造成的土地资源紧张问题。同时，因军费高昂，他不得不向公民征收更多的赋税。残酷无情的经济压榨日益严重，使他虽然在扩张战争中不断获胜，却无法获得民众的爱戴。

土地紧张使尼基夫鲁斯二世开始打教会的主意，因为当时教会的地产扩张非常剧烈。于是，他指责教会的教士只想着积累地产，忘记了自己的誓言，致使修道生活"徒有虚名，给基督的名字抹黑"。他制定非常激烈的反对教会权力扩大与土地扩张的法令后，他这个"最虔诚的教徒"被各教区的主教恨得咬牙切齿。主教们可不关心他是否虔诚，他们和所有世俗权贵一样，只关心自己到底获得了多少利益。

至此，尼基夫鲁斯二世得罪了那些低收入和普通收入的农兵、负担沉重赋税的民众，以及被剥夺大量权力的教会。而最致命的是，他很多的得力干将，比如攻克安条克城的功臣米哈伊尔·波伊斯将军，更信服于他的外甥约翰·吉米斯基，而不是他。他开始对这位曾帮过自己夺取皇位的外甥感到厌烦，并将外甥一脚踢回了庄园当地主。他的支持者越来越少，这也是导致他死亡的原因之一。

从统治者角度看，尼基夫鲁斯二世并不能胜任这个角色，他的执政态度似乎不像帝王，更似一个普通人，他将所有才干都用在了军事上，处理日常事务却一塌糊涂。在君士坦丁堡竞技场上，他曾在未通知数万观众的情况下就兴致大起，将本来的赛马车节目改为"古罗马式的群体角斗"，让大量士兵带着寒光闪闪的刀剑和长矛冲进竞技场进行格斗。但是，时过境迁的拜占庭民众没有看好莱坞动作大片的兴致，对这个令人"惊喜"的表演反而只有恐惧。他们中的很多人怀疑发生了兵变（虽然当

◎ 尼基夫鲁斯二世约翰·吉米斯基返回君士坦丁堡接受民众的欢呼。

时东罗马帝国竞技场的角斗还保留，但大都娱乐性较强），无数观众奔逃回家，一路上自相践踏，死伤不计其数，使得本来可提高尼基夫鲁斯二世声望的赛车大会成为其名声败坏的灾难。

尼基夫鲁斯二世的习惯也容易被他人左右，在迎娶前皇后赛奥法诺前，他是一个标准的禁欲主义者，不吃肉，不好色，除了传宗接代很少与妻子同行周公之礼，妻子去世后就成了纯粹的禁欲主义者。然而，他的手下担心他不好肉食及床笫之欢，会把兴趣转向变态的事情，如奢侈品或者狂欢，也担心长期不同床会使他与皇后赛奥法诺的关系紧张。皇后赛奥法诺在先皇罗曼努斯二世在世时，就是一个美艳、大胆、野心勃勃、放荡不羁的女人，可没这么容易打发。于是，皇帝周围的人纷纷劝他。尼基夫鲁斯倒是听劝，开始吃豪华的肉宴，美丽婀娜的皇后赛奥法诺似乎也打开了他的色戒之门，这位曾经不近女色的英雄非常宠爱皇后，经常送她豪华的礼服、上等果品等，到后来甚至对她言听计从，这些也为他被谋杀埋下了种子。

上面说过，尼基夫鲁斯二世在位期间，麾下并没有太多既有才华又忠诚的英才。始终跟随他的亲信只有弟弟利奥，利奥年仅 16 岁就带兵击败过北方佩切涅格人的入侵，而且还在兵力处于绝对劣势的情况下击败了哈姆丹王朝最彪悍的统治者"统治之剑"赛弗道莱的入侵。利奥是一员不可

◎ 湿壁画上怀抱幼年巴西尔二世的皇后赛奥法诺（可惜脸部被磨损了）

多得的大将，可他也很堕落，年老后成为一名贪婪且沉溺于享乐的大地主和城市包税人。

尼基夫鲁斯二世还有一位侄子名叫巴达斯·福卡斯，号称拜占庭帝国的第一猛将，单挑无人能敌，而且和格鲁吉亚的不少部落交好，但他过分依仗武力，轻视军事谋略，更忽视政略，是个纯粹的武夫，不善于出谋划策。

尼基夫鲁斯二世最出色的臣子就是约翰·吉米斯基。约翰于963年被皇帝踢回庄园后，便常去皇宫做皇后的思想工作以期重返军队。最终，他在赛奥法诺那里得到了支持。于是，尼基夫鲁斯二世的悲剧就开始了。据记载，约翰·吉米斯基虽然身材矮小，却非常强壮，并且英俊潇洒，拥有一双湛蓝的眼睛和一头火红的头发，他和美丽绝伦的皇后赛奥法诺一来二往便渐渐有了见不得人的勾当。

皇后经常在尼基夫鲁斯二世的耳边吹枕边风，劝皇帝"不要让一个勇敢的家里人沉沦在花天酒地里，应让他住到宫里来，娶一个贵族妇女（约翰的前妻病死了）；不要让一个在战场上是英雄的家里人，被别人嘲笑和嚼舌头"。尼基夫鲁斯二世听从了皇后的建议。随后，约翰住进皇宫，与皇后更是打得火热，继而让皇后满足了他更高的要求——他偷偷让一些强壮的武士潜入宫中，由皇后藏起来。

969年12月10日，约翰·吉米斯基带着名将米哈伊尔·波伊斯以及一些忠于自己的死党，在皇宫里一个小港口偷偷登陆。当时，"雪下得正紧"，得到信号的刺客，即那些被皇后藏起来的武士，用吊篮将约翰一伙人拉了上来。同时，赛奥法诺皇后欺骗尼基夫鲁斯说她要去"照看一下她的两个小朋友"（她和先皇罗曼努斯二世生的孩子，当时都是幼童，其中一位后来成为第三位战神），并温柔地暗示皇帝别锁门，之后她会回来和他同床共寝。

约翰等人找到了正在睡觉的尼基夫鲁斯，猝不及防的皇帝被乱剑刺死。据记载，是约翰亲手一剑刺穿了舅舅的脑子。57岁的尼基夫鲁斯就这样倒下了，他的卫士们本来还想抵抗，但看见皇帝的头颅后，都向约翰放下了武器。

尼基夫鲁斯二世的两个亲信——巴达斯在外省，利奥就在身边。利奥已经完全腐化了，他听到哥哥被杀的消息后，没有用金币收买亲信为哥哥报仇——此时仍有很多军人忠于他，如果他带头平叛，这些军人都会加入他的阵营。但他却惊惶失措，以最快的速度逃进了索菲亚大教堂避难。当然，这保住了他的老命，他被流放至莱斯博斯岛上。约翰以极低的代价取得了政变的成功。

◎ 969年，米哈伊尔·波伊斯攻克了东方的安条克城。

"白色死神"尼基夫鲁斯·福卡斯算得上是拜占庭英雄，是他重新组建的铁甲圣骑兵部队，使拜占庭帝国骑兵进入了辉煌的"超重装骑兵时代"；是他创立的新作战方式攻克了爱琴海上最重要的岛屿克里特岛，并在之后对阿拉伯人的反攻中连连取胜，尤其是将阿拉伯哈姆丹王朝的"统治之剑"赛弗道莱势力打得奄奄一息；是他在东方夺取了大量土地和财富，从阿拉伯人手中夺回了东罗马帝国丢失 330 多年的古城安条克。他一系列的军事行动决定了拜占庭帝国在整个小亚细亚及叙利亚北部的控制权，奠定了帝国马其顿王朝征服者时代的规模和基础。但他糟糕的内政、

不成功的外交策略以及在东方以外地区的军事失利，也抹黑了他的光环。此外，他恣意妄为的一些举动和轻率的用人模式也让他众叛亲离。统治能力的匮乏最终使他惨遭杀害。他是一名优秀的军事家，但算不上是成功的皇帝，他的墓志铭甚至被人以"他征服了一切，除了一个女人"所揶揄。

与大教长妥协保证教会的利益后，约翰·吉米斯基登上了拜占庭帝国的紫色王座，并被教会加冕，成了皇帝。幸而，他不仅是卑劣的阴谋家和谋杀者，也是那个时代杰出的将军。他将沿着尼基夫鲁斯的路以自己的方式走下去，并成为"征服者时代"的第二位战神。

二 "蓝眼睛"约翰·吉米斯基

969 年末，"万城之女皇"君士坦丁堡城内，东罗马帝国皇家大教长摆出一副义正词严的姿态，面对迈进圣索菲大教堂的"蓝眼睛"约翰·吉米斯基，声称这是一场可怕的丑闻，外甥为夺取皇位竟然谋杀了他的亲舅舅——"白色死神"尼基夫鲁斯二世。他拒绝为这个当时东罗马帝国杰出的将军加冕。

但不动声色的约翰早就明白，所有这一切只是故作姿态，他静静地等着大教长提出加冕的条件：第一，处置凶手；第二，废除尼基夫鲁斯二世对教会权力扩大与土地扩张的严厉打击政策；第三，放逐前皇后，

即危险迷人的赛奥法诺。

约翰很快对大教长的条件做出了反应。首先，他废除了尼基夫鲁斯反对教会权力扩大和土地扩张的法令，因为这条是大教长一派的利益核心所在。接着，他让一个叫利奥·巴兰特斯的将领顶替自己，成为杀害尼基夫鲁斯二世的凶手。而对于放逐赛奥法诺的要求，他也坚决执行了，将她放逐到了马尔马拉海上的肯纳里拉达岛。

任何人都可能会膨胀——连战连捷的将军会认为他在战场上能无往不胜，而像赛奥法诺这样美貌绝伦的女人会认为她在何时都能获得男人的宠爱，把男人玩弄于

◎ 大主教为约翰·吉米斯基加冕

股掌之间，甚至杀掉他们（尼基夫鲁斯二世就死在了她的手中）。也许她认为，现在这位 45 岁英俊勇武的约翰就是她的真命天子。但不幸的是，她这次碰上了对手，约翰·吉米斯基与他的舅舅不同，年轻时

◎ 古籍中拜占庭妇女的头饰

就是著名的情场老手，在他的价值观里，与权力相比，女人不值一提。为巩固自己的地位，约翰毫不犹豫就选择了政治婚姻——与君士坦丁七世的女儿结了婚。他唯一能给赛奥法诺的，就是为她的两个孩子提供保护。

拥有亚美尼亚血统的"蓝眼睛"约翰·吉米斯基谋杀舅舅后，于 970 年获得了东罗马帝国的最高统治权。与禁欲式的舅舅不同，他热爱女人和美酒，但他不是堕落贵族，他拥有无畏和冷静的气质，并掌握着高超的单人作战技巧。据说，他可以纵马单手攻击敌人的一个分队，冲阵杀死大量的敌人后还能返回东罗马军队的密集队形中。另外，他还擅长运动和射箭，他的射箭技术尤其好，箭支甚至可以从戒指中间穿过去，就像荷马笔下的希腊英雄奥德修斯。除此以外，约翰还可以驱马挥杆将放置在玻璃杯上的马球打出，玻璃杯却纹丝不动。

◎ 975年，约翰在皇家牧场狩猎

　　如果尼基夫鲁斯二世是一位优秀的理工状元，那么，约翰就是一位优秀的文科状元。在军队建设方面，他尽管并未像前任那样有技术性创新，但却拥有全局观、灵活的军事谋略以及笼络将士的本领。他最有名的部队就是由4000人组成的"不朽军"，"不朽军"来自于东罗马帝国早期对手——波斯萨珊帝国让人胆寒的重铠骑兵部队。这些骑兵由拜占庭中央军精锐铁甲圣骑兵组成，装备、战术与其他铁甲圣骑兵同出一辙，不同之处在于气势——他们浑身披挂金色的战甲，远远望去如同数千金甲战神。他们是拜占庭历史上最威武的骑兵，他们一出击就意味着战斗到了最

重要的关头，金光闪闪的重铠骑兵的猛烈冲锋会令敌方胆寒，让己方士气大振。

　　与尼基夫鲁斯四面开仗经常陷入混乱的状态不同，约翰对内对外的一系列举措稳定了国内外局势，他收缩了拜占庭帝国的扩张阵线，让皇室女眷和西方帝国奥托二世联姻，缓和了与意大利的紧张局势。

　　尼基夫鲁斯二世的侄子——被称为帝国第一猛将的巴达斯·福卡斯，在领地凯撒利亚发动叛乱后，约翰派遣自己的小舅子——巴达斯·斯科莱鲁[①]应对。临行前，约翰嘱咐斯科莱鲁两件事：第一，"尽可能不让同胞的鲜血沾满土地"，因为约翰明白士兵是帝国的宝贝，一场血腥的内战

◎ 不朽军[2]

可不是他想要的；第二，叮嘱斯科莱鲁可以许诺反叛者金钱和荣誉，甚至是将军的职位，并给了他可以用来证明的金印。

斯科莱鲁执行了约翰的计划，他将间谍化装成乞丐，偷偷混进了对方的军营并开出了投降可以得到的好处。就在此时，叛将巴达斯·福卡斯却在凯撒利亚效仿他

的叔叔，换上了皇帝才能穿的"猩红色长靴"，并宣布自己为罗马人的新皇帝。有趣的是，刚换上新鞋不久，他就听到部下在斯科莱鲁的利诱下纷纷倒戈的消息。他非常苦恼，劝说部下自己在单挑方面是无敌的，斯科莱鲁无法与自己匹敌，所以他们应该继续支持他。尽管如此，他的部下还是不停投奔斯科莱鲁。最后，福卡斯只能选择逃跑。不过，他的单挑能力确实不错。在斯科莱鲁的围追堵截下，他还是逃走了，而且，他还回马一锤杀死了一员将领。

平定叛乱后，约翰还需要处理另一个大问题。由于尼基夫鲁斯一次外交政策的失误（这种失误貌似不少），罗斯大公斯维亚托斯拉夫在帝国的支持下日益强大。这位维京人后裔英雄征服了哈扎尔王国，又趁保加利亚帝国内乱之际击败了保加利亚人，还俘虏了保加利亚的小沙皇。壮大后的罗斯势力不再满足于与东罗马帝国签订的旧约，他们开始向色雷斯平原扩张。970 年，罗斯联合佩切涅格游骑兵和保加利亚仆从军共 3 万人对拜占庭帝国发起入侵。约翰派遣小舅子斯科莱鲁前去迎战，带领军区农骑兵 1 万余人以伤亡 55 人的代价大破敌军，斩敌数千人。由于这次入侵损失的几乎全是佩切涅格人和保加利亚仆从军，罗斯军队没什么损失，所以，斯维亚托斯拉夫不以为意，随后将军队人数加

---

① 此人既是名将，将来也是与猛将巴达斯·福卡斯齐名的枭雄。

② 1071年曼西克特大败后，拜占庭帝国重新组建了"不朽军"，但他们既不是超重装骑兵，也不是精锐部队，仅仅是农骑兵残部，战斗力甚至不如当时普通的农骑兵部队，千万不可混为一谈。

◎ 约翰时代的皇家海军高级军官

至65000人，继续入侵。

　　罗斯军队除了人多势众，还有四大法宝。第一是维京近卫军，他们拥有北欧维京军事传统，喜爱战斧与阔剑，身穿重甲，力大勇猛，战力超卓，冷酷无情。如果单挑，几乎没有东罗马步兵是他们的对手。第二是维京人的龙头战舰，这些船只吃水浅、速度快，这让他们在浅水区可以对沿岸地区进行意想不到的突然袭击。第三是他们的斯拉夫步兵——南俄至巴尔干地区受过最好训练的步兵，有可以遮住脚踝的大盾装备，并像罗马军队一样可组成纪律严明的阵型，尤其擅长"塔"阵。第四，他们

拥有与罗马军队不相上下的标枪手，据东罗马的将领称，罗斯军队的标枪"可击穿罗马重骑兵的铠甲"。

　　面对强大的罗斯军队，约翰一世充分展示了他的谋略和远见，这在其并不长的统治时间里可谓是相当辉煌的一页。他没有采用惯常的从多瑙河平原水陆并进的方式发动反击，因为罗斯的数万大军将在河流附近严阵以待，用要塞和栅栏进行防御，让拜占庭军队陷入令人讨厌的消耗战。他决定在罗马人的礼拜日（一般人认为拜占庭人不会在节日作战）那天，主力军偷偷从保加利亚地区那些崎岖的山路迂回，绕

◎ 罗斯的精锐军队

的战略思想同出一辙：皇帝通过危险和崎岖的地形时，仔细检查急行军的步伐，让步兵和骑兵在安全的山坡上休息，并且这个山坡"一定要有充满水的河流从两侧通过"。同时，他还派出大量侦察兵，检查四周的路线。当他的大军到达普雷拉科夫城时，东罗马大军顺利钻出山道展开了密集队形。这让罗斯人大吃一惊，因为他们怎么也没料到约翰胆敢选择拜占庭军队最畏惧的路线。

罗斯军队迅速在城下摆开阵型迎击约翰的军队。他们的步兵被证明与东罗马步兵不相上下，鏖战许久未分胜负。但最终，4000 名金光闪闪的"不朽军"重骑兵们平举长矛，从左翼猛烈冲锋了结了这一切，罗斯军队在东罗马超重装骑兵的枪刺马踏下崩溃逃入城内，伤亡达 8500 多人。约翰则一鼓作气，命令架设云梯直接对普雷拉科夫城进行强攻。在一个名叫西奥多·赛奥斯的罗马勇士的带领下，东罗马部分士兵登上了城头。同时，城外的士兵也撞毁了城门的支点和螺栓冲进城，完成了对外城的占领。这次战斗中，他们还俘虏了保加利亚沙皇，约翰决定扶植他为保加利亚的傀儡皇帝。

罗斯人最精锐的维京近卫军守卫着普雷拉科夫城的皇宫，他们坚持战斗，据说有 150 名罗马士兵在皇宫内被他们杀死。这时，约翰命令士兵停止进攻，在宫殿里到处放火，将罗斯人逼到广场上后再派遣他麾下的第一名将——斯科莱鲁带领最精锐的士兵，冲进广场完成了最后的歼灭。

紧接着，拜占庭主力军越过占领的城

道后方之后再展开，在保加利亚地区普雷拉科夫城击垮罗斯人的势力。而 300 多艘装备着"希腊火"的大型舰只组成的辅助舰队，等到礼拜日之后再大张旗鼓从东部出发，进攻多斯托隆城，并与迂回的主力军在那里会师，同时控制多瑙河水道，让罗斯人以为这些战舰上装满了罗马士兵。

约翰一世的这个方案被绝大多数将领反对是正常的，因为历史上的拜占庭将领，甚至皇帝，死在保加利亚山区的不在少数。他们几乎谈"保加利亚山区"色变。但皇帝力排众议，坚持执行这一方案。他的四万大军就这样进入了保加利亚山区。这并非出于莽撞，事实证明，约翰的战略思想与"战略上藐视敌人，战术上重视敌人"

◎ 拜占庭"不朽军"冲击罗斯重装步兵

市继续前进，与辅攻的海军在多瑙河附近的多斯托隆城会师。被动的斯维亚托斯拉夫必须亲自面对拜占庭军队的背后来袭，他的大军在城墙下摆开阵势。在城外的战斗中，罗斯步兵再次证明与罗马步兵不相上下，但"不朽军"铁骑的密集墙式冲锋再次冲垮了罗斯步兵的防线，迫使斯维亚托斯拉夫龟缩在城中。约翰一世一如既往，不愿派兵强攻坚固的城市，也不愿与城内的数万大军死拼。根据历史学家李斯特萨福（C.Lisitsov）的说法，多斯托隆的城墙最厚处可达 4.7 米。于是，约翰选择长期围城。因为他知道，罗斯人的军队高达数万人，多斯托隆城再大也供养不起这么大的军队。

斯维亚托斯拉夫准备使用罗斯人的第二个法宝——龙头战舰进行突围，但拜占庭舰队已经封锁了这一水域，恐怖的"希腊火"将龙头战舰瞬间化为灰烬，最后只能作罢。

罗斯军队连续几次突围最后都以失败告终，城内的粮食短缺越来越严重。围城三个月后，斯维亚托斯拉夫决定发动孤注一掷的突围。约翰已经估算到对方这次行动的规模，在敌军倾巢出动之际，他命令中央阵线迅速假撤退，避开罗斯人的冲击。罗斯军队的攻击非常猛烈，许多东罗马骑兵在罗斯人的标枪下落马。谨慎的约翰不愿意扩大假撤退造成的不确定性，迅速派遣"不朽军"向前顶住了罗斯军队的猛攻，并让斯科莱鲁从主战线带领骑兵迂回至敌军后方进行包围。罗斯人为逃命自相践踏，大败，损失高达15000多人。

◎ 约翰接受罗斯人的投降

顶不住的斯维亚托斯拉夫终于决定投降。出乎他预料的是，约翰一世给他的条件非常优厚，还给了22000名罗斯人足够的食物（每人2个迈迪摩尔的食物，1个迈迪摩尔等于52.5升），以便他们安然返回家乡。深谋远虑的皇帝并不打算自己管理当时贫穷且是事故多发区的南俄地区，打算留着他们节制保加利亚人和哈扎尔人。在己方兵员损失甚微的情况下，约翰一世仅用四个月就击败了强悍的对手，而且将他们削弱成一个可以控制的盟友。事实证明，这对之后的拜占庭帝国大有裨益——稳定了西方和北方。正因如此，拜占庭帝国的皇帝才能在东方发动新的攻势。

东方攻势实则是一次巨大的"圈钱行动"，尽管赢得对罗斯的战争是整个军事史上一次伟大且必要的胜利，但这是一次纯粹的"高消费"军事行动，对罗斯宽容的政策也使东罗马帝国没有得到什么好处。而当时叙利亚的哈姆丹王朝已经垮台，小割据势力四分五裂却相当富庶，简直就是展开了诱人的姿态等着约翰去征服。

客观地说，约翰于972年开始的东方攻势毫无难度，真正的硬骨头已经被尼基夫鲁斯二世啃了——曾经彪悍的哈姆丹王朝"统治之剑"赛弗道莱势力早已被"白色死神"的铁骑踩得粉身碎骨，约翰纯粹是在吃肉。

其实在972年，东方兴起了一个强大的王朝——攻克开罗并定都此地的法蒂玛王朝（该王朝将成为世界三大伊斯兰势力之一）。但法蒂玛王朝还不稳定，当时正处理内部矛盾，在争夺叙利亚的问题上，显得心有余而力不足。

在与时间的赛跑中，约翰一世占了上风，顺利进行了这次声势浩大的劫掠。迪亚巴克尔、锡尔万等城市纷纷投降，大马士革也不例外。虽然约翰没有直接统治这些地区，但劫掠所得极大满足了帝国军队的需要。"这里（锡尔万）是一座光辉灿烂的城市，财富和牲畜比附近的其他城市都要多，他（约翰）从那里带走了无数的精美礼品、黄金和白银以及用金子织成的服装。"拜占庭帝国的势力在叙利亚得到了新的推进，约翰回来时，带了"三百万黄金与白银"返回君士坦丁堡。在他的"礼物"中，甚至还有赛里斯人（即中国人）与阿拉伯贸易流传过来的布匹和香料。"市民们惊叹这一数量，带着尊敬欢迎他，赞美这些胜利。"

在政治手腕上，比起自己的舅舅，约翰显得无比成熟与谨慎。他从不会做任何一时兴起或惹怒民众的事情。面对公众时，他总是一副风度翩翩、优雅温和的样子，对支持他的市民和贵族都非常慷慨。他还

◎ 古画虽然残破，但仍能看出是宫廷侍女在为胜利归来的约翰一世戴冠，女性的服饰与发型设计对今天的时尚界依然有重大影响。

把财富分给首都近郊的农民，以至于当时的宫廷大总管巴西尔认为，"如果不限制他赠予臣民的习惯，他恐怕会掏空整个帝国"。此外，他还拨款给麻风病医院，让患者有更多的住所，并常去看望他们，给他们送钱。虽然那些病人肢体都溃烂了，约翰依然坚持去。

约翰战胜罗斯后，在首都举行了隆重的欢迎仪式和盛大的宴会。部下为他准备了白色骏马拉着的黄金战车领导游行队伍，但约翰拒绝了。约翰在第一辆战车上放置了圣母像和缴获的保加利亚沙皇皇冠，自己则手持权杖跟在后面，游行一结束，他就立即进入索菲亚大教堂祷告，并将沙皇皇冠当作礼物来献上。也许，这些就是一个优秀的帝王应具备的素质。

约翰的死是非常离奇的，现在有几种说法。第一种是，约翰征服大马士革返回君士坦丁堡后，就大病不起，于 976 年 1 月突然去世。另一种说法是，一批反对约翰的军事贵族联合大总管下毒手杀死了约翰。第一种说法似乎更可信，巴西尔总管担心如日中天的约翰威望会越来越高，进而废掉马其顿王朝真正的子嗣，从而威胁自己的地位，所以趁约翰到达阿楚拉平原时在饮料中下了毒。而且，这种毒药"很难被确诊"。总之，约翰一世即位六年后，就离世了。

约翰一世是非常优秀的军事指挥者、富有魅力的领导者，也是一个手腕老道的政客。虽然他不似尼基夫鲁斯是军种、军制、战术的开拓者，但他懂得进退，无论是对军事、外交还是内政，都知道如何进取。

◎ 971年，多斯托隆城下，约翰一世的军队在与突围的罗斯军队激战。

他懂得"用最小的代价换取最大的成果"，对罗斯的胜利即是如此。

约翰的优秀将领，如巴达斯·斯科莱鲁、米哈伊尔·波伊斯都得到了该有的重用，甚至原来被尼基夫鲁斯攻克的克里特岛阿拉伯首领的儿子阿尼莫斯，都为他的个人魅力折服，成了他的勇将。

但问题是，约翰一世只统治了帝国六年，如果他没死，他是否能缓解帝国内部当时的首要矛盾——贵族的土地兼并。也许是因为他没有时间，也许是因为他无法削弱与摧毁支持他的阶级——他也是这些军事贵族与土地贵族的一员。这种兼并在他的统治时期已非常严重，很大程度上破坏了罗曼诺斯一世以及君士坦丁七世极力保护的农兵制度。

从尼基夫鲁斯二世开始，蓬勃发展的帝国力量和贵族军队就被扩张土地的欲望驱使着。帝国版图的大幅度扩张，给马其顿王朝的"征服者时代"再次镀上了一层厚厚的金色。但随着时间推移，军事贵族们要么堕落为中饱私囊的土地贵族或"包税人"，要么就将欲望集中在至高无上的皇位。这些将欲望之光集中在皇位上的人一旦开始争夺，就会酿成可怕的内战，这是古代任何中央集权帝国都无法避免的。

军事贵族们的争端，不会都如约翰

对付猛将巴达斯·福卡斯那样，在不动摇帝国的根基或现有成果下结束。政变，也不会都如约翰一世反对他的舅舅这么轻松——除了皇帝，只死了一名侍卫。约翰一世时期，东罗马帝国政权的更替在"极其幸运"的状态下完成了。尼基夫鲁斯二世在东方的伟大成果由于阿拉伯世界的混乱得以保留。很多时候，内战是在实力不相上下的军事贵族之间展开的，为了皇位，他们会使用一切手段，明知国外势力会趁机蚕食国家利益，也去拉拢。这样做的结果是，"征服者时代"的成果很快就会付之东流。

约翰一世在世期间，对军事贵族帮派和反对派，都是以安抚为主。猛将巴达斯·福克斯即使叛乱失败，家族利益也没有受到损失，只是暂时失去了职务。所以，至少在约翰一世统治的六年内，他不可能，也没有进行动摇或者改变这种贵族做大的状态。而他的猝死让局势更加凶险——在他之后，没有人能够号令群雄，让军事贵族俯首帖耳——无论是小舅子斯科莱鲁，还

是猛将福卡斯都不行。没有保护的巴西尔二世和君士坦丁八世，当时正值青春，他们像玩偶一样被大臣们看管在紫色寝宫里。阿拉伯帝国崩溃时的场景似乎就要在东罗马上演：年幼的哈里发被干掉或被废黜。苏丹贵族们控制大权，互相攻打，甚至向外国出卖利益，致使帝国四分五裂。同理，这种局面也会让东罗马帝国 960—976 年间的征服成果化为泡影。

但命运之神为东罗马帝国打了另一扇大门——年轻的巴西尔二世，一个目睹了自己父亲离奇死亡、母亲被流放的孩子，一个被两代战神架空的皇帝这时登上了历史舞台。谁也没有预料到，这个少年时代对帝国事务毫无发言权的皇帝即将崛起，并在血腥四溅的战场和阴谋重重的宫廷中战胜了所有敌人。在他执政时期，他打破了贵族集团控制朝政和军队的局面，并在数十年的征服中与拜占庭军队合为一体，成为帝国军队中至高无上的"军神"。他的名字也成为东罗马帝国最辉煌时代的代名词。

三 "轻骑兵大师"

976 年，战神约翰·吉米斯基离奇死亡后，其麾下最出色的将领——巴达斯·斯科莱鲁，预备复制姐夫的成功，成为新的帝国皇帝。

970 年，斯科莱鲁带领色雷斯军区的

骑兵，以伤亡 55 人的代价重创了罗斯人的 3 万仆从大军，在随同约翰征伐罗斯主力军的战斗中也屡立奇功。他是现代历史学家口中的"轻骑兵大师"，喜欢使用被称为"突骑兵"的骑兵队进行袭扰，擅长使

◎ 突骑兵中的弓骑，马其顿王朝时期，突骑兵分为枪骑兵与弓骑兵。

◎ 衣着华丽的宫廷舞女

用"侧卫"包抄反击骑兵。他的战术灵活多变，中型装甲的"突骑兵"在他手中犹如剑术大师手中令人眼花缭乱的剑刃。同时，他本人还武艺高强，在970年的战斗中，曾挥剑将佩切涅格人的指挥官斩于马下。他是约翰大帝死后最优秀的前线指挥员，但他的权力之路却有无法逾越的障碍。

巴西尔二世的叔公——巴西尔宫廷大总管，虽然已老态龙钟，但依然牢牢把持着朝政，不让斯科莱鲁轻易就入主皇帝的紫色王座。他和斯科莱鲁之间的矛盾也越来越激化。而在历史学家米哈伊尔·坡赛罗斯的笔下，巴西尔二世此时的生活只能用"荒淫"二字来形容。"举行豪华的宴会，沉迷于女人们。""他行为放荡，只关心自己的宴会，年轻的身体和无穷的精力让他无节制地享受这一切。"

巴西尔二世年轻时确实具备欢场少年的潜质，虽不如约翰一世英俊，却很秀气，也许是前皇后赛奥多拉的基因过强，他的相貌更像美貌的母亲，有两条略有些骄傲的、优美且弯曲的细长眉毛。充满热情的淡蓝色眼睛是他最具男子汉气质的部分，明亮且犀利。他中等身材，可能比约翰一世高一些，但并不特别强壮，仅仅是匀称挺拔而已。

但谁也没想到，巴西尔二世会如此迅速就放弃这种奢靡的生活。有人猜测之前是一种伪装，如果真是如此，那么仅十几岁的巴西尔二世一定具有极深的城府；也有人猜测就是兴趣转向，狂欢过后的空虚促使他转向了更能充实男子汉内心力量的方向；也有人猜测，他是受到了动乱的刺激。但无论如何，在他刚成年，他的弟弟还在

◎ 巴西尔二世加冕的壁画

纸醉金迷的时候，他的生活兴趣就迅速转向了一个影响他一生的方向——军事。

很少有所谓的"中兴"帝王会选择这个方向，多数帝王更愿意使用简单的、符合帝王优势的权术来掌握国家政权，在宫廷中长大的皇帝没有军队基础，他们的优势是，能以臣民们膜拜的正统身份来号令——当然，前提是不能被架空。而且，这样做还有另一个风险——权术制衡总有玩砸的时候，玩砸后往往不可收拾，参见中国盛唐时的唐玄宗。

从军事开始就意味着从零开始，幸而，巴西尔二世生在征服者时代，面前堆满了先辈留下的军事典籍和军事手册，而且还都是没过时的图书。他的继父，即第一代战神尼基夫鲁斯二世留下了详尽的军事手册——《论军事》、《前哨袭扰战》，如果继续向前追溯，还有利奥皇帝的《战术》、莫里斯皇帝的《战略》。这些书具有的深深吸引力，足以让巴西尔二世永远抛弃放荡的生活。

也就是在这时，巴西尔结识了生命中最重要的一个朋友，一个与自己一般年龄，也正在刻苦学习军事的年轻贵族——尼基

◎ 尼基夫鲁斯二世重建的铁甲圣骑兵

夫鲁斯·乌拉诺斯。两人一见如故，成为密友。

除了学习军事理论，巴西尔二世也与乌拉诺斯一起苦练剑术和体力，他的性格开始变得坚毅，甚至有些偏执，不轻易相信任何人，有了目标就绝不放弃。但即使这样，年轻的皇帝依然只能算是一名军事发烧票友——因为他还从未接触过真正的军队。

约翰一世的小舅子，"轻骑兵大师"巴达斯·斯科莱鲁终于在 976 年春天发动的叛乱中结束了巴西尔二世发烧级票友的生活。经过长时间的考虑，斯科莱鲁带领他掌握的军队在托罗斯山脉以东起兵，也许是他已料到，只要巴西尔二世的叔公——巴西尔大总管还掌握着政权一天，他就永远没有染指皇帝宝座的可能，于是决定铤而走险。很快，斯科莱鲁就占领了马拉蒂亚城并在那里称帝。

对这次行动，斯科莱鲁也做了充分的准备。第一，他起兵的口号是"除奸"，即针对的是老宦官巴西尔大总管，而不是针对巴西尔二世，类似"诛晁错，清君侧"。第二，他依赖托罗斯山脉以东的军队建立了一条很广泛的盟友线，其中，亚美尼亚人是他最依赖的盟友，甚至不少皇帝也是亚美尼亚人出身，如约翰一世。此外，他还联络了分崩离析的哈姆丹王朝的王子。那时，"统治之剑"赛弗道莱在尼基夫鲁斯与约翰两代战神的猛攻下丢城失地，已在郁闷中去世，现任王子阿布·塔克哈伯把与斯科莱鲁联盟当成了向东罗马帝国复仇的好机会，并向其提供了本就为数不多的贝杜因雇佣军和库尔德雇佣军。

虽然斯科莱鲁威名赫赫，但中央政府显然不认为他能撼动整个帝国，他们认为叛将的战线虽然广泛，却很薄弱。安纳托利亚等大军区的将军也都表示支持中央政

◎ 斯科莱鲁在马拉蒂亚称帝

府，他们对斯科莱鲁自称皇帝的举动嗤之以鼻。另外，斯科莱鲁直接掌握在手中的本国军队并不多，穆斯林王子阿布·塔克哈伯提供的贝杜因雇佣军和库尔德雇佣军的装备和训练，与东罗马士兵相比，简直不值一提。

很快，安纳托利亚的资深军事贵族，尼基夫鲁斯二世的堂兄弟——尤斯塔修斯·马林努斯就作为主将率领帝国军队来镇压斯科莱鲁的叛乱。他带来了安纳托利亚的军队，连同一员名将，即米哈伊尔·波伊斯——他曾在969年带领少数士兵登上了安条克城头，是攻克该城的第一功臣，随后领军加入尤斯塔修斯的军队。帝国军队集结速度快，斯科莱鲁刚进入安纳托利亚东部，就被他们挡住了。他们认为，击败斯科莱鲁不成问题。

通过对局势的分析，斯科莱鲁叛乱的时机并不算好：整个帝国的统治稳固，无

◎ 贝杜因骑兵

机可乘，虽然不少高级军事贵族都有异心，可谁也不想先动免得被当做出头鸟，都想拿他人开刀壮大自己的实力再图后计，而斯科莱鲁不但起兵，还早早自称皇帝，竖起了一面目标鲜明的活靶。

但斯科莱鲁并不是一只愚蠢狂妄的"出头鸟"，事实证明，他是巴西尔二世统治早期最具谋略的对手。而且，他的人格魅力也无人能比：他与士兵们同吃同住，"在同一个酒壶里喝酒"；慷慨好施，连两面三刀的阿拉伯雇佣军都被他折服，愿为他忠心效命。

两军在安纳托利亚高原东部的勒帕拉对阵。尤斯塔修斯不希望斯科莱鲁进入他的领地大肆劫掠（据利奥执事记载，斯科莱鲁的雇佣军常"火烧城市，破坏村庄"），于是连夜行军挡住了敌军，并在敌军对面扎营。

斯科莱鲁冷静地观察了帝国军队的急行军后，才开始谋划：先准备了大量的食物，给尤斯塔修斯造成了一个假象——他正准备给士兵开饭。尤斯塔修斯见此，看到自己士兵连夜行军又累又饿，也趁机赶紧做饭。正当他们吃喝时，斯科莱鲁突然率军发起攻击。帝国军队转瞬间被冲得七零八落，一片混乱。但帝国士兵得到过良好的作战纪律训练，即使在极端不利的情况下，也能挡住斯科莱鲁的正面进攻。

但斯科莱鲁早就料到尤斯塔修斯的反应，趁帝国军队还未站稳脚跟，他又亲自带队迂回到帝国军队侧翼——这又引起了帝国军队新的混乱。此时，贝杜因骑兵和库尔德骑兵则已迂回到尤斯塔修斯军队背

后。贝杜因骑兵拥有"任何东罗马骑兵都无法企及的速度"，库尔德人则擅长偷袭，"甚至能偷走军营中的战马"，这些佣兵使崩溃逃命的敌人伤亡惨重，无法建立阵线。

斯科莱鲁最终完成了他的屠杀，帝国军队主帅尤斯塔修斯则夺路而逃。斯科莱鲁搜刮了尤斯塔修斯的军营——不愧是安纳托利亚军区的富户，斯科莱鲁获得了巨大的财富。至于名将米哈伊尔·波伊斯，战斗一开始，他就带兵撤退了。

米哈伊尔·波伊斯，他是名将不假，但他也是一个地地道道的兵油子，而且有一种"二当家"的气质，转换阵营快得让人眼花缭乱。他开始是尼基夫鲁斯二世的将领。969 年，他和太监名将"忠实的仆人"彼得一起攻克了安条克城，他虽然是首功，但因彼得是主帅，所以功劳平分。他不服，就带兵在城里纵火劫掠出气，被尼基夫鲁斯二世责罚降级。他又不服，于是投奔了也不满尼基夫鲁斯二世的约翰·吉米斯基，并在政变中和约翰一起刺杀了尼基夫鲁斯二世。本以为干了这事就一定能得到新皇帝约翰的重用，但约翰后来仿佛忘了这事……他只能自认晦气。直到约翰一世去世，米哈伊尔·波伊斯才被提升为

◎ 正在使用弓箭射击的拜占庭弓骑兵

皇家近卫军指挥，之后又被派往安条克，任叙利亚部队的指挥官和安条克城的总督。也许这是中央政府为了限制斯科莱鲁才做的安排，总之，平时摇摆不定的波伊斯终于迎来了人生中最得意的时刻，他暂时成为可以依赖的劳模，向叙利亚法蒂玛王朝的控制区域发动远征并取得了胜利，还带回了非常多的战利品，深受领导赏识。

不过，好景不长，勒帕拉战役一开始，波伊斯就知道斯科莱鲁要赢，脚底抹油，跑了。

勒帕拉之战使斯科莱鲁声望大震，众多军事贵族开始投奔他。叛军势如破竹，前进至塔曼德斯——这个依傍在山边的富裕城市听见斯科莱鲁到来的消息立即投降，让斯科莱鲁的荷包再一次鼓起来了。

这时，米哈伊尔·波伊斯又发挥了墙头草的特性，立即投靠了斯科莱鲁，"反正咱们当年都是约翰一世的左右手"。他投降不要紧，要紧的是，他可是安条克的总督！另外，斯科莱鲁的儿子罗曼诺斯也在安条克城中。罗曼诺斯顺势绑架了驻扎在安条克城的东方海军司令，带领整个舰队归顺了斯科莱鲁。

现在，中央政府不再认为斯科莱鲁的叛乱仅是边境问题了，因为他已经深入至帝国的核心境内——安纳托利亚军区的西部，下一步就是尼西亚。独揽大权的巴西尔大总管已经处于体弱多病的状态，不得不让年轻的巴西尔二世分担他的工作，这使年轻的皇帝第一次可调动中央军作战。而大总管则以他的老面子召唤了可以依仗的东方军区将军——第一猛将巴达斯·福卡斯。

巴西尔二世这次派遣太监名将"忠实的仆人"彼得来率领中央军，彼得拥有一身蛮力且英勇无敌，与佩切涅格人作战时曾一马当先，一矛将对方主将当场刺死于马下。他集结军队从屈塔希亚出发，很快向南到达了科尼亚，迎面遇上了正想暗袭帝国军的叛军先锋——米哈伊尔·波伊斯。彼得对波伊斯夺取攻克安条克城功劳的事还耿耿于怀，于是立即发起攻击。977年秋天，两军展开了一场血腥的白刃战。波伊斯大败，狼狈逃窜，又不敢返回斯科莱鲁那里，就投了彼得，归顺了帝国军。

彼得将叛军赶出科尼亚，迫使斯科莱鲁向安纳托利亚东部前进，使帝国军队树立了新的信心。接下来发生的事情，史料就记载得不甚清楚，但综合多方资料后，可以得出下列事实：彼得的帝国军队顺利追击，但追击到瑞吉亚时，彼得又被斯科莱鲁击败了！大概是遭到了伏击，因为这种撤退之后再突然反击一直是"轻骑兵大师"斯科莱鲁的拿手好戏，而且根据资料"彼得被一柄长矛刺死，咽下了最后一口气，而彼得的将军卫队也全部被杀死"这种情形，也非常像他遭遇了伏击。总之，帝国军队又遭到了失败。彼得死后，波伊斯又向东方逃跑了。

现在，帝国的希望貌似只剩下一直被流放的第一猛将巴达斯·福卡斯了。据记载，这位将军很像他的叔叔尼基夫鲁斯二世，性格阴郁、身材非常高大魁梧，具备抬手一击就能杀死人的力量，"没有任何人能经得起他的重击"。此前，他因叔叔

◎ 米哈伊尔曾经的辉煌——969年率先登上安条克城头。

被约翰·吉米斯基杀死而发动叛乱，当时的对手就是斯科莱鲁。但在那次冲突中，他的军队因准备不充分，被斯科莱鲁策反而失败。

约翰一世统治时期，福卡斯一直被流放。现在，巴西尔大总管释放了这只恐怖的巨兽。978 年春，福卡斯被任命为帝国军队教导团团长与帝国野战军司令，主要对付自己的宿敌——斯科莱鲁。他回到自己久违的老根据地——东方凯撒里亚，拉起了自己的军队，这时，无节操的"二当家"波伊斯也带领自己的军队投奔了福卡斯。他们从东方向斯科莱鲁再次发动攻击，双方在潘卡利亚平原阿摩里阿姆城的西边，发生了一场血战。关于这场战役的记载非

常少，但结果是明确的——斯科莱鲁又获得了胜利！很显然，单挑无敌的福卡斯在这场战斗中没有发挥出他的正常水平，猜想是被斯科莱鲁突袭或是中埋伏了，他被一柄战锤敲中了脑袋，险些被宿敌杀死，幸好他利用夜幕躲开了追兵，被自己的军队救起后，向东北方向奔逃而去。

现在，斯科莱鲁为自己的胜利兴高采烈——他已控制了整个东罗马帝国的亚洲部分沿海区域。他们继续进发，穿过安纳托利亚高原时如入无人之境。其儿子罗曼诺斯则带兵攻克了帝国西南海岸最重要的粮食基地阿拜多斯；同时，"轻骑兵大师"本人还派遣东方舰队协助封锁帝国爱琴海南部的各个港口。这些举动直接威胁到了

君士坦丁堡的粮食供应。

斯科莱鲁军队进攻君士坦丁堡东边最重要的城市尼西亚时，占绝对优势的军队竟被该城的守军阻挡住了，怎么攻都拿不下该城。尽管如此，斯科莱鲁也觉得无所谓，因为就算他无法攻下尼西亚，君士坦丁堡这座人口密集的城市也无法长期忍受饥饿，他们定会向自己屈服，自己必将以无敌的军事才能击败所有的对手，名正言顺登上梦寐以求的紫色王座。

顺便说一下，当时尼西亚城的守军将军，是名不见经传的贵族曼努埃尔·阿瑞历克斯，以后"科穆宁王朝复兴三名皇"中的第一皇，阿历克塞一世，就是他的亲孙子。

君士坦丁堡的达夫纳宫变得死气沉沉。巴西尔大总管顾不得年迈多病之躯，继续联络败退回凯撒里亚的福卡斯，给他权力与金钱，让他联络他熟悉的格鲁吉亚部落骑兵助战，继续从背后向斯科莱鲁进攻。而年轻的巴西尔二世则召见了两位帝国海军军官——巴达斯·帕斯卡乌拉诺斯和赛奥多西·卡兰旦诺斯，并告诉他们："我认为斯科莱鲁犯了一个错误。"这两人听了，非常吃惊。错误？斯科莱鲁打遍帝国亚洲地区无敌手，到底犯了什么错？就算他有错，你一个黄毛小子就能看出来？

随后，巴西尔二世的话点醒了他俩："斯科莱鲁的陆军在尼西亚被阻挡住了，目前，尼西亚不会很快失守，因为叛军的兵力越来越不足。首先，叛军经过数次激战，损耗已很大。其次，我得到了一个重要消息，斯科莱鲁的阿拉伯人外援摩梭尔王子

阿布·塔克哈伯被巴克达的白益王朝击败了，也就是说，斯科莱鲁再也得不到贝杜因骑兵与库尔德人的补充了。"

两位军官想了想，确实有道理，但他们还有疑问："君士坦丁堡的粮食短缺怎么解决呢？"

"斯科莱鲁犯的错误就是：他只有东方的舰队，而东方战舰的性能与武器装备均不如我们爱琴海的舰队。现在，他为了封锁各个港口，将舰队分散在各处，而咱们的舰队则集中在一起，不失为一个击破他的好机会。"巴西尔二世这样分析道。

两位海军军官的信心被鼓舞起来，立即分头行事。赛奥多西·卡兰旦诺斯带领一支舰队立即出发，连续袭击分散在爱琴海的叛军舰队，并将他们各个击破。而巴达斯·帕斯卡乌拉诺斯是巴达斯·福卡斯的堂兄弟，在约翰一世时期就与斯科莱鲁势不两立，于是也立即带舰队袭击了驻扎在阿拜多斯港口的叛军主力舰队。在这场海战中，帝国舰队的"喷火船"大放异彩，恐怖的"希腊火"几乎烧毁了斯科莱鲁驻扎在港口的所有船只。叛军大败而逃，帝国海军陆战队立即登陆，收复了阿拜多斯。帝国粮食短缺的问题得到解决。

转瞬之间，斯科莱鲁就从天堂掉到了地狱：尼西亚仍久攻不下，舰队又被摧毁；得知舰队全军覆没的同时，也得知了阿拉伯外援完蛋的消息。这下，他想使君士坦丁堡屈服几乎是不可能的事情了。那些原先支持他的军事贵族们纷纷倒戈。斯科莱鲁善于分析敌人，如巴西尔大总管、彼得·福卡斯，但他从没分析过巴西尔二世，也

◎ 拜占庭海军的德罗蒙战舰，部分德罗蒙战舰是"喷火船"。

没料到其在这场战争中会扮演如此重要的角色，更未料到，巴西尔二世派遣的海军会成为这场战争的转折点。

斯科莱鲁被迫向东撤退。不幸的是，这时，巴西尔大总管召唤的巨兽——巴达斯·福卡斯重新整顿兵马向西前来。据说，福卡斯这次还召集了12000名（另一说是数千名）格鲁吉亚骑兵前来助战。当然，见风使舵的波伊斯也带兵助战。979年3月，双方军队在潘卡利亚平原展开了第二次决定性的会战。

福卡斯本以为，处于撤退中兵力占劣势的斯科莱鲁军队会轻易投降，但没想到，斯科莱鲁军队的战斗力远不是缺乏训练的格鲁吉亚骑兵可以比拟的，曾一度在战斗中占了上风。福卡斯绝望地注视着自己的士兵正一点一点从战场上逃跑。

福卡斯已经两次惨败于斯科莱鲁之手，如果这次再失败，他还有什么脸称帝国第一猛将！宁愿死去，也决不屈辱地活着！福卡斯狂暴地鞭策战马，带着他的卫队向宿敌发动了决死突击！

斯科莱鲁派遣他的副将君士坦丁·古拉斯前去迎战，福卡斯认出了他，猛地向他冲去，挥舞钉锤用"不可阻挡的力量"将古拉斯砸下了马，古拉斯当场死亡。接着，福卡斯以己身之力（应该还包括他的卫队），冲垮了斯科莱鲁的一个方阵，并继续向宿敌所在的位置猛冲。斯克莱鲁只好与他交战。东罗马帝国战力最强的两员猛将的巅峰对决就这样在潘卡利亚平原上展开了！

决斗时，福卡斯战马的耳朵和缰绳几乎被斯科莱鲁用剑砍掉，战马几乎脱缰。但斯科莱鲁自己的情况则要惨得多，福卡斯不愧为拜占庭帝国第一猛将，他用手中的钉锤砸中了斯科莱鲁的脖子，斯科莱鲁摔下马背，胜负已分。

斯科莱鲁是如何活下来的？是靠铁甲

◎ 描绘斯科莱鲁与福卡斯在潘卡利亚平原决战的壁画

圣骑兵三层护面链甲的防护，还是他的招架技能，无从得知。反正他是活下来了，但其坐骑"艾吉浦西斯"脱缰跑进了己方阵中。叛军看见主将坐骑，认为主将一定是被福卡斯杀死了，于是纷纷跳进哈利河逃走，福卡斯的骑兵尾追不舍，叛军全军溃散。

入夜，斯科莱鲁清洗了自己脖子上的伤口与血迹，逃向东方，这次他跑得很远，跑到了控制巴格达的阿拉伯白益王朝的宫廷，暂时消失在东罗马帝国历史的长河中。不过，六年后，他还会卷土重来。

斯科莱鲁的叛乱从 976 年开始，至 979 年结束。他靠自己的才能以弱胜强，接连击败兵力占优势的帝国军，证明了他是那个时代勇气与智慧并存，最具谋略的将军。而年轻的巴西尔二世，则在军事上崭露头角。他对海军的调遣，敏锐且冷静

地层层剖析敌人所犯的错误，对战争的结果起到了非常重要的作用。从这场战争起，巴西尔二世正式走进了军事指挥的殿堂，也从这一刻起，他不再是纸上谈兵，而是走上了战略实践阶段。

四年的内乱也给了帝国的敌人喘息的机会：阿拉伯哈姆丹王朝被拜占庭两代战神攻击得几乎窒息后被白益王朝取代；北非的法蒂玛王朝也从约翰一世时代遭受的打击中缓过神来，在稳定了北非尼罗河平原的核心地带后，连连向安条克城发起试探性攻击。

除此以外，其他帝国也不闲着，神圣罗马帝国趁着拜占庭内乱，削弱东罗马帝国，频频在意大利南部开展军事行动，并且向拜占庭帝国的大敌——复兴的保加利亚帝国提供军事支持。保加利亚帝国算是东罗马帝国几个世纪以来的老对手，有把

1 哈姆丹王朝重骑兵
2 亚美尼亚地区服务于穆斯林的边疆步兵
3 马拉蒂亚边疆步兵
4 土库曼弓骑兵

◎ 曾经给拜占庭帝国制造过重大麻烦的哈姆丹王朝军队

萨利地区。985年，即巴西尔二世27岁那年，萨穆埃尔长期围困城市拉里萨后，占领了该城。

在萨穆埃尔的带领下，拥有强弓利箭的保加利亚军队在拜占庭帝国境内大肆劫掠。"他们习惯无声地杀戮，无情地掠夺马其顿地区，将青年人杀了个精光。"也许是时候迎击这位枭雄、拯救巴尔干地区了，战胜了斯科莱鲁的巴西尔二世一时踌躇满志，准备亲自带兵对付大他十多岁的萨穆埃尔。

巴西尔二世通过与斯科莱鲁一战，显露了他的军事天赋。从他对当前军事形势冷静、合理的分析和调度来看，他已经踏入了军事参谋的行列。他懂战略与战术，会军事训练，熟悉军事装备，懂调度，会勘察地形，能鼓舞士气，会预测天气，擅

尼基夫鲁斯一世的头颅做成酒杯的克鲁姆大公、征服者西蒙大帝，常给拜占庭留下些惨痛的回忆。数世纪以来，两个帝国此消彼长。

拜占庭内乱期间，对巴尔干地区的控制被削弱，曾被压制的保加利亚的权力，最终落到了尼古拉斯伯爵最小的儿子——萨穆埃尔手中。萨穆埃尔没有浪费这个绝好的机会，迅速与西部独立部分的保加利亚合并，保加利亚第一帝国重新崛起。

萨穆埃尔不愧为保加利亚帝国一代雄主，他先将首都迁到了马其顿北部城市奥赫里德，渐渐吞并了除塞萨洛尼基以外的马其顿地区，包括阿尔巴尼亚。随后，兵锋向南，进攻塞萨洛尼基城，洗劫希腊塞

◎ 保加利亚帝国的西蒙大帝

长整合资源。但即使如此，他离一名优秀的统帅还差一课，这一课不在军事教科书里，也不能通过老师来教导。一个名叫"图拉真门"的地方将给他上这最后一课。

四 起决定作用的瓦兰吉卫队

979 年，东罗马帝国叛将斯科莱鲁被巴西尔二世击败，但巴西尔二世无暇庆祝胜利，他必须和大权在握的叔公巴西尔大总管共同处理遗留问题——斯科莱鲁在巴格达，正处于阿拉伯白益王朝的保护下。

在共同的敌人——哈姆丹王朝宣布灭亡之际，白益王朝与拜占庭帝国之间的外交关系顺理成章急转直下，阿拉伯人希望东罗马帝国的混乱继续，斯科莱鲁理所当然奇货可居。而巴西尔二世可不希望斯科莱鲁再次掀起东方风暴。980 年，他派遣最得力的亲信尼基夫鲁斯·乌拉诺斯，担任帝国办公室首席部长，前往巴克达商讨遣返事宜。

谈判是艰难的，一年后才有了初步进展。981 年，白益王朝答应遣返斯科莱鲁，条件是拜占庭帝国必须割让其附庸地区——阿勒颇给白益王朝。巴西尔二世与乌拉诺斯经过长时间的沟通，决定答应白益王朝的要求。

阿勒颇地区在安条克城的东边，巴西尔二世的计划是，因为该地区仍是阿拉伯穆斯林在管辖，并不是帝国直接管辖的领土，就拿空间换时间，先稳定帝国内部，

等马其顿王朝稳定下来凭其国力与军力，夺回阿勒颇易如反掌。这是他与叔公及大臣公开讨论的结果，但到了具体实行的时间，985 年，形势突然变得扑朔迷离，宫廷中部分大臣突然在巴西尔大总管的带领下，痛斥巴西尔二世的"卖国政策"。平叛功臣巴达斯·福卡斯也随声附和，表示拥护巴西尔大总管。而且，本来应对法蒂玛王朝发动军事袭击的东罗马军队也突然在驻地按兵不动。

同时，巴西尔二世的亲信——正和阿拉伯人谈判的乌拉诺斯在巴克达被捕，罪名是"在探视期间企图毒杀斯科莱鲁"。据说，巴西尔大总管不但与白益宫廷联络逮捕乌拉诺斯，并且还想借阿拉伯人之手干掉他。

其实，斯科莱鲁叛乱一结束，巴西尔二世与叔公的合作关系就宣告终结。在战争中，年轻皇帝的才华崭露头角，得到了中央军特别是海军高级军官的充分认可。借此，他的手逐渐伸向了军队。越来越成熟的巴西尔二世，愈发讨厌不肯放权的巴西尔大总管，致使巴西尔大总管认为皇帝的崛起已经威胁到他对帝国的统治，准备

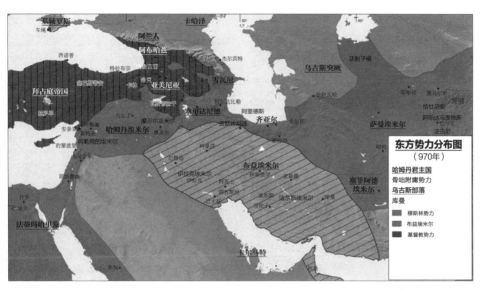

◎ 拜占庭帝国东方各势力分布（970年时哈姆丹王朝还没灭）

废掉不知天高地厚的皇帝。

阴暗的家庭关系与危机四伏的宫廷已经练就了巴西尔二世敏锐的嗅觉，他马上意识到所有这一切都是巴西尔大总管精心策划的。他没有去援救乌拉诺斯，而是"擒贼先擒王"。首先，巴西尔二世联络中央军与海军亲信，以"叛国罪"废黜掉巴西尔大总管，没收了他的财产，废除了经他之手签署的全部文件，除非皇帝本人审核过。年老力衰的巴西尔大总管知大势已去，很快就在郁闷中去世，正式退出了宫廷竞技场。其次，福卡斯还未来得及行动（其势力主要在外省），宫廷战争就已经结束，老将利奥·马里斯诺斯顶替了他的位置，他的职务降成"东方警备队司令官"，被踢出中央。随后，巴西尔二世才派遣使臣去巴克达营救乌拉诺斯，因为他知道，只

要除掉巴西尔大总管，白益王朝就会失去内应，不敢对乌拉诺斯下手了。

幼年就坐上皇位的巴西尔二世直至今日，才真正获得帝国的统治权，但他所面临的挑战远未结束，趁火打劫的外部敌人已经利用这四年内乱，给予了帝国沉重的打击。985 年，经过长期围困，保加利亚强悍的沙皇萨穆埃尔占领了拉里萨，如果他继续前进，目标将是西部最重要的大城市塞萨洛尼基。而终于大权在握的巴西尔二世，现在有能力召集军队迎击。

虽然巴西尔二世在斯科莱鲁叛乱之际已开始调兵遣将，但并不是独立统兵。早就期待亲自带领军队出征的巴西尔二世踌躇满志，对此次出征做了相当充分的准备，帝国以往在保加利亚山区陷入埋伏失败的惨痛教训也烂熟于心，因为未来很可能在

保加利亚山区作战。此外，他还集结了擅长山地作战的亚美尼亚精锐步兵，装备了大量攻城器械，同时配以优秀的哨兵队伍和充足的军事补给。总之，约翰一世当年穿越保加利亚山区时所做的准备，他全做到了。他相信自己能够继续约翰·吉米斯基的胜利，既然已做了充分的准备，头骨自然不会被做成酒杯。

此时，巴西尔二世已具备了一名优秀军事参谋的素质，那么距离一名优秀的统帅还有多远呢？最后一课的时间很快就要到来。986 年 8 月，年轻的巴西尔二世率三万大军反击保加利亚的入侵。

◎ 保加利亚强悍的沙皇萨穆埃尔

巴西尔二世一开始就遇到了麻烦：没人肯协助他统领这三万大军，他的亲信大都是海军，专业不对口，东方行省的将军又都不肯去保加利亚。随后，他又派刚升了职且经验丰富的利奥·马里斯诺斯来统兵，没想到他也不情愿，竟然在行军途中拖延时间。巴西尔二世威胁他，如果他再不前进，就让他支付士兵军饷，如此这般，他才打算跟上队伍。最后，巴西尔二世只好派利奥到普拉迪夫去统领后卫部队，自己领军。正当他摩拳擦掌想与萨穆埃尔来番正面较量时，他才发现对手已经撤退了。

与巴西尔二世不同，萨穆埃尔没有学习过高级军事理论，但军事经验丰富，当前者还未掌权时，他就已久经战事：早期跟父亲尼古拉斯伯爵作战，之后内战时干掉兄弟，再之后带兵在巴尔干地区连续征伐。萨穆埃尔自然按保加利亚人擅长的方式，避开了与帝国三万大军硬碰硬，巴西尔二世早就料到萨穆埃尔会这样做，他本就没期望能抓住狡猾的萨穆埃尔。东罗马军队继续向保加利亚控制的区域前进，巴西尔二世真正的目标是索菲亚——这个长期被萨穆埃尔作为入侵马其顿腹地的基地。

进入保加利亚地区后，巴西尔二世分外谨慎，安营扎寨都考虑周全，哨兵巡查也分外仔细，几乎让擅长偷袭的保加利亚军队无机可乘，就这样，大军一路开到了索菲亚城。这时，巴西尔二世开始发现他缺乏将领的严重后果了——他的命令无法被顺利执行。

巴西尔二世发现，自己的士兵不按命令将攻城器械前置，导致大部分器械被保加利亚人烧毁。另外，他曾告诉部下，战争中最重要的问题就是军队的辎重，但军官们就是不按照他的命令布置，结果被保加利亚人军队袭击，破坏了大量补给，掠走了很多牲畜，很多士兵也被杀死。当物资短缺时，他绝望地发现，他之前要求军官们节省物资的命令，被当成了耳边风。他终于意识到，战争中最重要的不是发出最好的命令，而是命令能被顺利执行。

士兵们的士气越来越低落，已经不可能继续围攻索菲亚城。而且，萨穆埃尔已带兵迂回到己方军队后方。于是，巴西尔二世命令军队撤退。但撤退途中他又得到消息：萨穆埃尔已派遣军队把守了所有的隘口以阻挡他们撤退。东罗马军队军心动摇了，第二天出现了大量争吵和混乱，局势变得非常糟糕，部队撤退得更加迟缓了。

随后，东罗马军队来到一处树木繁茂、

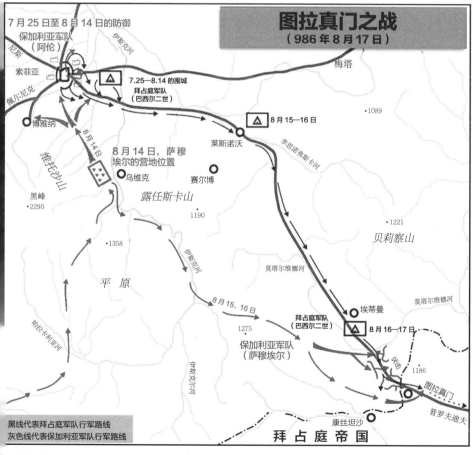

◎ 图拉真门之战路线图

满是洞穴的隘路——"图拉真门"。

当他们穿过满是溪流的陡峭地形时，早已等候多时的保加利亚军队发动了进攻。士气低落、饥饿的拜占庭士兵看见萨穆埃尔的旗帜，还未接战就发生溃逃。保加利亚军队箭雨齐发，拜占庭士兵伤亡不计其数。慌乱中，拜占庭军队先锋官带领士兵从一处保加利亚人还来不及封锁的陡峭斜坡逃跑了。历史学家利奥也在从斜坡逃命的人群中，他当时是军队的执事。"我偷偷地从附近溜走，不然就死在了保加利亚人的剑下，幸而我命不该绝，在保加利亚人到达陡坡之前便快速飞奔到了山脊。"幸亏他捡了一条命，才留下了这么多珍贵的历史资料。

但皇帝带领的军队就没这么幸运了，他们四面都被保加利亚军队包围了，在喊杀声中，无数士兵被杀或被俘。最后，多亏巴西尔二世之前准备的亚美尼亚精锐步兵，在紧要关头付出巨大的伤亡才保护皇帝突出了包围圈。

对这一天，东罗马学者是这样记录的："当太阳落下的那一刻，我从未想过，保加利亚人的箭矢能战胜罗马人的长矛。"

这是最重要的一课，也是最为惨痛的一课，东罗马军队遭到惨重的损失。捡回一条命的巴西尔二世沮丧地回到君士坦丁堡，他刚在平定斯科莱鲁叛乱中得到的威望，经"图拉真门"一战荡然无存，他甚至察觉到那些动摇不定的军事贵族们幸灾乐祸的目光，他的失误将会给敌人创造新的机会。

这是巴西尔二世最艰难的一刻，但即

使如此糟糕，也应看到积极的一面——他没有死，他还活着，如果他战死在图拉真门，他之前的努力和学习将无人铭记，在史官们的笔下，他将是一个纸上谈兵的废物，一个妄自尊大的昏君，会被永远钉在军事史的耻辱柱上。他想起了先辈尼基夫鲁斯一世——175年前被帝国公民拥戴的皇帝，仅因为在保加利亚山区送了命，一世英名便付之东流。只要活下去，就还有机会，能不能活着从这所索命学校毕业，除了运气，还需要自己的坚持。

年轻的巴西尔二世必须处理因图拉真门大败引发的连锁灾难，他需要一个忠诚且出色的人帮忙，那一年对巴西尔二世来说，唯一的好事就是，他的密友——尼基夫鲁斯·乌拉诺斯可以回来帮忙了。

当白益王朝联络巴西尔大总管颠覆巴西尔二世政权、削弱拜占庭的计划由于前者被流放而挫败后，乌拉诺斯被允许返回帝国。然而，白益王朝一计不成，又生一计，可不会放过利用图拉真门大败的机会。987年初，他们释放乌拉诺斯后，也释放了斯科莱鲁，并向斯科莱鲁提供了金钱支持以及贝杜因人与库尔德人军队。斯科莱鲁第二次叛乱的路线与第一次如出一辙，他迅速地再一次占领了马拉蒂亚，并继续向西挺进。

处于内忧外患中的巴西尔二世已无人可遣，只好再次提升之前因政变事件被他降职的福卡斯，恢复其原先的职位"东方军总司令"。福卡斯一声不响接受了任命，随后在安纳托利亚调兵遣将。但是，他并没有派军队去马拉蒂亚对付老冤家斯科莱鲁，而是派遣了使者。就这样，"第一猛将"将与斯科莱鲁联合起兵对付刚遭难的巴西尔二世。根据协议，事成之后，帝国将被他俩分成两部分。

东罗马帝国最具声望的军事巨头联手，使形势出现了一边倒的局面，谁也不愿意站在刚遭受失败的年轻皇帝这一边，小亚细亚最大的军区——安纳托利亚军区的军队几乎全部加入叛军阵营。就连原先被斯科莱鲁打败的安纳托利亚第一富户尤斯塔修斯也毫不犹豫为叛乱提供了大量的金钱。987 年 8 月 15 日，巴达斯·福卡斯在尤斯塔修斯的一所豪宅称帝。无数东方高级指挥官和大土地贵族都加入进来，包括在图拉真门之战中不愿担任后卫的利奥·马里斯诺斯。

不过，斯科莱鲁与福卡斯的蜜月仅持续了很短的时间。因为福卡斯发现，自己金钱充足，绝大多数军队都聚集在自己的麾下，而斯科莱鲁的身体条件大不如前，六年的流亡生活已让他丧失了对托罗斯山脉以东的军队的控制权，现在他的手上仅有刚雇佣的贝杜因人和库尔德人，处境甚是窘迫。

双方的实力如此悬殊，他们的关系注定无法长久。福卡斯大手一挥，一把金币砸在贝杜因和库尔德人脸上，佣兵们立即就倒戈了。福卡斯抓住了斯科莱鲁，吞并了他的军队。不过，斯科莱鲁竟然预料到了这一危险，提前让儿子罗曼诺斯去投奔了巴西尔二世！

对巴西尔二世来说，现在加入的任何

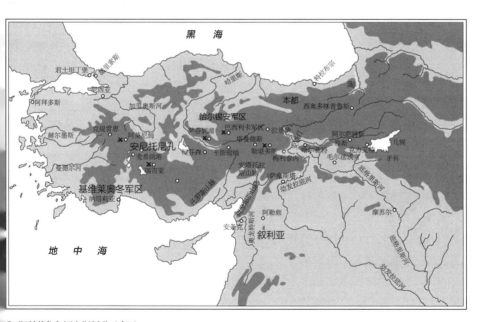

◎ *斯科莱鲁和福卡斯叛乱示意图*

力量都不能放弃，何况他还非常欣赏斯科莱鲁的儿子，认为罗曼诺斯颇有谋略，作战方式灵活，很像他的父亲。而这位出色的年轻人，之后会对战局产生重要影响。

现在，庞大的东方军队都集中在了猛将福卡斯手中，与第一次斯科莱鲁叛乱不同，福卡斯用不着辛苦地以弱胜强，从托罗斯山脉经过无数惊险的战斗逼近尼西亚。他的面前一片坦途。

因为大量军事贵族的加入，福卡斯势如破竹。巴西尔二世派遣一员将领——盖格瑞·泰瑞诺斯（他是跟着罗曼诺斯跑过来的）去东方联络东部的军区司令，结果谁都不睬他，盖格瑞只好靠自己的力量去反击福卡斯，结果被福卡斯轻易击败，东方重镇尼西亚直接投降！

988 年初，几乎没有经过什么像样的战斗，福卡斯的先锋军队就逼近了君士坦丁堡，在博斯普鲁斯海峡对面一座叫赫里索斯的山上建立军事营地，并派遣麾下大将戴奥菲那斯在山上设置了哨塔与大量步骑兵，整个君士坦丁堡的军事调动都尽收眼底。

与斯科莱鲁被囚禁前的预料完全一样，巴西尔二世果然重用了罗曼诺斯，还有少数不愿意加入福卡斯叛乱的东方军事贵族也站在皇帝一边，最有名的就是尤斯塔修斯·戴芬诺姆斯（与之前那位尤斯塔修斯同名），他以为帝国提供贵族骑兵而闻名。此外，帝国的首都皇家卫队和海军一如既往站在巴西尔二世这一边，但无论如何，整体实力对比，福卡斯占了绝对优势。

整个事态都在福卡斯的掌控中，只有

一个地方有些小意外——南方粮食产区阿拜多斯城虽然遭到叛军老将利奥·马里斯诺斯带领的叛军主力猛攻，港口也被叛军占据，但城市却被守住了，守城将领就是斯科莱鲁的儿子罗曼诺斯。

福卡斯决定继续封锁阿拜多斯，然后四处收集船只。想要攻克君士坦丁堡，就必须将他庞大的军队运抵对岸。福卡斯认为，以他全帝国第一武士的战力以及声势浩大的军队，打败巴西尔二世仅是时间问题。但他未预料到，一股来自远方，他不曾考虑过的力量会影响战局。

早在 987 年，巴西尔二世就想方设法弥补自己在图拉真门的失败。他与现任基辅罗斯大公弗拉基米尔进行多方面接触后，后者表示愿意续约，不仅如此，他还会皈依基督教。据说，弗拉基米尔之前曾派使者前往各地考察宗教。伊斯兰教首先被排除，不允许喝酒让维京人和罗斯人怎么活？犹太教又"过于弱小"，信仰天主教的神圣罗马帝国那里的感觉是"不够富丽堂皇，看不到荣誉"，而君士坦丁堡则是"人间天堂"。于是，弗拉基米尔就选择了东正教。

其实，弗拉基米尔选择东正教最主要的原因当然还是政治需求，他之前刚击败了反对他的罗斯王公，并占领了波兰一部分土地，急需一种思想来帮助他统治原先信仰杂乱的地区，而东罗马帝国的东正教是最好的选择，除此以外，无论是军事还是经济，继续盟约都是上上之选，只不过他未曾想过，巴西尔二世要得更多。

从罗斯那借来的 6000 名瓦兰吉战士，之前服役于罗斯大公斯维亚托斯拉夫麾下，

◎ 弗拉基米尔一世

弗拉基米尔："很高兴与帝国续约，很快，我就要进行东正教洗礼了。"

巴西尔二世："很好，帝国与公国的友谊如此牢固，我希望公国能再输出些军队进入帝国服役。"

弗拉基米尔："还需要多少罗斯划桨手？（罗斯桨手进入帝国服役是罗斯方面的要求，因为罗斯养不了这么多人。）"

巴西尔二世："不是罗斯划桨手，是你的维京人卫队。"

弗拉基米尔："请问陛下需要多少？"

巴西尔二世："全部，反正你已经夺取了王位，暂时用不上。"

弗拉基米尔沉默。

巴西尔二世："考虑一下。"

弗拉基米尔："我可以同意，但我有个请求，我仰慕陛下的妹妹安娜已久。"

巴西尔二世："安娜是紫色寝宫的公主，不嫁外人的。"

弗拉基米尔："我已经皈依东正教，不算外人啊，如果你同意，维京人卫队马上就归你使用。"

最后，巴西尔二世与弗拉基米尔达成协议，6000名维京人卫队——后来也被称为北欧卫队或瓦兰吉卫队——加入帝国军队的行列，而安娜公主则嫁给弗拉基米尔，成为他唯一的妻子。

据记载，安娜知道自己要嫁给"蛮族大公"，老大不愿意，但后来还是同意了，实际上，这是一桩不错的政治婚姻，安娜25岁，弗拉基米尔30岁，而且，根据俄罗斯方面的记载，弗拉基米尔也算得上相貌堂堂。

与约翰一世的东罗马大军曾有过交锋，虽然战败，但这些北欧人依然让约翰一世的精锐步兵付出了一定代价。他们是出色的步兵，以杀戮为生，他们体大力强，擅使巨斧与阔剑，身穿重甲。更重要的是，他们以遵守自己的誓言为荣。说白了，就是对雇主有种二愣子式的忠诚，一直是弗拉基米尔手中最吃香的部队。

这批维京步兵原本属于高级雇佣军，在瑞典与各罗斯公国之间作战。他们对古老的神有着很强的依赖，就如同东罗马帝国，尽管皈依基督教已达数百年，但古希腊罗马诸神在其文化中依然占据着重要的位置。与一般人眼中的天堂不同，维京人

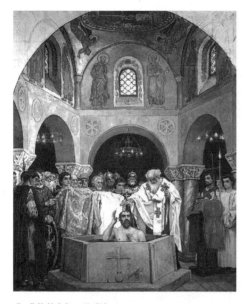

◎ 弗拉基米尔一世受洗

◎ 瓦兰吉卫队

眼中的天堂"瓦尔哈拉圣殿"则是只有勇士才能去的地方，在那里，勇士们住着豪华的宫殿，痛饮美酒，大吃佳肴，怀抱美女，享受完抢起武器就出去厮杀打仗。打完再吃，吃完再杀，就是他们的理想。

当他们到达君士坦丁堡著名的达夫纳宫时，他们对这辉煌宫殿惊叹不已，学者们这样记录了他们的表情："无比惊叹，以为自己来到了瓦尔哈拉圣殿。"美丽的宫女引他们进入宫殿，巴西尔二世用宫廷盛宴招待了他们。在维京人的文化中，圣殿就是需要美丽的女性引入，然后再大吃大喝。这是他们戎马一生从未得到的待遇，不愿意再去其他地方了。当然，巴西尔二世也不希望他们走。

等这批维京步兵吃饱喝足后，巴西尔二世把他们编成作战单位，加入了自己的军队，并带领他们进行军事训练，用军械库中最好的武器武装他们。只是他们的时间并不太多——如上所述，福卡斯的军队已经逼近博斯普鲁斯海峡了。

◎ 瓦尔哈拉圣殿中的盛宴

直到此时，巴西尔二世才有了完全听命于自己的精锐军队，而且，瓦兰吉卫队除了作战，还担任着类似"锦衣卫"的职务：当皇帝需要抓捕或惩罚某人，他们会不折不扣地执行任务，绝不会受到任何影响。

现在，没有懈怠的部下，也没有反对他的将领，只有能完成任务的杀戮机器，巴西尔二世将用这些战士，完成他精心谋略的作战计划。"我们将攻击福卡斯在赫里索斯山的据点，那里由他的部下戴奥菲那斯把守。"巴西尔二世向瓦兰吉战士们宣布。

瓦兰吉战士们自然没有任何异议，吃了皇帝的当然得帮他杀人。正当他们摩拳擦掌抄家伙时，皇帝补充道："只有你们和你们的龙头战舰参战，皇家近卫军不动，贵族骑兵不动，帝国海军不动。"

970年至971年，拜占庭重骑兵曾打败这帮维京人的事实让这些瓦兰吉战士心有余悸，重骑兵地动山摇的冲锋会瞬间毁灭一翼的罗斯步兵方阵。原本指望与帝国皇家近卫骑兵一起出击，重装骑兵对重装骑兵会让人安心，现在步兵独自出击，岂不是送死？但巴西尔二世随后的一句话让瓦兰吉战士再无异议："我亲自带领你们行动。"

989年初，站在赫里索斯山上，能完全观测到君士坦丁堡动向的戴奥菲那斯十分自信：他处于险要的地势，而且能看清任何一艘开出港口的拜占庭德罗蒙战舰，或是任何一面拜占庭军队的旗帜。将对手尽收眼底让他胸有成竹，现在就等福卡斯收集的船只了，一旦船只到达，他们占有

◎ 引勇士入圣殿的女武神瓦尔基莉

绝对优势的军队就能穿越海峡，终结巴西尔二世的统治。

数月的驻扎让赫里索斯山的叛军也松懈了，尽管他们仍继续观测着帝国的卫队与海军，但他们从未注意到，驾驶着轻型龙头战舰没用拜占庭军旗的一支军队，正悄悄穿过博斯普鲁斯海峡，他们更没有想到，东罗马帝国皇帝就在其中指挥。

数千名瓦兰吉战士在巴西尔二世的带领下偷偷摸上山，干掉了哨兵，出现在猝不及防的戴奥菲那斯的军队面前。据坡赛罗斯记载："包括哨兵在内的叛军都坐在桌边饮酒。"瓦兰吉卫队挥舞着巨斧与阔剑杀入叛军营地。叛军骑兵还来不及翻身上马，就被杀得人仰马翻。混乱中，叛军不知道谁在攻击他们，也不知道攻击他们

◎ 瓦兰吉卫队的龙头战舰

的到底有多少人。凶残的砍杀让叛军四散奔逃，纷纷投降。瓦兰吉战士直接冲进了戴奥菲那斯指挥部，掀掉了营帐，并俘虏了包括戴奥菲那斯在内的所有高级军官。

赦免了大部分军官（包括福卡斯的堂弟），并保证他们的生命和财产安全之后，巴西尔二世宣布，将戴奥菲那斯钉死在十字架上。这是在两次内战中，巴西尔二世唯一一次用酷刑对待叛军。历史学家凯瑟琳·霍姆斯认为，这是一个警告，但也可能是戴奥菲那斯被俘之后抵触情绪太强烈才被杀。

赫里索斯山的胜利让长久萎靡的帝国军队军心大振，也动摇了支持福卡斯的军事贵族，有不少开始转向支持巴西尔二世。989 年 4 月，巴西尔二世再次亲征，这次

他在军中设置了布雷契耐教堂的圣母像，显示决战的决心。大军向南开向阿拜多斯，在大路上扎营，摆出为阿拜多斯城解围的架势。

福卡斯亲自带领军队前来，陆地上，他仍占有优势。他担心巴西尔二世会再次使用对付斯科莱鲁的办法——用海军陆战队突袭港口，也担心阿拜多斯城守将罗曼诺斯和巴西尔军队里应外合攻击，因此，考虑再三，他决定将军营移至港口，这样一旦被帝国海军陆战队袭击，他的军队可以直接保护港口。

福卡斯的判断是正确的，但策略却完全错误，这位卡帕多西亚陆军出身的猛将，对海军战法并不了解。如以往其他叛军一样，战争进行到爱琴海东岸便会出现转折。

当巴西尔二世看见对面的福卡斯移动军营时，他心跳开始加快，因为他知道，破敌就在明日了。4月13日，巴西尔二世的皇家旗帜仍在阿拜多斯大路军营上飘扬，但他的主力实际已经转移到了战舰上。

帝国海军先锋携带着"希腊火"战舰，接着是瓦兰吉卫队的龙头船，再之后是搭载着罗马人的舰队。与对付斯科莱鲁的方法一样，皇家舰队发起攻击，喷火战舰烧毁了港口内外巴达斯·福卡斯的所有船只后，继续前进杀入军港四处放火，整个军港都燃起冲天大火，并且点着了靠近军港的福卡斯陆军军营。叛军从海军到陆军全部大乱，活脱脱上演了一出拜占庭版的"火攻赤壁"。

瓦兰吉卫队随即登陆，代替了原先海军陆战队的位置，穿越火线挥舞兵器"不停地杀敌"。罗马士兵则跟在后面登上了阿拜多斯的土地。福卡斯的士兵在恐慌中到处乱跑，这时，位于阿拜多斯大路的巴西尔二世开始拔营出战，攻击福卡斯主大营，阿拜多斯守将罗曼诺斯也里应外合进行攻击。

战场一片混乱，很多原先支持福卡斯的军事贵族在巴西尔二世政策的正确感召下（归顺就保住军衔和财产，抵抗就钉死），纷纷当场倒戈，福卡斯惊愕地望着不可收拾的混乱局面，他原本拥有几乎整个小亚细亚的局势瞬间被瓦解。但他是巴达斯·福卡斯，拜占庭帝国第一猛将，十年前以只身之力在潘卡利亚平原战胜斯科莱鲁的场面在脑海中重现，是的，无人能挡住自己的重击！斯科莱鲁也不能，年轻的巴西尔

二世更做不到，他绝不会就这么轻易放弃反戈一击的机会！

巴西尔二世的军队全面出击，有的在港口砍杀，有的在抓获俘虏，有的在追击逃亡者。那么，他本人身边的士兵一定不会太多。

战机稍纵即逝。

福卡斯翻身跨上身披重甲的高大战马，手持长剑与心爱的钉锤，集结了自己剩下的精锐士兵——这些年轻人全都高大魁梧且作战勇猛，"冲锋起来不可阻挡"。他带领他们直冲巴西尔二世所在的中军——即使你能在各处击败我，如果我直接杀掉你，一样可以扭转乾坤！

事实上，福卡斯最后关头的判断是对的，巴西尔二世身边确实没有剩下太多的士兵。

福卡斯带领叛军最后的精锐部分发动决死突击，他挥舞着兵器，冲在队伍的最前方，大吼道："我是巴达斯·福卡斯！"第一猛将的狂吼竟震慑了巴西尔二世身边的皇家卫队。

在福卡斯看来，当自己和尼基夫鲁斯二世驰骋小亚细亚战场，与武艺高强的斯

◎ "希腊火"攻击叛军船只

科莱鲁决斗时，巴西尔二世不过是一个小鬼，即便到现在，巴西尔也绝不可能是他的对手。福卡斯的决死突击爆发了他的全部潜能，他和他的卫队连续冲垮了巴西尔二世面前的两个方阵，瞬间便冲到了皇帝身边。

时间仿佛回到了1300年前亚历山大大帝在高加米拉大战大流士三世波斯大军的时候，双方军队全线混乱处于胶着状态时，亚历山大亲自带兵直冲大流士的中军，武艺高强的亚历山大使大流士恐惧，并使其调转了指挥战车的车头。正在鏖战的波斯大军看见主帅在战斗中逃跑，丧气撤退，致使全军崩溃。

◎ 图中这位骑着重装战马，一手持剑一手持锤的就是帝国第一猛将巴达斯·福卡斯，四周与他鏖战的是瓦兰吉战士及其士官。

但巴西尔二世没有重蹈覆辙，尽管他非常紧张。他紧盯着福卡斯的位置，右手抽出了腰间的长剑，左手紧紧抓住挂着的十字架。他坚定地端坐在战马上，纹丝不动。巴西尔二世的镇定鼓舞了四周的士兵，他们继续奋战。福卡斯没料到的是，巴西尔二世安排了一部分瓦兰吉战士保卫自己。当瓦兰吉战士看见福卡斯冲来，毫无畏惧就迎头冲上，才不管他是不是第一武将。他们一生奔走于俄罗斯平原，是最专业的杀戮机器，战场与鲜血就是他们的圣殿。瓦兰吉战士挥舞着巨斧与阔剑拦住了无敌的福卡斯，并向他射去了雨点般的标枪，他们不会折辱最强雇佣兵的美誉！

福卡斯用尽力气猛烈冲杀，但还是无法冲破瓦兰吉战士的防御，随着时间被拖延，形势对他越来越不利，希望越来越渺茫。这时，无敌的福卡斯从马上摔了下来。对于他摔下来的原因，有以下三个版本：1.心脏遭到了重击，2.癫痫发作（当时心情非常糟糕，发病也有可能），3.预先被巴西尔二世下了毒。总之，他摔下了马。

瓦兰吉战士一拥而上，将福卡斯魁梧的身躯切成数段，并砍下他的头颅交给了巴西尔二世。主帅的死亡让叛军彻底崩溃，不是投降就是四散逃命。年轻的皇帝知道，他率领瓦兰吉战士击败福卡斯的那一刻，他的军事课才圆满毕业。他战胜了人生中最黑暗的时刻，原先名义上属于自己的军队直到今天才绝对服从于自己，在10世纪末这个充满战神的竞技场中，他是唯一的幸存者。这场帝国东部的叛乱，终于结束了，自己胜利了。

这时，内战中忠于巴西尔二世的瓦兰吉战士抛弃了他们的佣兵身份，不再为其他雇主服务，只听从皇帝一个人的命令。他们随后被编入皇室禁军，成为巴西尔二世最依赖的一支精锐步兵，"瓦兰吉卫队"或"北欧卫队"将是他们的新名字，优厚的待遇使得一些北欧武士不断长途跋涉加入这个队伍。这些人将在东罗马帝国娶妻生子，并在未来一次次腥风血雨的战争中谱写传奇。

巴西尔二世将福卡斯的头插在长矛上，在各地展示，所有的叛军都放下了武器。989 年 11 月，福卡斯儿子利奥·福卡斯控制的安条克城宣布投降。

福卡斯死后，残余叛军释放了斯科莱鲁，并团结在他的麾下，但现在的叛军已今非昔比，没有任何能力与巴西尔进行正面对决，巴西尔二世本以为这事会很快结束，再说斯科莱鲁的儿子还在自己手下任职呢。没想到斯科莱鲁就是不投降，他利用托罗斯山脉复杂的地形，当起"游击队

◎ 瓦兰吉卫队玩偶兵模

队长"，避开帝国主力军，专打辎重队，巴西尔二世怎么也抓不到他，竟然拖了大半年。

巴西尔二世挺纳闷，14 年过去了，昔日驰骋疆场英姿勃发的"轻骑兵大师"已经步入暮年，而且"体弱多病"（也许脖子上福卡斯那一锤加剧了这一效果），自己明明已赦免了他，且他儿子还在军队任职，但他到现在都不主动和谈，难道想当一辈子"游击队队长"死在山里么？

巴西尔二世不想拖下去，虽然他可以等到斯科莱鲁老死，但四周敌国都在蠢蠢欲动，特别是保加利亚。于是，他主动安排了和谈。斯科莱鲁答应了，并在一个游击区的边缘地带见了皇帝。出乎皇帝预料，斯科莱鲁没有什么过分的要求，只让皇帝别惩罚跟随他叛乱的士兵，并保证他们的生命财产安全。关于他自己，则要了个头衔很高但没实权的虚职。

巴西尔二世瞅瞅斯科莱鲁，后者还是一脸不高兴的样子。巴西尔二世不禁想知道他到底想要什么。

突然，巴西尔二世跟众人说道："看吧，我们面前这个又老又病的人，其实是我最惧怕的人！他既可以是帝国的栋梁，也可以将帝国闹得天翻地覆！"斯科莱鲁的心情立即好了起来，喝了巴西尔二世送来的酒（当然，皇帝先喝了一口表示里面没有毒），并当众表示归顺皇帝，担任他的参谋。深宫中练就的用人本领使巴西尔二世摸透了斯科莱鲁的心思，斯科莱鲁不过是个将死之人，他要的只是名分。

斯科莱鲁一生确实有些时运不济，他

的能力超过同代将领太多，包括福卡斯。但他反叛的时机太差，第一次是遭到群起攻之而失败，第二次又遭到福卡斯拘禁。十四年过去，现在已是老病之躯。少年老成的巴西尔二世在众人面前，表现了对他的尊重与畏惧，让垂垂老矣的斯科莱鲁那颗倔强的心终于得到了安抚。

991年，斯科莱鲁服务巴西尔二世一年多后便去世了。他归顺的意义在于，他在东方军区有如此的威望，却依然服从巴西尔二世，于是所有军队都开始服从皇帝的领导，帝国经前两代战神积聚的强大能量真正融合在了一起。在福卡斯叛乱持续的三年间，拜占庭帝国的敌人们实力进一步增强，威胁扩大。

东方埃及的法蒂玛王朝在约翰一世时代只是个"低级兵种强大"的王国，大将邵海尔曾以十万大军攻克开罗，但其主力军队是沙漠骑兵、伯伯尔轻步兵与北非的黑人步兵，完全无法对东罗马帝国军队构成威胁，975年在叙利亚被揍得满地找牙。有趣的是，同年，一支突厥人古拉姆骑兵（人马俱甲的重骑兵）劫掠了法蒂玛王朝控制下的西顿郊区，法蒂玛王庭带领大量伯伯尔步兵追击。当将突厥人逼到河边时，伯伯尔步兵反被这些古拉姆骑兵在河边背水一战冲得四处溃散。

这可能使法蒂玛王庭受到了刺激。法蒂玛王庭，拥有东北辽阔的疆土和叙利亚南部商业发达的都市。据记载，法蒂玛王朝991年的开罗阅兵式上出现了人马俱甲的重骑兵，尼基夫鲁斯·乌拉诺斯也记载了当时法蒂玛王庭的伯伯尔步兵有较好的

装甲，拥有与东罗马人类似的步兵队形与战术。同时，大量的贝杜因骑兵也加入了他们的军事体系。拜占庭帝国内乱，法蒂玛王朝对叙利亚北部乃至安条克城都充满了占有欲望。

西方帝国对拜占庭帝国的威胁这段时间反而减少了，并不是因为他们不想利用帝国的内乱，而是奥托二世进攻阿拉伯人控制的西西里岛遭到大败后无暇染指意大利南部。因此，帝国最大的威胁来自保加利亚。

从某种意义上说，保加利亚是两次拜占庭贵族叛乱中的获益者。986年图拉真门之战大败巴西尔二世后，萨穆埃尔在巴尔干地区的威望如日中天，他通过对马其顿

1 法蒂玛王朝哈里发卫兵　3 法蒂玛骑兵
2 撒哈拉雇佣骑兵　　　　4 法蒂玛城镇民兵

◎ **法蒂玛王朝的军队**

核心地区的多次劫掠以及对拉里萨等地区的占领，军队实力得到很大提高，除了一贯擅长山地丛林作战的部队外，还拥有重装部队，敢于面对面迎击帝国的正规军。

此后，萨穆埃尔的大军经常出现在东罗马帝国西线的重要城市——塞萨洛尼基城，并做好了同时对拜占庭帝国西面的附庸国——克罗地亚和塞尔维亚地区的入侵。萨穆埃尔明白，如果占有这些地区，他控制的土地就超过了保加利亚帝国历史上著名的西蒙大帝所控制的土地。

无论如何，帝国的内战已经结束。989年，31岁的巴西尔二世经历了残酷的宫廷斗争与惊险的反叛战争，终于历练成为一位优秀的军事统帅，真正掌握了国家的军队，并为帝国军队新增了精锐步兵——瓦兰吉卫队。就这样，当时欧亚大陆上最优秀的超重装骑兵铁甲圣骑兵与最勇猛的步兵瓦兰吉卫队都服务于他。但是，一段危机结束后立即又有了新的危机，仿佛是巴西尔二世人生中惯有的常态，他还来不及庆祝和休息就得面对差点置自己于死地的老对手萨穆埃尔。

巴西尔二世的征途才刚刚开始。

五 高速的陆地行军

991年，昔日年轻的双头鹰羽翼已经丰满，强劲的双翼和锋利的钩爪初具锋芒。拜占庭帝国现年33岁的皇帝——巴西尔二世，经过一系列的宫廷政变与腥风血雨的战争后，终结了两大军事巨头——斯科莱鲁与第一猛将巴达斯·福卡斯的叛乱，也将企图废黜自己的叔公巴西尔大总管驱逐出皇宫。现在，他所面临的主要敌人是，已经在巴尔干获得辉煌和恐怖名声的保加利亚沙皇萨穆埃尔。

事实上，对战这位被称为"拥有无法超越的力量"的沙皇，已经到了刻不容缓的地步。989年，在拜占庭军事叛乱即将平息之际，攻克了拉里萨的萨穆埃尔抓住时机进入希腊半岛北部，接连攻克了罗马人的重要城市——维利亚与塞尔维亚（希腊城市名），并深入希腊南部地区烧杀抢掠。随后，他的势力渐渐将塞萨洛尼基城包围起来。在帝国西面，保加利亚军队又攻克了亚得里亚海边的重镇——狄拉乌姆。

991年，巴西尔二世率领军队前往巴尔干战线。到达塞萨洛尼基后，他为"武圣人"德米特里举行了一次盛大的祭奠，然后设计了一个方案打击萨穆埃尔：首先，他派遣使者与亚得里亚海附近的领主建立军事同盟，如威尼斯、克罗地亚、塞尔维亚的领主，这些领主眼见保加利亚帝国不断向自己的领地扩张，也纷纷表示支持拜占庭帝国；同时，他又让人品和能力都不错的格雷戈里·泰格拉斯把守塞萨洛尼基，

◎ 萨穆埃尔

并给了他一支精锐军队。

巴西尔二世在这里训练军队，他睡在军营里，与士兵吃相同的食物，并保护和抚养那些已故军官的后代，负担他们的食物、住房和教育。后来，这些军官的后代又加入他的军队，成为他的士兵和军官。他说话时甚至用士兵的口气，就是那种没有婉转的结尾口音，总是快速的、简洁的断句（这可能听起来不像当时的贵族用语，有点像现在的德语）。他的说话方式甚至让皇宫书记官抱怨：“现在皇帝说话的方式就像是一个农民。”皇帝衣着质朴，穿着颜色单一的服装，甚至在出席盛大场合时也仅穿暗紫色的皇袍，而非一般东罗马皇帝的明亮紫色。坡赛罗斯曾这样记载：“皇帝仿佛是乐呵呵地拔掉了他身上所有能代表君主的装饰品。”

尽管巴西尔二世的粗犷之举让宫廷官员不安，但他却获得了军队的爱戴。5年前，他利用自己的军事素养让远道而来的瓦兰吉卫队追随自己，现在，他又让本国军队敬服，仿佛“白色死神”再世。士兵们不仅认为他是一个可以信赖的统帅，而且认为他就是士兵中的一员，“皇帝是我们自己人”。

成熟的巴西尔已经不会再让自己的军队直捣黄龙，深入保加利亚境内。他在色雷斯和塞萨洛尼基足足用了两年的时间做准备，包括用外交手段对萨穆埃尔进行打击。同时，他也意识到了一个问题：拜占庭帝国的地理位置决定帝国很难单线作战。果然，994年，东线出事了。

这要从两次巴达斯叛乱说起，在巴达斯·福卡斯叛乱期间，斯科莱鲁的儿子罗曼诺斯跑来为巴西尔二世效劳。他成功防守住了粮食产地阿拜多斯，深受巴西尔赏识。斯科莱鲁死后，罗曼诺斯被任命为安条克驻军司令，992年时，还对法蒂玛王朝发动了一次成功的劫掠性远征。不过，“像父亲一样”这句话也暗示巴西尔二世对他有些顾虑，于是，在罗曼诺斯胜利之后，巴西尔二世将他调回身边，赋予他“皇家卫队指挥”的职责。罗曼诺斯心思缜密，巴西尔二世认为他会成为自己的得力助手。罗曼诺斯后来在皇家卫队指挥这个岗位上任职了很长时间。

调回罗曼诺斯后，巴西尔二世将安条

◎ 塞萨洛尼基的"武圣人"迪米特里

克司令换成了米哈伊尔·波伊斯——他这个老兵油子在福卡斯叛乱时幸运地没站错队,坚定地站在了巴西尔一边。因为以往他对战法蒂玛王朝的显赫战功,攻打安条克地区也算轻车熟路。992年,波伊斯被派遣到了他梦寐以求的安条克城,担任司令官。

波伊斯兴高采烈地来到了东方,他感到自己又可以重温"吃饭、睡觉、揍法蒂玛"的美好生活了。在他的印象中,法蒂玛王朝虽然兵多将广,但无论是训练水准

还是装备都极差。然而,法蒂玛王朝掌握的北叙利亚地区却极为富裕,每次去那劫掠都能发一笔小财。于是994年,他就发动了对法蒂玛王朝的进攻。开始颇为成功,以至于波伊斯的远征军开到奥伦特斯河时,波伊斯才发觉不对,连战连败的法蒂玛军队似乎在将他引向一个圈套,最终,他在那里碰上了来自大马士革的统帅、出身于突厥古拉姆奴隶卫队的将军、法蒂玛王朝第一名将——曼杜塔肯率领的埃及主力军队,比波伊斯的军队要多得多。

骄横的波伊斯并不为所动,在他的记忆中,他击败过许多比他们人数多得多的法蒂玛军队,这次也不会例外,但曼杜塔肯的军队接近他的时候,他和士兵们都惊呆了。法蒂玛王朝中的伯伯尔步兵不再是以往的轻步兵,他们身披重甲,排列着和罗马人一样整齐的大纵深队列和阵型。他们背后的标枪兵、弓箭手也训练有素。步兵阵列的缝隙间,高速的贝杜因骑兵和突厥弓骑兵来回穿梭着。更恐怖的是,阵列中有拜占庭士兵从未见过的法蒂玛王朝具装骑兵部队——他们拥有波伊斯没有的超级武器。

法蒂玛王朝,拥有整个东北非发达且辽阔的疆土,拥有叙利亚南部商业发达的都市,非常富裕。通过十多年的军事改革,他们的军队已今非昔比。991年出现的法蒂玛具装骑兵部队,即将把波伊斯军队作为第一个试剑对象。

战役过程不清楚,结果却是大家都知道的,波伊斯被击败后向安条克城逃去,曼杜塔肯率领法蒂玛军队乘胜直追,目标

直指拜占庭帝国的附庸地区阿勒颇——这曾是骄傲的阿拉伯哈姆丹王朝的一座城市，哈姆丹经过拜占庭两代战神的打击后，成了拜占庭的附庸国。

接到东线战败的坏消息后，巴西尔只能中止在巴尔干的军事行动。他让之前任命的格雷戈里·泰格拉斯防御萨穆埃尔，自己率领大军立刻向东方转进。据记载，这次出征的有4万人，包括巴西尔二世的皇家卫队和禁军。出征令一发出，东方各军区就迅速做出反应加以配合。已成熟的巴西尔二世的执行力与九年前不可同日而语，"能被执行的命令才是好命令"，最

◎ *法蒂玛王朝重骑兵与步兵*

后一堂残酷的军事课让他永生铭记。在他铁一般的执行力下，各军区为他的出征准备了8万匹骡马，创造了拜占庭帝国历史上陆地大范围行军的一个高速记录。

巴西尔及其军队用十六天时间就穿过了整个小亚细亚，骑兵自不必说，就连步兵也有骡马换乘以保证行军速度，毫不逊色于游牧民族军队。"长距离行军的步兵，每人必须有一只骡子用来携带他们的生活必需品。步兵必须装备自己的盾牌、长矛及其他装备。"这是"白色死神"时代的标准，现在平均每人拥有2匹骡马，已经超越了第一代战神的水准。瓦兰吉卫队则拥有马匹，虽然他们不善于骑马作战。

这种场面会比较滑稽——数万步兵坐在摇头晃脑的骡马上高速行军，也许不如古罗马军团行军时气势雄壮，却高效得多。而一旦发生敌情，东罗马军队也有严格的行军纪律和队列。携带长矛与盾牌的步兵们会从骡子上一跃而下，与同伴们一起摆出严格操演过的阵型进行防御，随从们则会将骡子按规定赶往阵型的中央以免造成混乱。

995年4月，巴西尔二世的先锋军队约1.7万人抵达阿勒颇，曼杜塔肯的法蒂玛大军正在猛攻该城，城市几乎已经陷落了。皇帝在出战前让长途行军的军队做了充分休息，同时也了解自己突然大范围转移给对手造成的惊慌。巴西尔二世像1300年前亚历山大大帝在高加米拉战役时那样在阵前纵马奔驰，给士兵们打气，他报出许多老兵的名字（在军营里呆久了的结果），大声宣读一些士兵过去的战功，并喊道："我

的侄子和孩子（即士兵们），我们必将在天主的护佑下战胜敌人，所有人都将得到丰厚的奖赏。"

曼杜塔肯无论如何也想不出，半个多月前还在西线的巴西尔二世是如何带领他的精锐部队来到阿勒颇的。当他们看见巴西尔二世的旗帜以及不止一个楔形队（一个楔形队圣骑兵为504人）的全具装铁甲圣骑兵时，他们震惊了。

关于战役过程，只在乌拉诺斯的《战术》中有相关记载："敌军的具装骑兵冲击东罗马阵型时被重型长矛手拦截，然后，标枪手则通过重步兵队列间的空隙攻击敌军。步兵保持着良好的队列，周遭的骑兵部队

◎ **拜占庭超重装骑兵的墙式冲击**

则从侧翼重创敌军。"

拜占庭的铁甲圣骑兵们显然更胜一筹，阿勒颇地区平坦的地形可以发挥他们的全部威力，"他们连人带马在闪闪发光的金属铠甲中，保持着整齐的步伐前进，只露出双眼"。楔形队一启动就直指敌军指挥官，两翼由中型骑兵掩护。接近敌阵时，包裹在楔形队中间部分的具装弓骑兵就向敌阵猛射箭雨，打乱敌军的阵脚；楔形队的箭头部分装备着重型钉锤的具装骑兵"则用沉重的马铠碾碎阿拉伯重步兵的长矛，因为他们的装甲厚重，丝毫不惧四周的弓箭与标枪"，他们直接穿透敌军阵型，又一次打乱了敌人的阵脚；随后，楔形队两翼装备着长矛（四五米）的具装骑兵猛地顺势向上冲，第三次打乱敌军的阵脚；最后，具装枪骑兵挥舞着钉锤或长剑，猛烈砍杀敌军。

阿拉伯人用优秀的贝杜因骑兵袭扰以分散拜占庭主力军队的注意，但"白色死神"的军事手册中特别提到了这一点，巴西尔二世已经烂熟于心："不要追击他们，没有任何罗马骑兵可以追得上贝杜因骑兵。提防他们将我军骑兵引开。应用弓箭手驱离他们。"

4月下旬，巴西尔二世的4万军队已经全部到达阿勒颇地区，拜占庭军队拥有压倒性优势。曼杜塔肯随后撤退，除守备一些堡垒的部队外，法蒂玛主力军撤回大马士革。

关于995年拜占庭与法蒂玛的冲突，有两种说法：一种来自1926年历史学家斯蒂芬的书，斯蒂芬认为这场战斗没有发生，

◎ 995年阿勒颇之战中拜占庭铁甲圣骑兵（右）在冲锋

曼杜塔肯看见巴西尔二世来了就撤退了，英文维基使用了他的记载；另一种来自奥氏的《拜占庭国家史》，奥氏的记载是"巴西尔二世突然袭击并战胜阿拉伯人的围城部队"，他对书籍史料的最后修改时间是1962年，比斯蒂芬的资料更新，考虑奥氏在现代拜占庭史学研究的权威性，故本文采用后者的记载。另外，根据部分史料，当时巴西尔二世1.7万人的军队到达阿勒颇时，阿勒颇"几乎要陷落了"，但1.7万人并不能压制曼杜塔肯的法蒂玛主力军，如果曼杜塔肯一鼓作气拿下阿勒颇，他就能获得更好的谈判条件。再从双方指挥者来分析，当时的巴西尔二世虽然在国内军队中已经颇具声望，但在国际上还未达到"战神"的水准。而曼杜塔肯是当时法蒂玛王朝除哈里发外最高的军事统帅，不至于在阿勒颇即将破城之际，一见巴西尔二世就率领主力军狼狈撤退。因此，曼杜塔肯应该是与巴西尔二世交了战，但不顺利，在巴西尔其余2.3万人也到达战场后才选择与围城军队撤退。

法蒂玛主力军撤退后，巴西尔二世还不罢休。他让军队进入法蒂玛王朝的领土，大肆劫掠。随后，他们还攻占了法蒂玛的霍姆斯城和阿帕梅亚城，瓦兰吉卫队野战时没显出身手，攻城战则一马当先，被当地人称为"食尸的猛禽"。

正当巴西尔在东方转败为胜之际，保加利亚人动手了。对萨穆埃尔来说，法蒂玛不是盟国胜似盟国。996 年，他抓住时机向巴尔干地区发动了进攻，巴西尔留下的格雷戈里·泰格拉斯就是他的对手。格雷戈里手中的部队并不多，但幸亏他知道萨穆埃尔诡计多端，因此迎战时小心谨慎。萨穆埃尔又用了惯用伎俩，让轻弓骑兵进行袭扰，诈败引诱格雷戈里上当。格雷戈里自然也留了一手——他让儿子阿希尔修斯带领一支部队追击，自己则带大部队在后面跟着。

这本是一个很稳妥的计划，但阿希尔修斯年轻气盛，一股脑追了下去，结果被萨穆埃尔隐藏的主力围在阵中。最后一刻，格雷戈里为救出儿子失去了理智，率军猛地冲进萨穆埃尔的包围圈，结果被当场杀死，阿希尔修斯被俘。值得庆幸的是，残兵逃回塞萨洛尼基城，仗着塞萨洛尼基城坚固的城墙保住了城市。但他们再无力对抗萨穆埃尔对整个地区的劫掠。

◎ 描绘格雷戈里被萨穆埃尔军队围攻致死的古画

据说，阿希尔修斯被俘后，因他长得帅，被萨穆埃尔的女儿米拉萨拉娃看上了。米拉萨拉娃以自杀威胁萨穆埃尔，非阿希尔修斯不嫁，再加上萨穆埃尔也想笼络人才，就留下阿希尔修斯做了女婿。但阿希尔修斯还想回拜占庭，与深爱他的米拉萨拉娃商量后，卷了点路费跑了。1004 或 1005 年，他们来到狄拉乌姆城，见到了守将约翰·卡斯利奥斯——他是亚美尼亚贵族，同时也是萨穆埃尔的岳父。他本不应该放走阿希尔修斯和米拉萨拉娃，但他一看见外孙女就心软了。他不仅放走了他们，还帮他们准备了船。他们到了君士坦丁堡后，巴西尔二世封米拉萨拉娃为"佩带女贵族"（罗马妇女的最高头衔）。

◎ 描绘米拉萨拉娃和阿希尔修斯成婚的古画

放走外孙女后，卡斯利奥斯就心虚了：萨穆埃尔心狠手辣，是不会放过他这个老丈人的。于是，他建议献上狄拉乌姆归顺拜占庭帝国。巴西尔二世随后派遣尤斯塔修斯·戴芬诺姆斯调动拜占庭舰队，在卡斯利奥斯的配合下，迅速占领了重镇狄拉乌姆。尽管萨穆埃尔随后又攻取了戴克来亚和塞尔维亚的大片地区，但他却再也无法攻克有拜占庭海军支援的狄拉乌姆了（他没有海军）。

远在东线战场的巴西尔知晓格雷戈里阵亡的消息后，立即任命正忙于首都政务和军务的尼基夫鲁斯·乌拉诺斯为西线总司令，命他集结君士坦丁堡、色雷斯、希腊地区的军队，包括西部斯科拉锐骑兵部队（从巴西尔二世的父亲罗曼诺斯二世统治时期开始，斯科拉锐骑兵就被分成东西两支）。997 年，乌拉诺斯的大军在塞萨洛尼基集结完毕，立即向西进发，准备截断正深入伯罗奔尼撒半岛的萨穆埃尔大军的后路。萨穆埃尔杀死格雷戈里后，南下深入希腊南部地区，一路烧杀劫掠，但他缺乏攻城器械，不能攻克大城市。

萨穆埃尔知晓乌拉诺斯大军前来的消息后，立刻向北转进，并命令因劫掠而疲惫的军队强行军。这让其儿子加布里埃尔非常担心——如果他们此时被乌拉诺斯截住，毫无战斗力的他们将无法交战。但见父亲如此坚决，他还是执行了父亲的命令。

萨穆埃尔则胸有成足，他对时间、天气的计算是非常精确的！经过急行军，他的军队先于乌拉诺斯到达了希腊中部的斯帕切尔斯河岸。这条河平时水流湍急，又因刚降过暴雨，河水上涨，根本无法渡河，乌拉诺斯的大军只能与萨穆埃尔隔河相望。

看着将士们佩服的目光，萨穆埃尔得意之情溢于言表。他们在南岸，拜占庭军队在北岸，只要在这里扎营休息一晚，他们就能带着劫掠所得的物资不慌不忙返回首都奥赫里德（今马其顿共和国境内）。于是，全军扎营休息。萨穆埃尔计算了时间和天气因素，但没有考虑过地理因素。显然，他并不知道斯帕尔斯河有浅滩。

乌拉诺斯到了以后就没闲着，他派了大量侦察兵寻找斯帕尔斯河的浅滩，终于有消息传来——浅滩被找到了！当天夜里，乌拉诺斯全军出动，从浅滩悄悄渡过斯帕切尔斯河，缓缓接近了萨穆埃尔的大军军营。让乌拉诺斯特别高兴的是，也许是保加利亚人强行军后太过疲惫，他们连哨兵都没有。

997年7月16日凌晨，拜占庭军队排山倒海般突然杀进了保加利亚军营，毫无悬念造成了敌军的崩溃，士兵们有的被杀，有的夺路而逃，大部分则因过于疲惫直接束手就擒。根据贾赫亚的资料，此战有1000名保加利亚士兵被杀，12000人被俘，在希腊辛苦抢劫的所有物资全被乌拉诺斯截获。

萨穆埃尔和儿子加布里埃尔靠躲在死人堆里装死才逃过一劫。他们连夜跑向品都斯山脉，集结了那里剩下的残兵，艰难行军400公里后终于回到了首都奥赫里德。

斯帕切尔斯河战役的胜利是为"图拉真门"复仇的第一仗，是双方交战以来拜占庭方首次取得的重大胜利。乌拉诺斯一战成名。不过在东线，巴西尔二世对米哈伊尔·波伊斯的容忍则达到了极限，波伊斯被撤职，军事生涯结束。巴西尔二世留下贵族大将达米安·戴拉斯诺斯为安条克司令，自己则带领军队回首都，这样，他还可以在安纳托利亚处理一些事务。

那位曾在巴达斯·福卡斯叛乱时支持福卡斯，在自己家中为其加冕的安纳托利亚贵族尤斯塔修斯·马林努斯，在巴西尔二世从他家离去后没多久，便被邀请去君士坦丁堡皇宫中做客，从此再也未出去过，直到去世，而其庞大的地产和庄园也被没收。996年初，巴西尔二世颁布了新的法令，要求自927年开始，从小农手中强取豪夺的所有财产必须无偿归还原主，并取消了一个盛行的惯例：财产自合法化后，40年内将被免除调查。此外，他还把福卡斯家族作为最严重的犯规者范例。就这样，马林努斯家族和福卡斯家族的巨额财产都进

◎ 描述乌拉诺斯大败萨穆埃尔的古画

了皇帝的腰包，他们的土地则分给了附近的农民。

巴西尔二世也顺带打击了教会的土地扩张，那些以农民房屋为基础和建立在农民土地上的修道院，以及人数很少的修道院都不再被视为修道院，只能当作简易小教堂，不再向主教缴纳贡金，8 人以上的教堂才向主教缴纳贡金。主教可以获得所管辖土地地产的权利，但不能再获得任何新土地。

巴西尔二世的这一法令受到了几乎整个帝国东部农民的拥护，破产与流亡农民大为减少，同时得到土地的农兵也以更高的积极性与更好的装备投入了军队。巴西尔二世成为士兵的"自己人"后，又成了农民的"自己人"。显然，此时的巴西尔很清楚，他已在公民中建立起威望，这一法令无人敢阻挡。这一法令，保护了拜占庭帝国赖以生存的军区制与农兵制，遏制了所有中央集权国家中期都难以控制的土地兼并，打击了强大的军事贵族，充盈了国库，并大大增强了国家的实力。

当然，这项严厉的法令打击的仅仅是小部分军事权贵，而非全部。巴西尔二世明白，他不能仅依赖瓦兰吉卫队或军区农兵，军事贵族也是帝国军队中极其重要的部分。根据历史学家凯瑟琳·霍姆斯教授的整理，除马林努斯和福卡斯这两个军事权贵被打击外，绝大多数军事贵族反而有所收益——如前面提到的戴芬诺姆斯家族、斯科莱鲁家族、戴奥真尼斯家族。以斯科莱鲁的儿子罗曼诺斯为例，他的土地丝毫没有减少，还在皇家近卫军中身居高位。

至于其他因此而崛起的军事贵族，他们也期望用军功来提高自己的地位。新崛起的军事贵族为巴西尔的将领集团输送了新的血液，巴西尔巧妙地将军事贵族的欲望引入正轨——新崛起的军事贵族们，你们可以通过成功的军事扩张来提升地位与增加财富。就这样，约翰一世死后留下的隐患被消除。

在巴西尔二世解决贵族圈地隐患的同时，萨穆埃尔也没有闲着。斯帕切尔斯河战役对保加利亚来说是一次重大失败，尽管不是决定性战役或转折点，但这也撼动了萨穆埃尔的信心，让他很长时间都不敢深入东罗马帝国的领土。于是，他选择了自认为相对容易征服的目标——拜占庭帝

◎ **巴西尔二世和宫殿侍从**

国沿亚得里亚海的那些盟友。

998 年，萨穆埃尔集结了大量军队猛攻塞尔维亚的戴克来亚地区，君主约翰·弗拉基米尔（与罗斯大公同名）进行了英勇和坚决的抵抗，无奈寡不敌众。随后，他放弃城市，转入游击战，塞尔维亚山区真是个打游击战的好地方，让擅长山地战的保加利亚人也进展缓慢。最后，弗拉基米尔在斯库台湖附近一座山上被保加利亚军队包围。得到萨穆埃尔不伤害他属下的保证后，他投降了。萨穆埃尔因征服此地花了太多时间而非常愤怒，他将弗拉基米尔扔进了保加利亚旧都普雷斯帕条件很差的监狱。

据说，萨穆埃尔的大女儿卡斯莎拉，在监狱见到弗拉基米尔后，被他英俊的相貌和谦虚有礼的谈吐所倾倒，随即爱上了他，带着女仆帮他清洗身体和手脚，并要求嫁给他，因弗拉基米尔在塞尔维亚的声望，萨穆埃尔同意了。

威尼斯的实力只能自保，克罗地亚君主和塞尔维亚君主则无法对抗强大的沙皇，但是由于塞尔维亚君主的抵抗和地形原因，萨穆埃尔对整个塞尔维亚地区的征服是缓慢的。此时，巴西尔二世又在做什么？为什么没来援助亚得里亚海的盟友？此时，巴西尔正分身乏术，因为东线又出事了。

巴西尔二世留在安条克的新总督——达米安·戴拉斯诺斯是个有进取心的人，比只知道抢钱的米哈伊尔·波伊斯好些。996 年，达米安强迫的黎波里（叙利亚城市，与利比亚城市同名）的埃米尔·纳舍尔同意了某些条款（很可能是交出城市）。然而，

◎ 塞尔维亚的弗拉基米尔

纳舍尔被市民推翻了。软的不行就来硬的。998 年，达米安开始征伐的黎波里沿海地段，并开始向东部内地扩展。经过猛攻，他占领了阿帕梅亚城。

但达米安根本没有意识到法蒂玛已经在南方集结了大量兵力。998 年 7 月，法蒂玛大马士革统帅曼杜塔肯再次出征，亲自领军前往对抗达米安，并且使用贝杜因骑兵引诱达米安前来追击。达米安中计，被法蒂玛大军包围后战败身亡。

如此，法蒂玛的军队又开始向北进击

威胁阿勒颇和安条克，巴西尔二世只好长途跋涉，奔赴战场，这次他带上了乌拉诺斯——反正萨穆埃尔刚遭大败，一时半会还不敢入侵。与995年一样，几万大军又骑着几万匹骡马出发了，只不过，这次没有上次跑得急，毕竟城市还没有被包围。

但曼杜塔肯学聪明了，他知道巴西尔二世擅长远征。拜占庭大军一到阿勒颇，法蒂玛大军就往回撤，惹不起但躲得起。但巴西尔二世不做蚀本的买卖，自然攻克并抢劫了法蒂玛境内不少城镇，直打到的黎波里的城下才作罢。在这些杀戮和抢掠中，瓦兰吉卫队又是大放异彩，他们的暴行"令人发指"。

瓦兰吉卫队如此的暴行，自然是得到了巴西尔二世的默许。巴西尔二世用残酷的报复，让法蒂玛王朝认识到，只要他们一靠近拜占庭帝国边境，即使距离再远，也会遭到猛烈打击，即"虽远必诛"。更何况，法蒂玛富庶的叙利亚北部每次都遭到严重破坏，对法蒂玛王朝的打击非常大。因此，999年冲突后，埃及人的使者就到了，主动要求签订和平条约。最终，巴西尔二世答应了。实际上，他的目标是巴尔干，而不是法蒂玛。现在，法蒂玛王朝已是大国，无论是南部的开罗或亚历山大，还是北部的大马士革都建设得很好，军队实力也不弱，再加上宗教对立因素，入侵将会导致长期的战争与冲突。如果倾全力猛攻法蒂玛，巴西尔二世必将陷入五百多年前，拜占庭与波斯萨珊大对决的困境。现在，拜占庭比法蒂玛的国力强，可五百多年前的拜占庭国力也比波斯萨珊强，最终的结果

可能是，就算拜占庭获胜了，捞到的好处也远远比不上持久战的消耗，最终只会让渔翁得利，阿拉伯帝国的崛起就是个例子。

但巴尔干地区的形势就完全不同，保加利亚帝国处于急速上升阶段，萨穆埃尔通过近二十年的征伐和建设，尽管已经拥有数量庞大的军队和土地，但很多地区的统治都不稳固，如占领的希腊地区、色雷斯以北地区及新占领的塞尔维亚地区。如果放任这些地区被控制，那么保加利亚帝国西蒙大帝时代就会重现，整个帝国的西部都将暴露在保加利亚人的火力之下。

470年前，查士丁尼大帝为了获得对西线的攻击机会，只能向东线波斯萨珊支付上万镑黄金。而现在，巴西尔二世未损失毫厘，就获得了拜占庭帝国集中力量的宝贵时机。

当巴西尔二世鏖战叙利亚时，乌拉诺斯则向北到了黑海南岸的特拉布宗地区，应付与格鲁吉亚人的边界纠纷。阿拉伯帝国分裂后，格鲁吉亚成立了很多封建公国，其中阿布哈兹公国最为强大，吞并很多其他公国后统一了西格鲁吉亚，之后与拜占庭帝国发生纠纷。1001年，格鲁吉亚公国大公葛根率军进入有争议领土，遭到乌拉诺斯的迎头痛击，但乌拉诺斯战胜后并未继续前进，因为他就要被赋予更重要的职位了。

重新稳定东线局势后，巴西尔二世带主力军返回首都。虽然法蒂玛已经求和，但巴西尔二世这次仍决定留下一位猛将保护胜利成果。他任命乌拉诺斯为安条克总督，并赋予他"东方之主"的头衔，掌管

据说，一支曾驻扎在安纳托利亚的瓦兰吉卫队中，有个士兵见到了村里一个貌美的希腊女孩，并于酒后想强奸她。事后，小姑娘一怒之下，抓起士兵的长矛，刺死了他。这下，军营轰动了："皇帝的禁军被杀了！"瓦兰吉战士在头领的带领下，冲进了村子。此时，那名希腊姑娘正吓得瑟瑟发抖，她感觉整个村子都要大难临头了。

瓦兰吉卫队的头领走到姑娘跟前，向姑娘的怀里放了许多金银珠宝，并说道："这是你杀死的那个士兵的，现在它们是你的了。"说完，他头也不回就带着士兵回了营地，留下目瞪口呆的姑娘和其他村民。处理尸体的时候，头领说："直接扔在林子里喂狼吧，真丢我们的脸，向上汇报的时候，就说是自杀。"

有的历史学家认为，除"忠诚"外，这种"荣誉感"也是瓦兰吉卫队的"美德"。他们的这种"美德"其实与现代社会的道德大为迥异，在他们的价值观里，"真丢我们的脸"并非"强奸"这个行为，杀人不眨眼的他们决不认为"强奸"是个事。真正丢他们脸的是，皇帝的精锐禁军竟被一个姑娘杀死。那个希腊姑娘杀死了战士，她就是强者，理应得到被她杀死的人的财物，也理应得到他们的尊重，这才是他们价值观中

◎ 瓦兰吉卫队兵模

的荣誉。这种"美德"指的是，他们对力量和勇气的极度尊重，以及对弱者的极度藐视，因此，他们抢掠时如"食尸的猛禽"和"令人发指"的暴行就很容易理解了。

东线所有兵马。

乌拉诺斯非常聪明，他到任之后，用金钱分化了北叙利亚的阿拉伯城市，煽动基督教徒与异教徒暴乱，并巧妙地引发了当时法蒂玛王朝两大军事支柱——突厥人和柏柏尔人之间的矛盾。"必须采取这些措施，即使我们这边的基督徒反对，也要把粮食、奶酪、牲畜给那些穆斯林。这些

东西证明是诱人的，慷慨给予和残酷报复相交替，基督徒或异教徒之间就会产生纠纷。"

萨穆埃尔经过长期的努力，几乎占领了拥有丰富金矿和铜矿的塞尔维亚。现在，威尼斯退避三舍，克罗地亚自顾不暇，塞尔维亚几乎被占领，拜占庭帝国在亚得里亚海的反保加利亚联盟已经被完全打破。

◎ 保加利亚帝国的重装骑兵

同时，萨穆埃尔还与匈牙利人联姻，巩固了北方的领土。色雷斯北部是良马产地，也是西蒙大帝时期保加利亚具装骑兵的马匹来源。保加利亚步兵的装备也因国家财富的增加而得到提高。"沙皇领导着一支庞大的军队，这支军队有许多小分队，一些分队装备着金色的长矛和盾牌，一些分队装备着银色的长矛和盾牌，所有人都穿着铁甲。"萨穆埃尔的势力如日中天，他建立了北至匈牙利，东至罗马尼亚直至黑海，西至亚得里亚海，南至希腊的一个大帝国。他所控制的疆域已超过保加利亚著名的西蒙大帝，他正向保加利亚历史上最伟大的征服者迈进。

但萨穆埃尔并未注意到，当他在塞尔维亚战场时，东罗马帝国的形势发生了变化——东部的战事已经平息，巴西尔二世可将主力投入巴尔干战场。东罗马庞大的战争机器已经启动，浩浩荡荡的军队与物资正向西进入巴尔干。斯帕切尔斯河战役后，萨穆埃尔暂停入侵拜占庭，转而攻击塞尔维亚，看似完美。但对巴西尔二世来说，塞尔维亚等盟国等于是东罗马帝国的挡箭牌。已经在腥风血雨中成熟的巴西尔二世，决不会忽视萨穆埃尔这个小小的破绽。决定整场战争命运的时候就要到了。

六 千禧年大战略

1000 年，保加利亚帝国的疆域仍在不断扩大，可貌似如日中天的帝国士兵密度却愈发稀薄，这像极了三国时代刘备取得蜀汉帝国最辉煌时期的状况：汉中、荆州、西川皆在掌中，但紧跟其后的就是破绽导致的崩溃。萨穆埃尔也是如此，他的军队被广大的土地分成了三部分：一部分在塞尔维亚地区剿灭剩下的塞尔维亚公国势力，一部分驻扎在希腊、马其顿地区，另一部分驻扎在色雷斯平原及特兰斯瓦尼亚一带。

色雷斯平原北部、多瑙河下游地区可以算得上是老保加利亚的控制区，11 世纪时经济并不出彩，谈不上对保加利亚帝国提供了多少财政收入，但这一地区是良马的产地，无论是保加利亚曾经的征服者克鲁姆大公，还是西蒙大帝，都非常依赖这个地区。根据拜占庭史学家西奥多及现代学者的整理，如果全部动员，克鲁姆大公拥有 1.7 万～3 万名精锐骑兵，西蒙大帝的兵力则更盛。

也许萨穆埃尔更重视西部沿海及希腊地区对自己提供的经济支持，他对东北产马区的控制主要通过儿子加布里埃尔与匈牙利王国的联姻来完成。虽然大公爵亚丁负责防守这片土地，但他手中的兵力有限且混杂，除了当地的瓦拉几亚士兵，其他士兵则来自南方的维丁城，对长期驻扎在北方颇有微词。

与此同时，巴西尔二世则完成了对西线的全部部署。千禧年，他让格鲁吉亚裔老将西奥多·卡努斯率军把守普拉迪夫，自己则带领军队再次从塞萨洛尼基出发，进攻 16 年前自己曾惨败的保加利亚重镇——索菲亚城。出乎萨穆埃尔预料的是，巴西尔二世选择了与上次同样的路线。

萨穆埃尔的一部分军队仍留在塞尔维亚作战，他只带了部分军队前往索菲亚，巴西尔二世"重蹈覆辙"的战术让他预感到在"图拉真门"将再次获胜，他早就预料到此地会再次成为重要战场。萨穆埃尔在索菲亚四周增修了大量堡垒，与城市互相呼应。索菲亚城粮草充足，完全经得起长期围城。一旦巴西尔二世再次兵临城下，他们就从各堡垒纵出袭击，然后再悄无声息溜走，直到巴西尔二世庞大的军队因不堪蚕食而再次崩溃。

索菲亚城，位于保加利亚中部，拥有大量绵延起伏的群山、危险的沼泽及茂密的林地。不要说东罗马帝国，就是在罗马帝国历史上，"密林"这个词也是无数军事行动失败的梦魇。拜占庭帝国的优势在这里不能完全得以施展，他们的重装步兵憎恨这种不能结成方阵的地形，浑身披甲的超重装骑兵也施展不开。这里是擅长伏击和林地作战的保加利亚军队的主场。

巴西尔二世把 16 年前的亚美尼亚精锐步兵换成了瓦兰吉卫队——这些北欧人长期在罗斯公国的大森林作战，比亚美尼亚人更适应密林，而且，凶悍蛮勇的北欧人个个体大力强、战技高超，即使在混战场

◎ 瓦兰吉卫队在保加利亚战场发挥了重要的作用

合也毫不怯战。但在萨穆埃尔看来，这种优势绝不足以让巴西尔二世拿下索菲亚。

拜占庭大军即将到达索菲亚城时停下了脚步，年过四十的巴西尔二世显然很有耐心，他步步为营，拒绝长驱直入。他先一个个摧毁索菲亚城附近的堡垒，然后再建立己方堡垒与保加利亚军队打堡垒战，丝毫不碰索菲亚城。

巴西尔二世明显比 16 年前谨慎得多，他到底想做什么？在萨穆埃尔看来，巴西尔是在拖延时间，但他也需要时间给自己争取到有利的局面。他的主力部队还在西边为征服整个塞尔维亚而鏖战呢，等巴西尔的堡垒群修筑完毕，他在塞尔维亚的军队也可以赶来增援了。

萨穆埃尔暗自忖度并等候增援部队的时候，巴西尔二世新提拔的西线大将——将来是巴尔干战场一号人物的尼基夫鲁斯·西菲亚斯登场了。福卡斯等大军事贵族的倒台，给了这位新军事贵族机会（史料对此人此战之前的履历没有太多记载）。巴西尔二世给了他一支大军，让他与之前防守普拉迪夫的格鲁吉亚裔老将西奥多·卡努斯一起统领，突击色雷斯北部和多瑙河下游地区。

保加利亚帝国东部区域、色雷斯平原北部大都为山区与平原相结合的地形，适合拜占庭超重装骑兵。因此，巴西尔毫不吝啬地将最优秀的西部教导团重骑交给西菲亚斯指挥，杀戮势如破竹。

保加利亚大公爵亚丁的军队分散在各处，根本无力抵御东罗马帝国西部教导团超重装骑兵的铁蹄。很快，保加利亚帝国

的大、小普里斯拉夫在敌军闪电般的攻击下失守（约翰一世 971 年攻克普里斯拉夫是从西面，巴西尔二世的军队则是从东面），接着，旧都普里斯卡也在西菲亚斯迅猛的攻击下投降。除此以外，西菲亚斯还控制了多瑙河下游地区。

回过头来，再仔细看一下索菲亚的位置，就能明白巴西尔二世在索菲亚城东部建设堡垒的真实意图了。直至今天，被群山环绕的索菲亚城也只有一条大路可以直接通向东部，另一条公路，则要在群山中先向北延伸很长一段路，再绕一个无比大的圈后才能到东部地区。巴西尔二世建设

◎ **拜占庭铁甲具装骑兵**

的堡垒，给敌人的错觉是为攻取索菲亚城，实际上却是为萨穆埃尔开的"收费站"，还大书"此路不通"。

巴西尔二世一向喜欢自己主攻，因此，一直在索菲亚城攻堡垒的军队被萨穆埃尔当成拜占庭帝国的主攻部队。事实上，巴西尔二世及瓦兰吉卫队都是佯攻，西菲亚斯的教导团才是真正的主攻部队。现在，萨穆埃尔明白了，巴西尔二世的目标根本就不是索菲亚城，而是著名的产马区——他要将保加利亚切成两半。

与此同时，巴西尔二世又出现在南方的塞萨洛尼基地区，意在重建被萨穆埃尔破坏的色萨利堡垒地区。同时，他充分发扬了帝国的财力优势，塞萨洛尼基西南的韦里亚城守将多布拉马（他是萨穆埃尔的侄女婿）因他的感召而投降。巴西尔攻克塞尔维亚要塞（马其顿要塞），俘虏了萨穆埃尔的大将尼古拉斯。巴西尔授予他贵族的称号，可他对萨穆埃尔忠心耿耿，逃回沙皇身边后趁巴西尔离开塞尔维亚反攻了要塞。

萨穆埃尔收到东方领土被突袭的消息后大惊失色，但因兵力处于分散状态，只能带领少量士兵对塞尔维亚进行牵制性反攻。巴西尔二世随后迅速返回，打破了保加利亚的围城。萨穆埃尔逃走，尼古拉斯再次被俘，并被投入监狱。

随后，巴西尔二世经过猛攻，又夺取了塞萨洛尼基西北部的沃德纳城（现希腊的埃泽萨）。该城的防御位置十分好，建在一个险要的哨壁上，同时依傍着大河，不过，给养不足，被巴西尔围攻后投降。

与此同时，巴西尔二世位于索菲亚附近的军队还在强拆和筑楼。至1001年底，塞萨洛尼基周围重要的堡垒和城市已被全部攻克。对萨穆埃尔来说，最可怕的是，索菲亚城至保加利亚帝国东部最重要的交通线已被截断。

祸不单行，新任匈牙利国王，因驻扎在北线的保加利亚大公爵亚丁曾觊觎匈牙利王位要报复，在拜占庭西菲亚斯的重兵压境之时，果断选择与东罗马结盟，从北面打击萨穆埃尔。战事已近乎绝望。

1003年，巴西尔二世把从索菲亚至塞萨洛尼基夺得的城市和要塞作为基地，开始大举进攻"多瑙河上的铁门"——维丁城。经过了8个多月的高强度围攻战，保加利亚军队用巨大的陶瓶扑灭了拜占庭军的"希腊火"（如何使用陶瓶不得而知）。但拜占庭军继续猛攻，可以说，城市失守只是时间问题。

萨穆埃尔绝非庸才，决不会将东部土

◎ 西菲亚斯进击保加利亚东部地区的示意图

地拱手让人，他集结了一支数量庞大的军队，趁巴西尔二世大军在维丁城时，亲自带领这支军队神不知鬼不觉绕过塞萨洛尼基城，沿海插入拜占庭帝国的巴尔干战线后方，出现在君士坦丁堡西面最重要的门户——亚得里亚堡城下，来了一个漂亮的"围魏救赵"。如果巴西尔二世返回援救亚得里亚堡，就必须放弃对维丁的围攻。

果然，有将领提议放弃对维丁城的围攻，但巴西尔二世冷静分析了敌军出兵和到达时间后，断定此乃萨穆埃尔的调虎离山之计，其军人数虽然众多，但并不足以为惧。他认为敌军是从保加利亚重镇克雷西昂出发的，这么快就能到达亚得里亚堡，一定是轻骑兵，不可能携带攻城器械。因此，他命令亚得里亚堡守将严守城市，不主动

交战，自己继续围攻维丁城。

萨穆埃尔无法使巴西尔二世回国，就在亚得里亚堡周围疯狂劫掠，甚至还于8月15日抢劫了集市——民众惯常聚集的地方。但巴西尔二世依然不为所动。萨穆埃尔越是这样大规模抢劫，就越证明他是佯攻，因为攻城是不能这样浪费军力的。

在巴西尔二世的坚持下，维丁城终于陷落，保加利亚中部与东部的所有运输线被切断。现在，保加利亚大公爵亚丁的军队被东部的西菲亚斯、北部的匈牙利及巴西尔二世夹在中间，成了孤军。巴西尔二世攻克城市后，并不急着回亚得里亚堡，而是率领军队烧毁了维丁城以南的保加利亚堡垒，以免被萨穆埃尔利用，因为他料定萨穆埃尔得知维丁城陷落的消息后必然

◎ 保加利亚轻骑兵

返回。

果如巴西尔二世的预料，萨穆埃尔带着大量掠夺品心急如焚回来了，他担心被包围的索菲亚城就此陷落。

长途行军疲惫至极的保加利亚军队最终与巴西尔二世南下的军队在维丁城南部的斯科普里相遇，两军隔着瓦尔达尔河。瓦尔达尔河，水流湍急，拜占庭军虽然精力充沛，一时半会也过不了河。有趣的是，不比七年前在斯帕切尔斯河，萨穆埃尔这次安排了哨兵，但并没有仔细勘察地形——这条河竟与斯帕切尔斯河一样，也有浅滩。巴西尔二世的军队找到了浅滩，然后像七年前乌拉诺斯的军队一样，夜间渡河大举进攻。保加利亚的轻骑兵非常疲惫，很快战败狼狈而逃。这算是巴西尔二世第一次面对面打败了萨穆埃尔，可以说是报了十六年前的图拉真门之仇。

巴西尔二世对维丁城的围攻战直接影响到了保加利亚 - 匈牙利北线战场，得知维丁城失守的消息后，被西菲亚斯与匈牙利两面夹攻的保加利亚北方军全军震惊，军心大乱，很多士兵要求返回维丁。亚丁最得力的助手哈拉丁向匈牙利投降。几个月后，亚丁被匈牙利人杀死。至此，保加利亚帝国的东部领土全部丧失。

1000—1004 年的战争，丧失了东部领土的保加利亚沦为折翼的雄鹰，再无侵袭罗马之力。斯科普杰守将是前沙皇彼得的儿子，望着萨穆埃尔逃跑的背影便直接献城投降。而顺势得到了斯科普杰的巴西尔二世，立即率军继续东进，进攻索菲亚城西南部的佩尔尼克城。如果该城再失守，索菲亚就将被孤立。如果索菲亚也失守，折翼的保加利亚就如被锁喉，这场毫无悬念的战争将迅速结束。

难道保加利亚就没有真英雄？

在佩尔尼克，有个名叫克拉克瑞斯的大将。他是军事贵族，被认为是"一个在军事事务上了不起的人"，他将佩尔尼克城修成了一个坚固的堡垒。虽然巴西尔二世连续猛攻，佩尔尼克城依然未失守。随后，巴西尔二世又用糖衣炮弹引诱克拉克瑞斯，但后者属于"威武不能屈，富贵不能淫"那种人，巴西尔二世只好作罢。后来，巴西尔二世留了部分士兵继续围城，自己则率其余士兵回了君士坦丁堡。

尽管克拉克瑞斯的防御战制造了一些不和谐的小插曲，完全击垮萨穆埃尔的计

◎ 克拉克瑞斯的塑像

划没有成功，巴西尔二世千禧年大战略总体上还是成功了，半个保加利亚帝国被摧毁，萨穆埃尔完全陷入战略防御，战线拉回至索菲亚—克雷西昂一带。

四年的巴尔干战争后，巴西尔二世回到了久违的首都。与东罗马帝国那些春季出发夏季就回宫的皇帝不同，巴西尔二世"回宫的时间是根据出发时计划的目标是否完成来决定的"。他漠视酷暑和寒冬，让自己忍受干渴，他性格如铁，能严格控制自己。

巴西尔二世非常注重军事细节，熟悉每个人的性格和作战任务。他的战略战术特点受继父尼基夫鲁斯二世的影响颇大。他喜欢自己策划战略方案，但不喜欢单挑，意思就是，既不喜欢自己单挑，也不喜欢自己的将领去单挑。与张扬的战神约翰一

世不同，他不崇尚个人英雄主义。"单挑经常让一些本来在控制内的事情变得不受控制"，在他统治下的东罗马军队就像德国足球队。军队中的不同阵型配合得很好，整条阵线就像是一座坚实的塔。

长期的军旅生涯使曾经的巴西尔二世一去不返，匀称挺拔的身材变得粗壮，性格变得坚韧，决不允许任何士兵不听从他的命令，莽撞攻击的将士将受到严厉的惩罚，即使打胜了也不行。在他眼里，能够胜利的决定性因素是军队的整体素质——这是他相信罗马军队能立于不败之地的唯一原因。

现在，巴西尔二世又有时间整治大地主和大贵族了。1004年，正值从古罗马时代延续下来的每隔十五年一次的财产评估报告会，巴西尔二世颁布了新的法令——大贵族得履行为"贫困者"缴纳"连保税"的义务，也就是说，大贵族得负责农民的沉重赋税。在这之前，"连保税"由无法完成征税农民的邻居缴纳，大大超出了农民的支付能力，造成大量农民迁徙，国家损失很大，现在转嫁到了大地主身上。这次的打击范围比996年的那次广，显然，巴西尔二世在不断的对外战争胜利中变得更有信心。

这一条法令又触及了教会高层的利益，大教长塞尔吉奥斯带着许多主教和僧侣乞求皇帝撤回，但依巴西尔的性格，他是不会答应的。

在东方，巴西尔二世最信任的密友——"东方之主"乌拉诺斯仍在守卫安条克城，控制着叙利亚地区。正当巴西尔

◎ 巴西尔二世

◎ 巴西尔二世及其士兵

二世进行千禧年大战略时，叙利亚发生了阿拉伯人大暴动，贝杜因苦行者肯切纳尔斯联合两个部落发动叛乱，企图攻击安条克城。乌拉诺斯率军上阵，三破叛军，让这个"苦行者"肯切纳尔斯开始了辛苦的逃亡。1007年，乌拉诺斯抓住了肯切纳尔斯，并把他投入监狱。

拜占庭帝国东方的敌人埃及法蒂玛王朝为何没有抓住这个时机进军呢？乌拉诺斯接手安条克城后，便对阿拉伯各势力实行分化政策，法蒂玛由此遇到了大麻烦，而且比乌拉诺斯处理的贝杜因部落叛乱问题严重得多。

还记得法蒂玛王朝的第一名将曼杜塔肯吧，996年，法蒂玛哈里发阿齐兹病死，小儿子哈基姆成了继承者，曼杜塔肯是"托

孤肱骨大臣"，可惜不是唯一。曼杜塔肯是突厥系的，他的势力在大马士革，而他的政治对手则是原先法蒂玛打天下的伯伯尔系，主要势力在开罗。老哈里发病死之后，这两派在乌拉诺斯的捣乱下，变得水火不容，最终只能刀兵相见。

法蒂玛继承者哈基姆支持伯伯尔派，两军会战在拉姆拉或阿斯卡隆（都在巴勒斯坦地区）。从军事素养看，一直是突厥系占有绝对优势。可以说，对10世纪末年的法蒂玛军事改革，突厥军事体系功不可没。可现在，伯伯尔系经过军事改革后，已今非昔比。学生不仅达到了老师的水准，还拥有比老师多得多的人力和资源，加之现任哈里发对伯伯尔系的支持，突厥系战败，法蒂玛曾经的第一名将战败了。

曼杜塔肯被伯伯尔系的统帅苏莱曼俘虏。不过，法蒂玛宫廷对他很客气，希望他能平衡法蒂玛王朝中突厥系和伯伯尔系的关系。但曼杜塔肯心高气傲，拒绝了法蒂玛宫廷的任命，在开罗直接退休。1007年，曼杜塔肯——这位东罗马帝国的老对手去世。

因此，1007年后，拜占庭帝国的东部地区在乌拉诺斯的统治下还是比较安定的。有趣的是，乌拉诺斯也没闲着，他为"白色死神"尼基夫鲁斯二世编写的《论军事》增加了新的章节，成为《战术》（并非利奥六世的《战术学》），对入侵劫掠和围攻等战术有了新的诠释，是巴西尔二世时代非常重要的军事资料。

从《战术·劫掠》中可以看出，一般情况下，超重装的铁甲圣骑兵和重装步兵

◎ 当时的东线

看守营地、接应其他骑兵，不参与劫掠任务，
劫掠主要由中型骑兵和部分挑选出来的轻
步兵完成，但"可以挑选四五十名铁甲圣
骑兵加入劫掠队伍"。

　　《战术》中的资料很可能来源于巴西
尔二世1004年后在巴尔干的军事行动。
此后很长一段时间，巴西尔二世没有对萨
穆埃尔采取大规模军事行动，只是不间断
地"推进堡垒"和"入侵劫掠"。大约在
1004年千禧年大战略结束时，巴西尔二世
派遣擅长单挑的将军戴芬诺姆斯用舰队守
住了狄拉乌姆，卡住了亚得里亚海东岸的
一个好点。不堪被巴西尔二世折磨的萨穆
埃尔于1009年奔袭塞萨洛尼基，但在城东
科莱塔（村庄名）被击败。

　　萨穆埃尔突然意识到，竞技场的敌人

◎ 铁甲圣骑兵

已今非昔比，绝不可能被突然击败。警醒后的他从科莱塔战役后不再反击，而是加强了对西南部占领区的控制。从现在起，他必须积攒兵力，迎接随后而至的东方风暴。

随着千禧年大战略的结束，巴西尔二世开始安抚占领的保加利亚帝国东半部，他免除了新臣民缴纳黄金赋税的义务，只收实物税，因为他的目的是这个地区优良的战马。

1009年，一个在当地很有势力的贵族梅莱斯在伦巴第发动了叛乱，他的核心力量是勇武善战的诺曼人雇佣兵。巴西尔二世派遣爱琴海上的萨摩斯岛总督巴西尔·阿吉罗斯率军前去平叛。1011年6月11日，阿吉罗斯击败叛军，夺回巴里城，但梅莱斯在被押往君士坦丁堡的路上逃跑了，去了神圣罗马帝国。当时，罗马人对此不以为然，但他们没想到的是，六年后，梅莱斯会卷土重来，并引来了凶猛的各方力量，用火与剑血染了意大利南部。

与南意大利地区相比，巴尔干则寂静得可怕。萨穆埃尔控制塞尔维亚地区后，开始用搜刮来的金钱招兵买马，前往索菲亚城南部，修筑"克雷西昂防线"。他将所有的精锐集中起来，成了一支可观的力量，而这支力量，就是他最后一搏的资本。巴西尔二世在保加利亚的东部占领区则日趋稳定，西菲亚斯率领的西部教导团及其他军队加入了巴西尔二世的大军，巴尔干的拜占庭兵力从未这么强大过。

◎ 诺曼佣兵骑兵

七 克雷西昂

转眼到了 1010 年，东罗马帝国的巴西尔二世已经占领了半个保加利亚帝国，并做好了入侵剩下半个帝国领土的准备。但在进攻前，巴西尔二世却得到了从安条克城传来的噩耗——"东方之主"尼基夫鲁斯·乌拉诺斯病逝。

尽管如此，战争还是得继续。随着半个帝国的丢失，保加利亚沙皇萨穆埃尔清楚地意识到，如今的形势与 10 世纪末他率领保加利亚精锐骑兵深入伯罗奔尼撒半岛

◎ 乌拉诺斯的《战术》封面

时的形势已完全不同。以他现有的资源，已没有可能在空旷的区域战胜巴西尔二世的主力军队。但他依然把希望寄托在有着复杂地形的"克雷西昂"防线上。

老谋深算的萨穆埃尔在斯科普杰河战役失败后就已开始打造他的克雷西昂防线，事实证明，这是一步妙棋，巴西尔二世如果想完全摧毁他的帝国，就必须通过克雷西昂附近险要和复杂的山口。保加利亚军队在山谷之间挖了深深的沟渠，还用城墙和塔楼连接了这些山谷沟渠，巴西尔二世必须穿过这些山口才能进入保加利亚帝国的心脏地带。

其中，萨穆埃尔的重点防御是斯特鲁米察城（现马其顿共和国境内）南部和东部，以及贝拉西查山的北坡。附近的斯特鲁米萨河有一处宽阔的河谷，易于遭到拜占庭军队的攻击，萨穆埃尔便在那里驻扎了重兵，并在斯特鲁米察城南部建了相当多的工事和城墙，确保万无一失。

为了应对罗马人的进攻，萨穆埃尔从各地抽调了大量士兵，士兵（包括民兵）人数达到了 4.5 万人（这是保加利亚学者的数据，与现代历史学家的考证相差无几）。当然，与巴西尔二世打造多年的强军相比，他们并不算精锐，所以，萨穆埃尔寄希望于用庞大的兵力守住各个工事，借工事杀伤敌人。另外，他并不仅仅是被动防御，他将精锐部队交给一个名叫戴维德·内斯托里萨的大将——保加利亚最具经验的军

事指挥官之一。他的计划是，当巴西尔二世集中兵力进攻克雷西昂防线时，内斯托里萨就率领所有精锐包抄敌军后方，进攻拜占庭重要的西方城市塞萨洛尼基。

1014 年，56 岁的巴西尔二世再次带兵出征，他带领的是满编的精兵强将，人数不确定，但应该是一支数量庞大的军队——西部各军区的重装步兵、弓箭手、标枪兵、投石兵和重骑兵，来自北欧带有浓重维京战斗精神的瓦兰吉卫队，大将尼基夫鲁斯·西菲亚斯率领的教导团（由超重装骑兵组成）及北方军团。复杂险峻的地形和

◎ 东罗马帝国超重装骑兵

◎ 现代马其顿共和国斯特鲁米察城的城市雕塑

连成一体的保加利亚工事将是唯一可以挡住他们的东西。同时，巴西尔二世分了一支精兵给塞萨洛尼基的总督——赛奥菲拉特·伯坦内俄斯，让其驻守塞萨洛尼基。

巴西尔二世的军队很快到达宽阔的河谷，对萨穆埃尔建筑的工事发起猛烈进攻，保加利亚军队则躲在厚厚的木板墙和壕沟组成的工事后，以猛烈的箭雨和标枪自上而下攻击东罗马军队。事实证明，萨穆埃尔倚仗天险构筑的防线固若金汤，东罗马步兵发起的数轮攻击都宣告失败，许多士兵阵亡。

正当巴西尔二世对沙皇防线一筹莫展之际，萨穆埃尔使出了他的"杀手锏"——大将内斯托里萨率领保加利亚的精锐，趁巴西尔二世猛攻防线时，偷偷从南部绕过拜占庭大军，出现在了塞萨洛尼基城下。与 1003 年那支庞大的佯攻轻装军队不同，

这可是沙皇最后的本钱，萨穆埃尔的意图很明显：巴西尔二世若继续进攻克雷西昂防线，就有失去塞萨洛尼基的危险！

这种情况让战无不胜的皇帝有些犹豫，他在考虑是否让其他将领回去防守塞萨洛尼基，因为他知道，内斯托里萨这支精锐是抱着破釜沉舟的决心。但就在这个紧要关头，塞萨洛尼基的猛将赛奥菲拉特爆发了。他和儿子米哈伊尔在塞萨洛尼基城墙外与人数占优势的保加利亚军队，进行了一场惊天动地的血战，双方都伤亡惨重。结果，赛奥菲拉特获胜，俘虏了许多保加利亚士兵，还得了许多战利品，而内斯托里萨最后只能带着残余部队向西狼狈撤退。

一些保加利亚历史学家认为，这时候的保加利亚的军队实力已经远远不如10世纪末萨穆埃尔春风得意时的实力，东方产

马地的丧失让骑兵的战马无法得到有效补充，接二连三的战败也大大挫伤了士兵的斗志和信心，此"精锐"非彼"精锐"了。

惨烈的塞萨洛尼基大胜之后，猛将赛奥菲拉特又带领一部分军队向西北进发，担负起疏通交通道路的职责，将缴获的大量物资交给巴西尔二世。

但萨穆埃尔坚固的工事内还驻扎着2万多名士兵，这些士兵拥有水源和足够的补给，仍能坚持防御，巴西尔二世的正面进攻仍毫无进展。这时，西菲亚斯提出了他的建议。他对皇帝说："给我一支分遣队，看看我能干些什么。"巴西尔二世对这位自己提拔的军事贵族相当信任，于是就让他出发了。西菲亚斯率领一支步兵，从后面翻过相对来说没那么险峻的贝拉西查山，穿过了人迹罕至的荒地和山间羊肠小道。功夫不负有心人，他们终于在1014年7月

◎ *拜占庭与保加利亚战争*

◎ *克雷西昂战役时的巴西尔二世*

19 日偷偷到了保加利亚营地的上方，并潜行干掉了卫兵，将他们扔进深深的山谷。

西菲亚斯突然出现在猝不及防的保加利亚军队背后，让因内斯托里萨失败而士气低落的保加利亚士兵立刻陷入混乱——他们从塔楼和土墙上奔涌而下，想围攻西菲亚斯的军队。见敌营大乱的巴西尔二世当然不会浪费这个机会，破敌就在今日！他立即命令大军潮水般涌向保加利亚的工事，人潮直接摧毁了墙体，并杀进营地。工事里的军队全部崩溃，巴西尔二世在背后展开了追击，很多人被杀，还有很多人被俘。

萨穆埃尔和儿子加布里埃尔还驻扎在斯特鲁米察，听见兵败的消息立即前往前线进行支援，想重新组织防御，在莫克瑞沃村（今马其顿共和国境内）进行抵抗，但这次抵抗很快被潮水般进击的拜占庭骑兵所淹没，再次溃败，被杀和被俘的人不计其数。萨穆埃尔差一点就被杀掉，勇敢的加布里埃尔为了保护父亲且战且退，并将自己的战马给了父亲。萨穆埃尔一路向西跑到普雷斯帕，加布里埃尔则进入附近的斯特鲁米察进行防御。

至此，保加利亚数万大军崩溃，巴西尔二世攻击对手心脏的时机到来。猛将赛奥菲拉特在将大批战利品交给皇帝后，担起先锋的职务，皇帝攻城，他就疏通前方的道路，并烧毁保加利亚的堡垒。经过塞萨洛民基一役，他已成名。

与此同时，加布里埃尔则在通往南方的一条小路上设了伏。如他所料，赛奥菲拉特烧毁了沿路的障碍和保加利亚堡垒后，果然走上了这条路。这条路有一部分很长的隘路，就在那里，赛奥菲拉特中了加布里埃尔的埋伏，受到来自四面八方的利箭攻击。加布里埃尔冲过来，一矛刺进了正在指挥防御的赛奥菲拉特腹中。赛奥菲拉特当场惨死，一颗刚升起的将星就这样殒灭了。

克雷西昂战役，巴西尔二世获得了全胜，但他依然对赛奥菲拉特的死感到愤怒，不过，他未随便发泄怒火，如屠杀战俘，而是选择了能对敌人造成严重心理打击的方式：他将 14000 多名战俘全部刺瞎，每一百人留一只眼睛带路，将他们送还给萨穆埃尔，当这庞大的战俘队伍哭天喊地出现在萨穆埃尔面前时，勇敢坚强的沙皇被摧垮了，当场昏倒在地。在水和香料的刺激下，他又苏醒过来，但喝完冷水后心脏

◎ 镶嵌画上的克雷西昂战役与萨穆埃尔之死

病发作。两天后，即 10 月 6 日，萨穆埃尔去世。

巴西尔二世与萨穆埃尔 29 年的对决终于画上了句号，虽然萨穆埃尔失败了，但他依然是个了不起的失败者，他利用约翰一世死后东罗马内乱的机会，重振保加利亚第一帝国，将疆域扩张到西蒙大帝都没有达到的地步，其军队让塞尔维亚、克罗地亚、威尼斯甚至东罗马边疆军队丧胆。如果巴西尔二世未在图拉真门战役中逃脱并成为他的克星，他也许能获得比克鲁姆更高的历史地位。

萨穆埃尔去世后，儿子加布里埃尔继承了皇位，被公认"在谋略和管理上逊色于萨穆埃尔，但拥有更强的力量和生气"，克雷西昂战役的尾声阶段，正是他在伏击

◎ 克雷西昂战役中被刺瞎的保加利亚战俘

战中一矛刺死了东罗马大将赛奥菲拉特。从 1014 年 9 月 15 日开始，他将继续下这盘父亲未下完的死亡军棋。

拜占庭大军继续推进，巴西尔二世先派宦官塞尔吉奥斯劝降了险要要塞莫利克斯里的保加利亚军队，然后直插保加利亚首都奥赫里德前的要塞群，攻占了其中两个，并使用一种皮气囊渡过了色纳斯河。在之后"拔钉子"般的堡垒战中，他让人改变河流的流向并挖掘了城墙的墙壁，然后再用火攻，攻克了坚固的堡垒莫格里纳，堡垒的守军比尼基夫鲁斯面对的阿拉伯军更识相，一看见城墙倒塌就哀嚎着交出了堡垒。

五十天后，保加利亚新沙皇加布里埃尔的侄子约翰·弗拉迪斯拉夫让人带信给巴西尔二世，说加布里埃尔在打猎时被自己派的人谋杀了，现在他已掌握了绝对的权力，并称自己对巴西尔二世持有恰到好处的恭敬，愿接受他的领导。巴西尔确认了这一消息。武力卓绝，曾经一矛刺死赛奥菲拉特，几次于危难中救出萨穆埃尔的加布里埃尔，已经死亡。二十九年的老对手死了，老对手刚继位的儿子也死了，约翰·弗拉迪斯拉夫接受自己的统治，似乎是顺理成章的事情。战争让巴西尔二世已有些疲惫，他觉得自己应该适时地休息一下了，接下来的事情，安排一些将军和官吏去处理就可以了。

约翰·弗拉迪斯拉夫确实掌握了绝对权力，可惜的是，他决不想接受巴西尔二世的统治。他并不是个简单的沙皇，他是个彪悍的枭雄，也是擅长游击战的大师。

◎ 保加利亚的重骑兵及步兵

另外，巴西尔二世也忽略了有两位保加利亚名将宣布效忠弗拉迪斯拉夫的事情：一位是在 1004 年面对巴西尔二世大军时守住了佩尔尼克的克拉克瑞斯，他是那一年唯一阻碍了皇帝大胜的人；另一位则是无论哪位继位皇都忠心耿耿的伊瓦特斯，一位山地战大师。

还记得与萨穆埃尔大女儿卡斯莎拉结婚的塞尔维亚大公弗拉基米尔吗？他结婚后，为沙皇管理着塞尔维亚地区，名声和威望一直很好，但他却成了约翰·弗拉迪斯拉夫的眼中钉。弗拉迪斯拉夫继任沙皇后，派使者要求弗拉基米尔出席自己在普雷斯帕的加冕。卡斯莎拉觉得是计，劝大公别去，自己去了。弗拉迪斯拉夫见大公没来，便热情接待了大公夫人以迷惑她，再催促她让大公前来，并请了两位带着金色十字架的主教做保人表示自己没有邪念。看到主教都来了，弗拉基米尔便去了。结果，他刚从普雷斯帕的教堂出来就被弗拉迪斯拉夫杀死了。后来，弗拉基米尔被封为塞尔维亚的圣人。

解决了自己潜在的政敌后，约翰·弗拉迪斯拉夫重整剩下的保加利亚军队，准备进攻狄拉乌姆。虽然该城有海军支援，但巴西尔二世还是不希望出意外，于是决定亲自前往，他将部分军队交给乔治·格纳特西斯和俄瑞斯忒斯两员将领，让他们直接进军佩拉格尼亚的核心地带，迅速解决克雷西昂大败后的残兵。

乔治·格纳特西斯和俄瑞斯忒斯及他们麾下的士兵显然都因大胜而松懈，认为此战基本就是巴西尔二世给他们抢夺荣誉与战利品的机会，进行了快速行军，而保加利亚西部山林地带有一条定律：强行军者死。他俩如何也想不到，保加利亚残兵已被克拉克瑞斯和伊瓦特斯重新整编，他俩在佩拉格尼亚地区的比托拉中了伊瓦特斯的埋伏，全部战死！巴西尔二世赶紧率军追击伊瓦特斯，但伊瓦特斯不与他决战，见好就收退进了山林。而克拉克瑞斯也不闲着，在东边集结军队，并联络了色雷斯平原的佩切涅格人，准备来个两面夹击。

巴西尔二世立即调来两位做事稳妥的悍将代替战死的乔治·格纳特西斯和俄瑞斯忒斯，一位叫戴维·阿瑞安奈斯，可能原来是阿尔巴尼亚人，巴西尔二世给了他一支瓦兰吉卫队，让他进军阿尔巴尼亚地区，截断伊瓦特斯的西退之路。另一位叫君士坦丁·戴奥真尼斯（日后将成为仅次于西菲亚斯的巴尔干二号人物），武艺和指挥都不错，出手也很快，以擅长席卷式的骑兵打击战术而著称，他曾是第一猛将巴达斯·福卡斯的手下，但在福卡斯叛乱之际果断选择站在巴西尔二世一边，获得了皇帝的信任。有趣的是，戴奥真尼斯的儿子比他有名，他儿子就是 1071 年兵败曼西克特的拜占庭皇帝——罗曼诺斯四世。再加上让保加利亚人闻风丧胆的名将西菲亚斯，他们三人一起出击，采用"侵略如火"式的战术来避免保加利亚的伏击。君士坦丁·戴奥真尼斯部、阿瑞安奈斯部及瓦兰

◎ 圣母与塞尔维亚的弗拉基米尔

吉卫队，在佩拉格尼亚平原夺取了保加利亚军队大量马匹和俘虏。西菲拉斯则夺取了30年前让巴西尔二世充满恨意的索菲亚城——这标志着，进入保加利亚首都奥赫里德的道路几乎被完全打通。

为什么只能说"几乎"被完全打通，是因为还有一个城市——佩尔尼克，曾在1004年挡住巴西尔二世前进的脚步，这里的守将，就是令巴西尔二世头疼的保加利亚名将克拉克瑞斯。

巴西尔二世亲自带兵再次对佩尔尼克发起猛攻，并下定决心要彻底粉碎该城！但处于不利形势的克拉克瑞斯又奇迹般地守住了此城。在被围之前，克拉克瑞斯就派出使者要求与居住在多瑙河的佩切涅格人联手，共同夹击拜占庭帝国。

◎ 位于前方阵列的东罗马帝国步兵，左上方为康托斯长矛。

巴西尔二世收到了多瑙河多斯托隆城指挥官发来的急件，希望他准备防御佩切涅格人的入侵。但克拉克瑞斯这招骗不了巴西尔二世，巴西尔很快写了封信给佩切涅格人可汗。不久，巴西尔就听到消息，佩切涅格人可汗拒绝了与保加利亚人联手的提议。

巴西尔二世的军队没有死攻佩尔尼克城，而是越过该城继续前进，保加利亚的首都危在旦夕。现在，巴西尔二世开始派遣戴奥真尼斯率领西部军区最优秀的重骑部队——西部教导团作为先锋发起最后的进击。

约翰·弗拉迪斯拉夫只能孤注一掷了，他集结起剩下的保加利亚军队，伏击了快速前进的戴奥真尼斯及其教导团。一向用兵稳妥的巴西尔二世听到精锐骑兵被包围的消息后，展现了自己为数不多的狂放一面，留下一句话"让所有真正的战士跟随我！"后便翻身跳上马鞍飞奔战场。潮水般的东罗马大军没有任何调度，立刻就随皇帝向战场奔去。

当巴西尔二世的旗帜出现在战场上时，保加利亚军队惊呆了："看啊！那是拜占庭帝国皇帝！"巴西尔的旗帜冲到哪里，哪里的保加利亚军队就瞬间由包围者变成了逃亡者，被包围的戴奥真尼斯及教导团骑兵则转为追兵。这一仗，弗拉迪斯拉夫损失了所有装备和大量人马。此战之后，保加利亚已与灭亡无异。

约翰·弗拉迪斯拉夫带着仅存的残兵败卒，远离首都，逃到狄拉乌姆一带后，遭到当地东罗马将领的追击。弗拉迪斯拉夫——保加利亚帝国最后一位沙皇从马上摔了下来，被两名拜占庭步兵用剑刺死。得到这个消息后，奥赫里德剩下的保加利亚贵族宣布投降。

保加利亚帝国终于被征服了。从保加利亚汗王时代开始，保加利亚就不断威胁着东罗马帝国的边境，克鲁姆大公和西蒙大帝更是东罗马帝国挥之不去的梦魇。即使在保加利亚短暂的虚弱期，拜占庭帝国的约翰一世也仅在名义上统治了其东部地区（军权全都在保加利亚军事贵族手中），伊斯克尔河以西地区则是完全独立的。

1018 年，巴西尔二世终于在与保加利亚的这场长期战争中取得了彻底的胜利。

随后，庞大的保加利亚帝国（包括萨穆埃尔曾征服的地区）都直接划入东罗马帝国的领土。虽然还有某些零星据点不服从东罗马帝国的统治，但帝国数百年敌人的主心骨已被抽掉。

巴西尔二世率军进入了奥赫里德皇宫，在里面发现了大量财宝：许多金币、镶嵌着珍珠的王冠以及用金线缝制的法衣。据统计，皇宫内的金币相当于君士坦丁堡大地震后重建所需费用的 10 倍。而巴西尔二世把这些金币全都赏给了他的军队！战士们欢声雷动。

随后，巴西尔二世在亚得里亚海东海岸一个叫达尔博拉斯的小镇册封了投降的

◎ **拜占庭方阵步兵训练**

贵族。90 年后的 1108 年 9 月，阿历克塞一世战胜诺曼人博希蒙德后也仿效巴西尔二世在这个小镇签署了合约。

分封过后，便是该地区的管理问题。巴西尔身边格斗能力最强的贵族骑兵将领戴芬诺姆斯，获得保加利亚帝国首都奥赫里德的管辖权。

当巴西尔回到亚得里亚堡时，见到了他一直未曾谋面的克拉克瑞斯。巴西尔很欣赏克拉克瑞斯的才华，封他为高等贵族，降将中最高的头衔，甚至超过了很多帝国军区将军。克拉克瑞斯有感于皇帝的厚爱，决定投桃报李——以他的威信，让 35 座堡垒直接投降，包括巴西尔一直未攻克的佩尔尼克！

那位在西部密林中干掉东罗马将领乔治·格纳特西斯和俄瑞斯忒斯，并重创了拜占庭军队的山地战大师伊瓦特斯，不想投降，逃去了人迹罕至的布朗提多斯山，并打算在那里号召附近民众，让自己成为保加利亚的新沙皇！

布朗提多斯山易守难攻，巴西尔并不想强行攻击，于是写信劝伊瓦特斯投降，不要成为现在唯一对抗自己的人。伊瓦特斯回了信，虽然和气，但同时也找了各种借口拖延。55 天后，已被封为奥赫里德掌管者的戴芬诺姆斯向皇帝推荐自己去完成这个危险的任务。

戴芬诺姆斯带了两个随从便前往伊瓦特斯险要的堡垒。一天，伊瓦特斯正举办圣母庆祝宴会痛饮的时候，戴芬诺姆斯突然到访。当然很疑惑，也很怀疑他。戴芬诺姆斯这样向伊瓦特斯解释，自己本皇帝

是派来劝降的，但他自己另有打算，自己是小亚细亚军事贵族，因两次小亚细亚军事叛乱（即斯科莱鲁和福卡斯的叛乱）牵连到了自己，不想再为巴西尔二世服务了，想投奔伊瓦特斯。

尽管伊瓦特斯不全相信戴芬诺姆斯，但戴芬诺姆斯的到来和加入确实让他能成为"沙皇"的可能性大增——戴芬诺姆斯是一员勇将，手中有保加利亚旧都奥赫里德，且其影响力可以直至小亚细亚，能压制住那些不支持自己当沙皇的保加利亚人。

第二天，当伊瓦特斯所有的宾客睡觉之际，戴芬诺姆斯提议和伊瓦特斯商谈机密事件，很可能谈的是奥赫里德地区如何起义支持他。伊瓦特斯很高兴，喝退左右，与他走进了伊瓦特斯的花园。伊瓦特斯是个武艺优秀的将军，且带着佩剑，戴芬诺姆斯则是空手。但他俩到花园后，空手的戴芬诺姆斯突然出手了！他闪电般地将武艺并不差的伊瓦特斯打倒在地，随即用膝盖压制住伊瓦特斯的胸膛，令伊瓦特斯连抽剑的机会都没有，随后，他牢牢勒住了伊瓦特斯的脖子。远处早就做好准备的戴芬诺姆斯的手下立即赶来帮忙，他们将衣物塞入伊瓦特斯的嘴以防他呼救，并弄瞎了他。

保加利亚人把三人围了个水泄不通："杀掉他们，烧死他们，一刀刀切开他们，用石块埋葬他们，对他们不需要仁慈！"但戴芬诺姆斯不仅非常镇定，口才也相当不错。他先警告自己手下千万不能投降，不然会被撕成碎片。然后，他再对包围的保加利亚人说："现在你们需明白，你们

要的人在我这里，我与他没有私人恩怨，只因为他是保加利亚人，我是罗马人。你们中的聪明人明白我无权决定这事的轻重，我这么做是有原因的，我没有傻到轻视自己的生命，将自己抛入这种显而易见的危险。这是皇帝的命令，我必须服从他，作为他的仆从服从他。如果你们希望杀死我，我就在这儿，你们正从四面包围着我。不过，那也不是一件简单的事，我不会将自己交给你们的，我将与同伴一起战斗。如果我死了，巴西尔二世将会为我报仇。试问，你们谁能经受得住皇帝的攻击。但是，如果你们投降，我将能保证你们与已经归顺的保加利亚人一样安全。"

几个有点权势的人商量着戴芬诺姆斯说的话，最后还是觉得投降划算，没必要陪已经瞎掉的伊瓦特斯对抗巴西尔二世。于是，他们向戴芬诺姆斯投降。戴芬诺姆斯就这样征服了伊瓦特斯。巴西尔二世对带着伊瓦特斯回来的戴芬诺姆斯大加赞赏，令他管辖狄拉乌姆，还把伊瓦特斯漂亮的花园赏给了他。

◎ 帕特农神殿

保加利亚战争已经结束，巴西尔二世志得意满地回到了雅典。在那里，他感谢了圣母，并用气势恢宏和精致的贡品装饰了教堂——著名的帕特农神殿。在君士坦丁堡，他也举行了巨大的庆祝活动，他戴着装饰有长羽毛的金色皇冠，走在他俘虏的保加利亚贵族们——弗拉迪斯拉夫的妻子玛丽娅、萨穆埃尔的女儿们以及保加利亚主教前面。但如前所说，战神的日历中没有星期日。

还记得意大利南部贵族梅莱斯？他原先搞叛乱被东罗马军队击败，押解路上侥幸逃脱，逃去了神圣罗马帝国寻求庇护和支持。现在，他复仇的机会来了，他重新进入意大利南部。他麾下不仅有那些普通的诺曼佣兵，还有凶猛的诺曼骑士。对 11 世纪初的西方世界来说，诺曼骑士不同于普通的诺曼佣兵，他们是诺曼人中的精英，是当时西方最勇猛的骑士，他们身披重甲，马术精湛，连神圣罗马帝国的骑士也甘拜下风。两名没有领地的诺曼贵族冒险家——吉尔伯特·布拉特利及其弟弟奥斯蒙德·布拉特利率领着这支数量可观的诺曼骑士和诺曼佣兵，在意大利登陆，决定将意大利南部作为他们的领地。

1017 年 5 月，就在巴西尔二世在巴尔干战场上对保加利亚帝国实施终结攻击的同时，吉尔伯特率领诺曼大军对意大利南部的东罗马军队发起了猛烈攻击，在福特尔河击败了拜占庭军队，杀死了总督肯托林·托尼吉奥斯和巡夜人利奥。9 月，他们又在普利亚大肆劫掠。

眼看帝国在意大利南部的土地岌岌可

◎ 在意大利登陆的诺曼骑士

危，自己又在巴尔干战场抽不开身，巴西尔二世于是决定派遣自己信得过的爱将巴西尔·博雅尼斯——巴西尔二世晚年时麾下最强的将军，没有之一——带领一支精兵前往意大利。

作为一名比较年轻的军官，巴西尔·博雅尼斯之前的军事生涯似乎都是在帝国卫队中度过的，虽然没有统领过大军，但他表现出的军事素养让士兵们很是信服，被称为"巴西尔三世"。巴西尔二世深知诺曼骑士的威力，决定给巴西尔·博雅尼斯一支能与其抗衡的精锐。教导团重骑与西部军区重骑仍在与保加利亚人作战，只能给瓦兰吉卫队。

1018 年 10 月，巴西尔·博雅尼斯率领以瓦兰吉卫队为核心的拜占庭军队前去讨伐诺曼贵族吉尔伯特的诺曼骑士。吉尔伯特知道，意大利南部虽然不是东罗马帝国的主战场，但这次来的却是精英，自然不敢怠慢。他与弟弟集中起全部的诺曼精锐，梅莱斯随后压阵，在意大利南部最著名的古战场坎尼迎击瓦兰吉卫队，这也是历史上北欧的顶尖勇士——瓦兰吉卫队和诺曼骑士第一次正面大规模对决。1234 年前，著名的迦太基统帅汉尼拔就是在这里以少胜多，痛歼了罗马共和国军团的数万人，坎尼一词也因此成为"歼灭战"的代名词。显然，这里曾经不是罗马人的福地。

12 个世纪后，"歼灭战"一词依旧如符咒一样牢牢附身于这个曾无比血腥的战场，但这次不是罗马人的血，而是罗马人敌人的血。博雅尼斯率领的瓦兰吉卫队残暴、凶猛，他们的巨斧让诺曼骑士血肉横飞，吉尔伯特及其弟弟战死沙场，整个诺曼军队竟然只有 10 人活了下来。史料这样记载："这场战役是如此血腥，以至于早已忘记汉尼拔的当地人至今仍称呼这片皇帝军队取得胜利的土地为'血海之地'"。

见此情景，后面压阵的梅莱斯逃走了。这次，他逃入了教皇国，并死在了那里，再也没了入侵意大利南部的机会。而博雅尼斯一战成名，被巴西尔二世封为意大利南部的"专属总督"，在那里有临机专断之权。但谁都不曾料到，这场向汉尼拔致敬的战役竟然不是博雅尼斯军事生涯的顶峰。因为此后不久，他还参与了更血腥的战役。

在君士坦丁堡的巴西尔二世，放下了血腥的利剑，似乎终于获得了鲜有的"假日时光"。他用在保加利亚战争中劫掠的金币修整瓦伦丁尼安引水渠，为君士坦丁堡居民保障生活用水。他做梦也没想到：他雄心勃勃的爱将博雅尼斯在意大利南部的大规模举动，会激励自己这颗已经不再年轻的扩张之心，并造成神圣罗马帝国的恐慌；同时，蛰伏已久的格鲁吉亚阿布哈兹王国，也将在帝国东北部发动侵袭。他更没想料到的是，他将遭到一名爱将的背叛。

罗马的噩梦

汉尼拔

作者：胡洁

　　有这么一个主教练，他指导着一支由北非人、南欧人组成的球队，他们人种不一，语言不通，战术不同，还远离家乡。最糟糕的是，他们不是职业球员，他们是农民、渔民、工匠和猎人，他们是组队来参加世界上顶级联赛的。

　　有这么一个规则，在没有外援、没有假期的条件下，这支球队必须得获胜，一场比赛失利就会立刻被降级且没有复赛的机会。

　　这个主教练就是汉尼拔，球队就是他的军队，联赛就发生在罗马。

　　雪山终将被征服，城墙终将被摧毁，英雄的功绩也将永存。

一 执矛而生

将门之后

　　在西方历史中，迦太基名将汉尼拔·巴卡是伟大的"战略之父"，他和亚历山大、恺撒一起被称为三大统帅。

　　迦太基位于北非，地中海的南岸，这个国家的历史开始于公元前814年，到汉尼拔时代，迦太基已经存在500年了。迦太基的首都迦太基城有居民70万人，他们主要以航海和贸易为生。当时的北非还是一块草木丰茂的土地，粮食的产量很高，森林中还有成群结队的大象。

　　罗马共和国位于地中海中部的意大利

◎ 汉尼拔画像

◎ 以贸易为生的迦太基城居民

◎ 迦太基城居民的日常生活

半岛，它的历史开始于公元前 509 年。

迦太基和罗马的体制近似，没有国王，元老院是国家的最高权力机构。随着时间的推移，迦太基和罗马逐渐成为地中海上的两个强国，都想把地中海变成自己的内海。

公元前 265 年，迦太基与罗马开战，开始争夺西西里岛。

战争之初，迦太基的海军天下无敌，号称"没有迦太基人的同意，罗马人不准在地中海洗手"。而罗马共和国的陆军则锐不可当，尤其是重装步兵，号称打遍地中海无敌手。

公元前 247 年，汉尼拔·巴卡出生于迦太基城，"巴卡"（Barca）在腓尼基语中是"雷霆"的意思，"巴卡"家族是迦太基的名门望族。这时候，这场持续了 18 年的战争还在继续。但战局却出人意料，无

◎ 国家地理纪录片《汉尼拔VS罗马》中的迦太基和罗马

◎ **罗马共和国陆军**

论是海战还是陆战，迦太基人都处于下风。

当汉尼拔还不到一岁的时候，他的父亲哈米尔卡·巴卡就出任西西里岛的军政长官，指挥迦太基陆军。此时，迦太基陆军正在败退，士兵们已有一只脚踏进了海里，就要被罗马人赶到地中海了。

闻此，哈米尔卡像风一样快，他立即动身前往西西里岛前线。面对败退的士兵，他像山一样镇定，指挥迦太基军团抵挡住了罗马人潮水般的进攻。随后，哈米尔卡开始发起一系列犀利的反攻，将高歌猛进的罗马军团逼回了他们的军营。

就这样，在西西里岛上，经过了几个回合的拉锯战后，战事陷入胶着状态，双方都找不到机会给对方致命一击。但是，在这次战争中，海战的结果决定了胜负的天平倒向哪一方。

加上这场战争，迦太基和罗马一共打了七次海战，规模一次比一次大。其中规模最大的一次发生在公元前256年，双方投入的兵力共有30万，对战的战舰有上千艘，风帆遮住了地中海上面的云，桨声吓跑了地中海里面的鱼。

在这七次海战中，罗马六胜一败。这令人惊愕的战果让哈米尔卡非常郁闷，他亲自询问能找到的每一个水手，搞清楚了罗马人取胜的原因，然后告诉了自己的儿子。

战争旷日持久，陆战有所起色，海战却损失严重，迦太基国内求和的呼声越来越高，他们希望放弃西西里岛，转而开拓别的领土。

公元前241年，又一支迦太基舰队被罗马人击败，损失了120艘战舰。这一次失败成为压垮迦太基人的最后一根稻草，在经历了24年的战争之后，他们决定求和。迦太基退出西西里岛，并赔偿罗马共和国3200塔兰特，分十年付清，这笔钱相当于罗马共和国一年半的收入。

停战以后，哈米尔卡回到迦太基城的家中，见到了6岁的汉尼拔。父子俩还没来得及一起去射一次箭，战争又开始了。但这次的敌人不是罗马人，而是迦太基自己的军队。

迦太基的军队和罗马的军队不同，罗马的士兵是罗马公民，而迦太基的军队中只有将军和高级军官是迦太基人，士兵全部是雇佣兵。迦太基人输了战争，损失了西西里岛，本来就很窝火，再加上战争赔款，财政困难，迦太基当局便认为这场战争是在夏天结束的，不必支付雇佣兵一年的军饷，只付一半就可以了。雇佣兵来自高卢、意大利半岛和西班牙，他们为了金钱而战，如今打了败仗没有战利品，又被扣了军饷，立刻就发生了叛乱。

叛军扣押了迦太基高级军官，还鼓动了7万利比亚人一起造反。叛军声势浩大，攻占了几处要塞后，向迦太基城冲来。

临危受命

迦太基元老院马上派汉诺将军率兵平叛，结果这位将军连吃败仗。危难之际，元老院想起了身经百战的哈米尔卡，但又对他不放心，于是便命令哈米尔卡和汉诺共同指挥作战。

这两位将军的战术完全不同，根本无法共事，迦太基政府决定让军队来投票决定谁当指挥官。结果，哈米尔卡获得绝对多数的选票，成为唯一的统帅。

哈米尔卡采取攻心策略，他取得几次胜利后，宣布赦免叛军俘虏，那些愿意为迦太基而战的人可以立刻编入军队，而不愿意打仗的人则予以遣散。叛军中的逃兵越来越多，叛军首领怒不可遏，下令屠杀了被俘的迦太基将军和军官。哈米尔卡得知此事，立刻以牙还牙，放弃怀柔政策，杀了手中的叛军俘虏予以报复。这场战争成为一场你死我活的大屠杀。

经过三年的时间，哈米尔卡步步为营，逐步蚕食叛军的地盘，并将4万多名叛军困进了一个山谷里面，在四周深沟高垒昼

◎ BBC纪录片《战略之父汉尼拔》中的迦太基城

夜警备。叛军粮草断绝，人心惶惶。10位叛军首领来到迦太基军营中，想有条件投降。哈米尔卡假意答应叛军的条件，却趁机突然袭击，将4万人杀得片甲不留。

至此，历时三年的雇佣军叛乱结束。

这一年，汉尼拔9岁。

随后，哈米尔卡决定带儿子离开迦太基城，为迦太基开拓新的领土。

多年以后，汉尼拔回忆起父亲的时候说道："先父即将远征伊比利亚之际，我恰好9岁。父亲向神灵供奉祭品时，我正站在离祭坛不远的地方。他把我叫到他身边，慈爱地问我，是否愿意随他一起出征。我迫不及待地表示愿意，并且充满孩子气地热切恳求他准我同行。他拉着我的右手，把我领到祭坛跟前，吩咐我把手放在刚献祭的祭品上。然后对天起誓：我将与罗马人作战到底。"

随后，哈米尔卡率领自己的儿子和追随者横渡直布罗陀海峡，来到伊比利亚半岛，即今天的西班牙。

哈米尔卡把自己的追随者和伊比利亚雇佣兵编成一支军队，迅速打出了一块土地。继而，他发挥了迦太基人的商业头脑，

◎ 国家地理纪录片《汉尼拔vs罗马》中的迦太基元老院

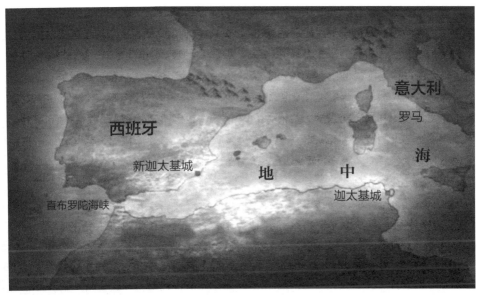

◎ 国家地理纪录片《汉尼拔vs罗马》中，哈米尔卡率领儿子和追随者横渡直布罗陀海峡，来到了伊比利亚半岛，即今天的西班牙。

努力发展贸易，还开掘了当地的银矿。他一手挥舞着长矛，一手挥舞着钱袋，取得了丰硕的成果，使迦太基人的势力几乎占据了西南沿海全部地区。

哈米尔卡到伊比利亚的第九个年头时，他准备在海边建造一座新的城市，并将其取名为"新迦太基"。但就在这一年，他发生了意外，在一场战斗中被敌人刺死在战场上。

他的副将，即汉尼拔的姐夫哈斯德鲁巴尔接替了他的职位。哈斯德鲁巴尔任命汉尼拔统领全军的骑兵。这一年，汉尼拔18岁。

当时还没有发明马镫，在没有马镫的马上，骑兵的双手要控制马缰，只能凭双腿夹住马身，保持身体平衡已经非常困难，更别说手持武器作战，所以骑马作战几乎是不可能的。因此，在迦太基和罗马的军队中，骑兵人数都很少，只起传令侦察的作用，双方的陆军主力还是步兵。

这一点在东方也是如此，中国此时正是战国末期，秦国统一六国的收官阶段，经常发生几十万大军对战的大场面，其中有步战，也有车战，但几乎没有骑兵的身影。

不管怎么样，汉尼拔开始独立指挥一支部队了，并开始作为将领参与军事会议，制定作战计划，学习如何成为一名统帅。第二年，修建了巴卡家族宫殿的新迦太基城建成后，立刻成为伊比利亚半岛的贸易集散中心，小麦、白银、美酒和布匹滚滚而来。

迦太基人在伊比利亚的扩张，引起了罗马共和国的注意，因为新迦太基城北部不远的地方就是罗马的盟国马西利亚（也就是现在的马赛）。

罗马通过联盟进行势力扩张。一个国家只要承认罗马为盟主，就成了罗马的盟国，可以受到罗马的保护。该国居民无论是贵族还是平民，都是罗马公民，有选举权和被选举权，有纳税和服兵役的义务。但这些罗马军团的士兵几乎没有军饷，只有象征性的一点零花钱和必要的口粮。对罗马公民来说，加入罗马军团为共和国作战是一种荣誉，而不是一个谋生的职业。

罗马在地中海沿岸自己能控制的所有地区修了一条大道，直通罗马。战争期间，这条大道能保障罗马军团的兵力输送。和平时期，谁都可以使用这条大道，完全免费，无论是运粮运酒，还是赶集，同时，这也促进了罗马联盟的贸易发展和文化交流。可以看出，成为罗马联盟的一员，对地中海沿岸国家具有相当的诱惑力。

公元前 226 年，罗马向新迦太基城派去使者，想要和哈斯德鲁巴尔达成和约。罗马共和国想通过这种做法来试探巴卡家族的意向，并保护其盟国马西利亚。结果很顺利地就达成协议，迦太基人同意不在伊比鲁斯河以北地区采取军事行动，而罗马共和国也对迦太基人在伊比鲁斯河以南的殖民地表示承认。

这两个敌对的国家能这么快就达成一致，主要是因为双方都需要消化这些年吞下的土地，无力主动进攻。因为按照协议

的规定，伊比鲁斯河为迦太基和罗马的分界线。其实，从迦太基人此时的实际控制区到伊比鲁斯河还有一段距离。显然，这是双方本着以土地换和平的精神，为自己赢得时间。双方都明白，这种和平只是暂时的。在这短暂的和平年代里，双方开始重整军备，时刻准备再战。两个敌对的国家又一次逼近对方。

就在这磨刀霍霍的紧要时刻，公元前 221 年，哈斯德鲁巴尔在打猎时被一个对他心怀不满的高卢奴隶刺杀身亡，因为哈斯德鲁巴尔杀死了这个奴隶的主人。

西班牙殖民地全军推举汉尼拔继承哈斯德鲁巴尔的位置，并得到了迦太基国的批准。这一年，汉尼拔 26 岁。他的三个弟弟哈司德鲁巴尔、马戈和汉诺都在军中服役，并逐渐成为他的左膀右臂。

和以前一样，汉尼拔从哈斯德鲁巴尔手中接过来的是支雇佣军。这支军队数量庞大，但是成员非常复杂，其中只有 2000 名士兵来自迦太基，其余的来自非洲和南欧。军队由多个分队组成，基本上每个分队是一个种族。武器也是种类繁多，战法更是各不相同。

其中，主力是利比亚人——迦太基的属民，没有公民身份，他们从军以前绝大多数是自耕农，吃苦耐劳、诚实勇敢，普遍使用重型长矛，他们是汉尼拔最信赖的步兵。

西班牙人的常规兵器是一柄很宽很长的利剑，他们平时骑马，到了战场上再下马作战。高卢人则披着染红的长发，人人挥舞一把大砍刀。巴利阿里群岛人善用投

石器，命中率极高。来自非洲的雇佣兵剃
光头带文身，喜欢使用长矛、长剑和弓箭。
伊比利亚人的战马个头大，行军时两人共
骑一匹马。作战时，一人留在马背上，另
一人下马步战。努米底亚士兵喜欢使用标
枪和剑，也喜欢文身，作战非常勇敢。

似乎还嫌这支由不同种族组成的人马
不够乱，汉尼拔又配备了战象。这种庞然
大物虽然冲击力十足，但是难以驾驭，一
旦受伤，往往会失去控制，横冲直撞。

这样的军队，人数越多就代表麻烦越
多。首先，这群人没有共同的语言，各个
分队交流起来非常困难。其次，吃饭也是
个问题，每个分队的食物要单独准备。第
三，行军也是问题，有骑马的，有步行的，
还有骑着大象的。第四，睡觉还是个问题，
有人要露天睡，有人要搭帐篷睡，有人要

◎ 汉尼拔军团主力——重装步兵和重装骑兵

围着火堆睡，有人要和马一起睡，有人要
和大象一起睡。这群人要是穿越到现代，
恐怕没人会认为他们是一支军队，多半会
把他们当成马戏团或马戏团的狂欢节大巡
游。就是这样一堆材料，有石头、砖头、泥巴、
青草、鸡蛋，也有沙子，却硬是被汉尼拔
砌成了一堵墙。大家你中有我，我中有你，
彼此认同，成为一支真正的军队，而且是
令人望而生畏的军队。

汉尼拔执掌兵权后，开始准备对罗马
开战。他的第一步是要清扫外围，征服伊
比鲁斯河以南的地区。首先，他对付的是
西班牙东部的奥尔卡德斯部落，他出手不
凡，连打了几场胜仗。接着，他攻占了部
落最大的聚居点阿尔泰亚，奥尔卡德斯部
落投降。

◎ 汉尼拔军团中来自伊比利亚的雇佣兵

公元前 221 年的冬天，汉尼拔回师新迦太基城。他在这里向士兵们发放了军饷和额外的赏赐，并且承诺将来会赏赐他们更多的金钱，全军上下欢腾不已。

公元前 220 年夏，汉尼拔率军对杜罗河北岸的瓦凯伊人发起进攻，不久就连下两城。但他在凯旋途中，遭到这个地区若干部落的围攻，这些部落集结了一支超过 10 万人的大军，而汉尼拔的部下不到 5 万人。

向北进攻

汉尼拔发现敌军后，没有催促士兵赶快逃离这个危险的地方，也没有逞匹夫之勇，与敌人背水一战，而是率军缓缓退过塔古斯河，列阵等候追兵。

敌军依仗人多势众渡河来战，渡到一半时，汉尼拔突然发起攻击。弓箭和投石密如雨下，河中的敌军正与脚下的淤泥急流战得你死我活，根本无法躲避，结果死伤无数。汉尼拔乘敌军先头部队混乱的机会，指挥士兵和战象冲入河中。敌军顿时乱作一团，河上漂满了尸体，活着的不顾一切往回狂奔逃命。

准备渡河的敌军看到此情景，惊恐不安畏缩不前，但后面的敌军还不知道河里的情形，正按计划继续向前行进着。正在渡河的往后跑，河边的呆住了不知道该往前还是往后，后面的又在往前跑。敌军队伍大乱，这场面就像春运时候的火车站，唯一的区别是，乘客手中的武器是行李和车票。汉尼拔一鼓作气，挥军向前。把这 10 万人马杀得落花流水春去也。

对汉尼拔来说，这场胜仗斩获并不多，算是一场击溃战。但不管是参与了战役的部落，还是没有参与战役的部落，都闻风丧胆，逃之夭夭。

罗马人一贯对这种部落联军的评价很低，他们认为这些人身强体壮，粗犷彪悍，单兵作战能力强，但纪律性太差，算不上真正的士兵，因此听说了这场战役也不太在意。但让他们想不到的是，没过多长，汉尼拔也成了他们的噩梦，并且是一场 16 年都醒不过来的噩梦。

汉尼拔凭借这一战的余威，一鼓作气将迦太基的殖民地扩充了几百公里，在伊比鲁斯河以南地区，只有一个城市还在与他为敌。这个城市就是萨贡托，它位于伊比利亚半岛东部。

根据当年罗马人和迦太基人的约定，以伊比鲁斯河为界划定势力范围，萨贡托名义上位于罗马人放弃了的地盘，但萨贡托与罗马关系暧昧，是罗马人在这块土地上打的一个楔子。这种关系类似于以色列和美国，以色列就是美国人在中东阿拉伯地区打入的楔子。无论是汉尼拔的父亲哈米尔卡，还是哈斯德鲁巴尔，都没有骚扰过萨贡托，因为他们明白，进攻萨贡托就意味着与罗马开战。

罗马人也意识到萨贡托即将进入汉尼拔的射程，所以，他们派了使者警告汉尼拔，要他保证这座城市的安全和独立。汉尼拔想起了当年在父亲面前立下的誓言，他要与罗马人作战到底。现在，他已经准备好了。

公元前 219 年，汉尼拔出兵包围萨贡托。

萨贡托位于一座山脉尽头的山岩上，高出附近海岸 300 多米，占有地利优势。

城市四周还筑有坚固高大的城墙。汉尼拔经过观察，发现西边的城墙虽然很厚，但山坡相对平缓，算是这座堡垒的薄弱点。他把主力部队放在西面，但面对这样的坡地，军队只能仰攻，根本无法把沉重的攻城器械推到城下。

守城的士兵却依靠有利的地形，把标枪枪头蘸上烧热的沥青投向攻城的汉尼拔的士兵。惨烈的战斗一天接着一天，好像永无尽头。计划速战速决的战斗打成了胶着的围城战。此时，如果罗马人赶来救援，汉尼拔必将被包围在城下。

罗马宣战

汉尼拔不顾一切地攻城，经常亲临前线指挥。他如此急迫，以至于常常冲到非常危险的地方。一次作战时，他的大腿被一支从城上飞来的标枪穿过，受了重伤，在接下来的一段时间都无法离开帐篷。

罗马人没有前来救援。他们正一边忙着驱赶意大利半岛北部的高卢人，一边忙着修建罗马大道。但他们也没有坐视不理，他们向迦太基派出了由五名使者组成的使团，要求迦太基人停止对萨贡托的攻击。迦太基人回复罗马使者，是萨贡托先挑衅的，汉尼拔是自卫。这无耻的谎言让罗马人非常恼火，使者发出最后通牒：如果迦太基人不从萨贡托撤军，罗马将对迦太基宣战。

眼看迦太基和罗马的战争又要开始了，迦太基国内分成两派，以执政官为代表支持撤军，但在迦太基，执政官只是行政官员，并不是军事统帅，他的实力和号召力有限。

而大多数人更看重汉尼拔在伊比利亚半岛的成功，于是支持汉尼拔的行动。

最后一次谈判，一名罗马使者大步向前，手握着袍子的一角，把拳头举到胸前，大声质问迦太基人："你们自己选择，要和平，还是要战争。"迦太基人表示："你们自己选吧。"罗马使团悻悻离去。

在外交斡旋的时候，战火并没有停止。

经过 8 个月的攻击，萨贡托的城墙终于被击破。汉尼拔的军队冲进城去，但城中的士兵和居民决不投降，他们在每一处建筑内作战，用刀、矛、弓箭甚至木棍和石头袭击汉尼拔的部下，这种垂死的抵抗给双方都带来了极大的伤亡。

最终还是汉尼拔取得了胜利，士兵们经过激烈的巷战，攻占了这座城市。可 8 个月的时间和残酷的巷战显然出乎汉尼拔的预料，给他以深刻的教训，以至于他终生都对攻城战保持高度警惕，宁愿打一场没有准备的野战，也不会盲目进攻一座坚城。

城中的金钱、财物和奴隶都成为汉尼拔的战利品。他把奴隶赏赐给部下，把金钱留作军需，把能运走的财物都送往他的祖国迦太基。就这样，汉尼拔不仅得到了雇佣兵的支持，也赢得了迦太基人的尊敬，其中也包括那些曾反对与罗马开战的人。

出访迦太基的使团回国不久，萨贡托城陷落的消息就传到了罗马，罗马正式向迦太基宣战。罗马宣战后不久，就到冬天了，双方并没有立刻出兵。等消息传到汉尼拔这边时，他已经回了新迦太基城。

汉尼拔开始着手准备对罗马的战争，他知道对付罗马这样的强大对手，指望速战速决是不可能的。因此，他让家在附近的伊比利亚士兵回家过冬，暂时休息，又安排自己的弟弟哈司德鲁巴尔负责伊比利亚的指挥权，统一指挥本地的步兵、海军和21头战象，最后又调换了几支驻军的防区，以保障后方的稳定。他的计划是攻击罗马共和国本土——意大利半岛，在他的面前有两条路可以选择。

一是通过海路，乘船登陆意大利半岛。但他记得上一次战争的教训，迦太基舰队的战斗力根本无法与罗马舰队相比。一旦他在海上被发现，就将完全处于被动挨打的局面。

二是翻越比利牛斯山与阿尔卑斯山，路途遥远，且途中还可能与当地部落发生冲突。即便他到了意大利半岛，也很难保障自己的后勤补给线。

从来就没有完美的计划，汉尼拔左右权衡，决心走陆路进攻罗马。由于罗马刚刚攻击了意大利半岛北部的高卢人，所以，汉尼拔向各个高卢部落的酋长派出使者，提出了合作的请求，并探听一下路上的情形。在冬天快要过去的时候，使者们纷纷返回。他们带来了好消息，一是高卢人愿

◎ 国家地理纪录片《汉尼拔vs罗马》中汉尼拔计划翻越阿尔卑斯山

意合作，二是路途虽然艰险，但并不是不能通行。

公元前218年春，汉尼拔集结了9万大军和37头战象，开始向罗马进军。

翻越雪山

此刻，罗马人也在准备进攻。罗马的两位执政官兵分两路：森普罗尼乌斯·隆古斯带领26000人渡过墨西拿海峡，从西西里岛乘船，准备在利比亚登陆，随后进攻迦太基城；老西庇阿则率领24000人开往西班牙，进攻汉尼拔的基地。罗马国内的防守则由司法官卢基乌斯·曼利乌斯统一负责，他率领20000名士兵前往意大利北部，但他的假想敌不是汉尼拔，而是高卢人。

公元前218年7月，汉尼拔的大军渡过伊比鲁斯河，进入罗马人控制的地区。不久，他就遭到亲罗马部落的袭击，经过了一系列激烈的战斗，他征服了伊比鲁斯河至比利牛斯山脉之间的土地。为了确保自己的后勤，他拨给弟弟汉诺1万名步兵和1000名骑兵，留守此处。

汉尼拔精简了自己的军队，率领6万人和37头战象翻越了比利牛斯山。这座山东起地中海，西到大西洋，是欧洲大陆和伊比利亚半岛的分割线，也是如今西班牙与法国的天然国界。汉尼拔去年冬天发动的外交攻势很有效，当地部落对他们非常友好。浩浩荡荡的队伍顺利地翻越大山，然后越过广阔的平原，准备前往阿尔卑斯山。

与此同时，老西庇阿的大军也出发了。他率军沿意大利半岛北上，然后乘船渡海

抵达马西利亚。他原本计划继续走水路前往西班牙，但他获悉了汉尼拔已越过比利牛斯山的消息，于是马上上岸在马西利亚和罗纳河口之间扎营，他还不知道此地和汉尼拔的大军前锋已近在咫尺，双方的距离只有几天的路程。老西庇阿不清楚汉尼拔现在到什么地方了，但无论如何也没想到汉尼拔行军速度会如此快。他派出了300名骑兵，向北和向西两个方向进行侦察。

这时，汉尼拔也听说了前方有数量不明的罗马军团在活动。他派出500名努米底亚骑兵前去侦察，结果这支骑兵只走了一天，就遭遇了老西庇阿派出的罗马骑兵的袭击。双方展开了激战，互有伤亡，但罗马人以少胜多，把努米底亚人赶回了汉尼拔的大营，接着，他们还回去向西庇阿报告自己的发现。

汉尼拔接到了努米底亚骑兵的报告，他决定不和眼前的罗马军团继续纠缠，而

◎ 努米底亚骑兵

是立即出发，要翻越阿尔卑斯山。

三天后，接到报告的老西庇阿率大军赶到了被汉尼拔放弃的营地，他一下子明白了汉尼拔的计划。他没有追击汉尼拔，而是命令弟弟格奈乌斯指挥这支军队继续开赴西班牙，他本人赶回意大利，想与曼利乌斯会合，以逸待劳迎击迦太基人。

汉尼拔大军一路急行军，遭到不少当地土人的袭击，但他目标明确，直奔阿尔卑斯山而去。阿尔卑斯山脉比比利牛斯山凶险得多，平均海拔在3000米左右，最高峰勃朗峰海拔4810米，是欧洲最高的山脉。海拔每升高200米，温度就下降1℃，超过海拔2000米以上的山区，年平均气温在零度以下。

汉尼拔大军来到山下，向云雾缭绕的山峰望去，隐隐约约可以看见山顶的积雪。在这里补充了粮食、马和毛驴后，汉尼拔重新调整队伍，用马和毛驴组成运粮驼队，安排运粮驼队和骑兵在最前面，将重装步兵在最后面。如果遇到土人的袭击，驼队和骑兵只管快速往前走，由重装步兵去战斗。

阿尔卑斯山长超过1200公里，总面积为22万平方公里，这让汉尼拔大军吃尽了苦头。大军在雪花中开始爬山，路滑难行，还经常有土人射箭或者投掷石块。战士们疲惫不堪，不断有人失足滑倒，马、毛驴甚至战象都曾掉进山谷摔得粉身碎骨。队伍中开始出现了逃兵。

汉尼拔把军官们召集起来，俯瞰远处的意大利平原。他说："你们现在跨越的不仅仅是意大利的天然屏障，而是罗马城本身。你们正在进入一个友好地区，那里

◎ 汉尼拔率军翻越阿尔卑斯山

给养。汉尼拔首先联系附近高卢人的托里尼部落，请求合作，并补充给养，不料遭到严词拒绝。汉尼拔大怒，下令攻击托里尼部落中心——都灵。经过 3 天的苦战，疲惫之师攻克了都灵，汉尼拔随即下令屠城，以震慑其他部落。

夺下都灵后，汉尼拔大军不仅得到了粮草，还接受了部分高卢人做雇佣军。此时，由于罗马人圈占了大量土地，此地的高卢人发生了暴动，曼利乌斯带来的军团正忙着与高卢人作战。罗马执政官老西庇阿赶到以后，接过了曼利乌斯部下 2 万罗马士兵的指挥权，他停止了正针对高卢人的军事行动，准备一心一意对付汉尼拔。

罗马人的最初计划是预计汉尼拔需要很长一段时间来休整队伍，补充给养。在这段时间里，老西庇阿率领军队一方面监视汉尼拔的行动，一方面等待另一位执政官森普罗尼乌斯的军队汇合，然后集中优势兵力，将汉尼拔一举全歼于阿尔卑斯山下。但汉尼拔非常顺利就拿下都灵，得到了补充。而执政官森普罗尼乌斯的军团正在横渡墨西拿海峡，预计要一个月的时间才能赶到。老西庇阿决定不给汉尼拔更多

的居民与我们一样仇恨罗马人。余下的行程将是下坡，会很顺利。只要经过一两次战斗，罗马人的堡垒与首都就将归你们所有，任你们支配了！"

公元前 218 年的 11 月，汉尼拔大军经过 20 天，行程超过 200 公里，终于翻越了阿尔卑斯山。汉尼拔大军翻越之前，有步兵 38000 人、骑兵 8000 人。翻越之后，只剩下步兵 20000 人、骑兵 6000 人。

首战告捷

如今，汉尼拔的大军人困马乏，除了手中的武器，几乎失去了一切，急需补充

◎ BBC纪录片《战略之父汉尼拔》中汉尼拔联系高卢人的托里尼部落，请求合作。

的时间，他要单独出击。

汉尼拔在都灵休养几天后，率军沿波河东进。在提西努斯河遇到了老西庇阿的军团，双方各自扎营。

第二天，双方摆开队伍，进行决战。

这是西西里岛战败的几十年后，迦太基人向罗马人展开的第一场复仇之战。战前，汉尼拔向部下发表了演讲，鼓动大家的士气，他说："士兵们，你们的左面和右面都被大海包围着，连一艘能帮你们逃走的船都没有。后面包围着你们的是阿尔卑斯山，那是你们历经艰辛才翻越过来的。士兵们，你们已在这里同敌人初次交锋，你们必须战胜，否则便是死亡；命运使你们不得不投身战斗，它现在又站在你们面前。默默回顾你们 20 年来以勇敢和成功而著称的战绩吧，你们从大洋和世界最遥远的角落来到这里，一路上征服了高卢和西班牙的许多凶悍的民族。如果命运未卜，与其死于逃亡，毋宁战死沙场。如果这就是你们大家确实不变的决心，我再说一遍，你们就已经战胜了；这是永生的众神在人们夺取胜利时所赐予的最有力的鼓励。"

这是汉尼拔第一次率军与罗马军团作战，也是罗马人噩梦的开始。

汉尼拔使用了独创的战术：用重装骑兵攻击罗马军团的中路，吸住敌军主力；然后用轻骑兵两翼包抄，攻敌侧翼。而当时罗马军团作战时采用的战术为：士兵一字排开，分成三条横线队形，大家手执长矛、短剑、盾牌，一起列队向前，士兵的注意力和攻击方向都在正前方。

现在大型团体操表演的时候，有高音

◎ 汉尼拔的塑像

喇叭指挥众人集体行动。但在两千年前的古战场上，队伍正在前进时，士兵的耳边只能听到呐喊声、短剑敲击盾牌声，军官只能勉强将口令传到周围几个人耳边，整个队伍几乎不可能突然 90 度转向，所以侧翼非常薄弱。即便是二战时拥有现代通信器材的装甲军团，行进途中突然转向 90 度发起攻击也是高难度动作。希特勒发动阿登战役后，这种突然的大规模反击让正在前进的盟军措手不及，一举包围了美军 101 空降师，附近的盟军装甲军团无法在第一时间转向前去接应，只有巴顿将军能及时调整部署，前去救援。

◎ 罗马军团溃败

罗马军团侧翼遭到攻击后，立刻溃散。老西庇阿身负重伤，被重重包围。眼看就要落入敌手，一位年轻的罗马军官身先士卒，杀入重围，救下老西庇阿，然后掩护部队退回大营。此人便是汉尼拔日后的对手——罗马名将大西庇阿。这一年，大西庇阿17岁。

老西庇阿遭此一败，率军连夜悄悄撤退。汉尼拔发觉之后，派出骑兵追击，俘虏了罗马军团后卫部队中的600名士兵。

二 所向无敌

再战再胜

老西庇阿的军团一直撤到皮亚琴察郊外，在特雷比亚河西岸扎营。汉尼拔挥军长驱直入，乘胜追击，于两天后赶到，在罗马军营外列阵挑战。罗马军团刚刚打了败仗，不敢应战，汉尼拔大军士气大振，耀武扬威一番之后，在罗马大营西面扎营。

罗马军团的表现让随同他们作战的高卢人心怀不满。当天晚上，1000余高卢人发动哗变，杀死罗马士兵，冲出军营投奔汉尼拔。老西庇阿看军心不稳，就再次率军后退，连夜渡过特雷比亚河。汉尼拔立刻派出骑兵追击，一直追着老西庇阿到了亚平宁山脉北侧，逼近了罗马人的营地。

汉尼拔不愧是"战略之父"，他发现这里地形起伏，多是丘陵，不利于大规模的骑兵行动，不能发挥他的特长。因此，他没有对老西庇阿穷追猛打，而是开始采用政治手腕争取盟友，分化敌人。没过多久，这个地区的高卢部落便与汉尼拔结为盟友，陆续有12000名高卢人加入汉尼拔大军。

12月中旬，固守待援的老西庇阿终于等来了好消息。罗马执政官森普罗尼乌斯的军团经过1300公里的急行军，终于赶来了。两个执政官会师以后，罗马大营中一

共有了6个军团，多日沉闷的空气一扫而空，士兵们欢声雷动，似乎胜利就在眼前。因为在罗马人的眼里，这是空前强大的罗马军队。在罗马人的战史上，只要4个罗马军团就能解决最强大的敌人，而现在却有6个罗马军团，世界上没有一支敌军能抵挡住这支大军凌厉的一击。

森普罗尼乌斯意气风发，求战心切，而正在养伤的老西庇阿则主张坚守，他认为汉尼拔和高卢人联盟刚刚结成，双方缺乏真诚的了解和信任，如果汉尼拔大军和罗马军队对峙几个月，却不能有所行动，高卢人白白供应了几万人马的粮草，必定会心怀不满，难免发生内讧。森普罗尼乌斯则认为必须一战定胜负，扭转当前的不利局面。两个人闹了个不欢而散。

这时，汉尼拔派出三千人马前来挑战，森普罗尼乌斯立刻针锋相对，派兵出击，双方一场混战，不分胜负。汉尼拔下令收兵，罗马军团也撤兵回营。

第二天凌晨，冷风刺骨，汉尼拔下令全军提前开饭，吃过早饭后，准备好兵器盔甲，全军待命，先由几千骑兵去找罗马人挑战。这时的罗马人还没有开始做饭，森普罗尼乌斯看到敌军挑战，立刻下令全军出击，一下把汉尼拔的几千骑兵赶过特雷比亚河。罗马大军正追得兴起，突然发现河对岸的汉尼拔大军已经严阵以待，于是只好在河边慢慢停下脚步，等待命令。

森普罗尼乌斯看到这种情景不假思索便下令渡河。没吃早饭的士兵跳进寒冬的激流，奋勇向前。他们纪律严明，依秩序分批下水渡河。先头部队到了对岸后列阵

◎ 汉尼拔半身像

守住岸边，后面下一批士兵再下水。汉尼拔下令全军按兵不动，放弃了过去对付部落联军时的办法。

罗马大军共有 36000 名步兵和 4000 名骑兵，此外，还有一支高卢人克诺玛尼部落的盟军。又冷又饿的士兵排开阵型，准备迎敌。6000 名轻步兵在前方，罗马步兵居中，盟军位于两侧，骑兵保护侧翼。

汉尼拔大军的中央是 8000 名高卢步兵，左侧是 5000 名西班牙步兵，右侧是 5000 名非洲步，外侧各有 5000 名骑兵保护侧翼，骑兵的前面是十几头战象。

战役正式开始，首先是双方轻步兵的较量，不分胜负。而后，重装步兵列阵上前冲杀，这下纪律的力量显示出来了，罗马士兵显然更适应这种列队战斗，而汉尼拔一方的盟军各自为战缺乏配合，明显处于下风。眼看就要败下阵来，汉尼拔立刻命令两翼的战象和骑兵出击。罗马阵线两翼的骑兵抵挡不住战象的冲击，节节败退。汉尼拔又下令骑兵包抄罗马人的侧翼，但罗马军团这次有了准备，两侧的步兵方阵马上转向，保护侧翼。

正在此时，汉尼拔的弟弟马戈率领两千生力军从埋伏了很久的树林里杀出来，猛攻罗马人的左翼侧后。罗马人没想到这里还设有伏兵，左翼顿时崩溃。中路的罗马重装步兵已经突破了对手的防线，但无奈两翼完全暴露，无法抵挡对手的重重包围。森普罗尼乌斯看败局已定，便率领重装步兵逃之夭夭。留守大营的几千人也在老西庇阿的带领下逃回皮亚琴察。

汉尼拔再战再胜。

攻无不克

特雷比亚战役后清点兵力发现，汉尼拔的伤亡主要是在中央作战的高卢步兵，损失了几千人。来自南方的大象难以适应寒冷的天气，大多惊散或受伤了，加上又病死了几头，只剩下了一头战象。而罗马方面不仅损失了 2 万多名士兵，还失去了这块刚刚占领的土地。

特雷比亚战役是汉尼拔迄今为止取得的最辉煌的战绩。他前所未有的使用了骑兵，使这个兵种真正作为独立的作战单位出现。而罗马人还是根据传统经验，把骑兵和步兵的比例保持在 1∶10。汉尼拔对骑兵和步兵战术的协调运用，也达到令人惊讶的地步。在纷乱的战场上，他能把不同种族、不同语言的部队调动自如，这场战役简直是战史博物馆中一件精雕细刻的艺术品。

战后，汉尼拔对战俘进行甄别，把罗马盟军的士兵和罗马军团的士兵分开。他不给罗马军团的战俘吃饱饭，强迫他们干重活，然后还杀了这些战俘。汉尼拔对罗马盟军的战俘却加以优待，让他们吃饱，给他们点火取暖，并告诉他们："我对你们没有敌意，我的敌人只有罗马。我将给你们自由，请转告你们的朋友，只要脱离了罗马联盟，你们就不再是我的敌人，我将保证你们的独立、自由和安全。"随后，他无条件释放了所有罗马盟军战俘。

汉尼拔的做法很快见效，这场战争后，附近所有的高卢人部落都转向他的旗下，他的大军迅速扩充到 5 万人。这时候，冬天来了，双方进入停战状态。

在此期间，汉尼拔建立了运转良好的情报网，逐渐渗透到整个意大利半岛，甚至在罗马城里也有他的密探。罗马人的一举一动都在他的掌握之中。这时，有人建议向罗马城进军，一举占领敌人的首都，但他犹豫了。在他看来，进攻罗马城不是个好主意。因为据他所知，罗马城异常坚固，他的军队却没有任何攻城器械。记忆中的那场萨贡托围城战和巷战，更是让他三思而后行。其次，军队所处的环境也不利于发动攻城战，在敌人的国土内行动，远离后方基地，他是一支孤军，周围都是敌人，而且部下全都是雇佣兵，一旦陷入萨贡托那样的苦战，攻城不克，军饷耗尽，后果不堪设想。第三，罗马城不是罗马唯一的中心，攻克了罗马城也不可能使罗马共和国立刻崩溃。罗马已存在了几百年，对罗马公民具有深深的影响力，他们不像只忠于自己土地与自己部落的土著那样狭隘。罗马的力量来源于罗马公民，而罗马公民来自于罗马同盟。因此，他要尽力分化罗马联盟。杀死更多的罗马士兵，必将有助于加速罗马盟军的瓦解。等到罗马共和国完全被孤立后，他再进军罗马城。鉴于此，汉尼拔大军在每个节点打击罗马军队。

罗马人处处挨打，处处被动。

罗马军团

根据罗马共和国的法律，罗马人在第二年的3月，选出了两位新执政官。

迦太基人会处死那些战败的将军。在上一次迦太基和罗马的战争中，迦太基人至少处死了三位将军。这一点和罗马完全不同，根据罗马共和国的传统，败军之将是不会受到处罚的。所以，打了败仗的执政官森普罗尼乌斯没有受到责罚，他唯一的损失就是没能连任。而老西庇阿被选为"前执政官"，拥有和执政官相同的权力。他将率领1万名士兵前往西班牙，去攻击汉尼拔的根据地。

老西庇阿第一次遇到汉尼拔时，曾把西班牙远征军队伍交给了弟弟格奈乌斯去指挥，如今这支罗马军团正与汉尼拔的弟弟哈司德鲁巴尔作战。

新当选的执政官格奈乌斯·塞尔维利乌斯接管了突围的罗马士兵，并补充了一些新兵。此刻，罗马人认为汉尼拔大军必将通过罗马大道进攻罗马城，所以全城戒备，做好了一切准备。同时，另一位新当选的执政官盖尤斯·弗拉弥尼乌斯率领一支新组建的约3万人的大军，准备在罗马大道上伏击汉尼拔。

但汉尼拔再次出乎罗马人的预料，他没有走罗马大道，而是选择了一条难走的小路，翻越亚平宁山脉进入北伊特鲁里亚。这条路线要经过一大片泥泞潮湿的沼泽。汉尼拔把伊比利亚和非洲老兵放在队伍最前方，新加入的高卢士兵在中间，骑兵部队殿后以防止高卢士兵开小差逃走。汉尼拔骑在唯一一头战象的背上，因得了眼病，他的一只眼睛不久就失明了。他们在沼泽地里挣扎了四天三夜后，终于摆脱了泥水和野草的纠缠。这次行军使他们疲惫不堪，但躲开了罗马军团的袭击，给罗马人上了一节战略迂回课。他们出沼泽后，休整了几天，随后，汉尼拔便率军运动到执政官弗拉弥尼乌斯大军的附近，焚毁村庄，袭击村民，吸引罗马人的注意。

弗拉弥尼乌斯没有轻举妄动，他一边远远跟着汉尼拔大军，一边通知另一位执政官格奈乌斯·塞尔维利乌斯前来会合，准备夹击汉尼拔。

汉尼拔很清楚罗马人的想法，他一边走一边挑选合适的战场。一天，他的军队走进了位于特拉西梅诺湖和一片群山之间的一个山谷，山谷长长的谷口异常狭窄，只能勉强通过一匹马。汉尼拔知道，在这样潮湿的地方，早晨肯定会有大雾。因此，他把骑兵埋伏在谷口以外，自己率领部分士兵进入山谷最深处扎营，其余步兵驻扎在山谷一侧。

当天夜里，弗拉弥尼乌斯军也赶到了这里，他没有贸然进入山谷，而是在湖畔扎营。第二天早晨，和汉尼拔预想的一样，湖面升起浓雾，遮住了埋伏在谷口以外的骑兵。弗拉弥尼乌斯拔营出发，走进狭窄的谷口，随即发现地形于他们非常不利，因此便想迅速通过这个山谷，当后卫部队进入山谷时，前锋已接近汉尼拔的营地了。

汉尼拔在战象上吹起号角，低沉悠长的声音在山谷中回响，全军开始攻击。山谷中的罗马军团无法排成作战阵型，前锋不能抵御汉尼拔主力的进攻。由于谷口太过狭窄，后卫部队也无法迅速退出山谷，自相践踏死伤无数，很多人跳入湖中逃命，汉尼拔的骑兵纵马入水，进行追杀。执政官弗拉弥尼乌斯被一支长矛戳穿胸膛，当场阵亡。这支新组建的罗马军团全军覆没。

对汉尼拔来说，这场战役不像是战斗，更像是围猎。

双方对峙

执政官格奈乌斯·塞尔维利乌斯正在与弗拉弥尼乌斯会合的路上。为了加快行军速度，他派 4000 名骑兵为前锋先出发。骑兵行进速度快，很快就把主力部队远远甩在了后面。但他们来晚了一步，特拉西梅诺湖战役已经结束。汉尼拔大军打扫战场时，得到了这支骑兵正在接近的情报。汉尼拔立刻派出一支由骑兵和步兵组成的混合部队前往阻截，士兵数量远远超过罗马骑兵数量。混合部队在路上发动突袭，将正在赶路的罗马骑兵几乎全歼。

接踵而来的惨败震惊了罗马，但罗马人从来不是个软弱的民族，他们没有惊恐，他们感到无比的愤怒。罗马元老院认为，在此危急关头必须改革体制，两位执政官共同指挥的体制分散了军权，不利于对付汉尼拔的大军。他们决定，要由一位独裁官来独掌兵权，统帅全军。第一位当选的独裁官是昆图斯·法比乌斯，马尔可斯·弥努基乌斯·鲁孚斯为"骑兵司令"，相当于副独裁官。法比乌斯立即率领新组建的军团出发，前去和执政官塞尔维利乌斯会合。

汉尼拔一路向南高歌猛进，掠夺了罗马最富庶的地区。大军获得了足够的军饷，雇佣兵们都发了财。战斗一直很顺利，但让汉尼拔失望的是，他仍然只得到了部落的支持，没有一个罗马同盟城邦加入迦太基人的阵营。

法比乌斯与塞尔维利乌斯会合一处后找到了汉尼拔的营地。他们靠近汉尼拔的营地准备扎营，当他们正在深挖壕沟修筑工事的时候，汉尼拔列阵前来挑战。

法比乌斯下令部分士兵保持警戒，其余士兵继续手里的工作，不必理睬敌人的挑衅。汉尼拔看到罗马人拒不出战，便对部下说："罗马已经衰老了，战神留传下来的罗马精神已经被我们征服了。这些人已经精疲力竭，显然已经放弃了他们自诩勇武盖世的威名。"在随后的几个月中，法比乌斯始终采取谨慎的态度，坚守营盘绝不出战。急于求战的罗马士兵给这位统帅起了个外号——"拖延者"。

"拖延者"法比乌斯不是胆小鬼，而是深谋远虑的将军。他深知自己的士兵虽然数量比敌人多，但大多是新兵，毫无作战经验，而对方的主力士兵是随同汉尼拔征战多年的老兵。一旦开战，两三个新兵能对付一个老兵就不可思议。所以，自己处于弱势，坚守是最好的策略。另一方面，自己的后勤补给非常方便，汉尼拔却需要经常派人去寻找粮草。这样过不了太久，汉尼拔就会因为后勤问题撤退，到时进攻的机会就来了。

汉尼拔猜中了法比乌斯的策略，便开始尝试各种方法引诱他出战。起初，汉尼拔频繁转移营地，显出匆匆忙忙的样子，向罗马人露出破绽。但法比乌斯很有耐心，只是默默看着汉尼拔大军搬家，并不出战。后来，汉尼拔又当着罗马军团的面蹂躏附近村镇，想激起敌军仇恨的怒火。但法比乌斯仍无动于衷。

与此同时，"拖延者"也并不是无所作为，他经常派出优势兵力袭击汉尼拔外出打粮的小股部队，给郁闷的罗马士兵一个发泄怒气的机会。到了夏天快要过去的时候，汉尼拔大军进入意大利半岛的西部粮食产区，法比乌斯尾随而来。这次，法比乌斯没有靠近汉尼拔扎营，他认为汉尼拔是来打粮的，最终将去北方过冬，因为那里已不是罗马的控制区，相对安全。他安排主力在山上扎营，部分士兵在汉尼拔回兵北上必经的隘口附近扎营，准备在敌人撤离时发起突袭。

会战开始

不久，汉尼拔在这里收集了大批财物和给养后，果然准备离开。他在夜里出发，派一支轻步兵分队赶着2000头公牛走在前面，每头公牛的角上都绑着一捆干柴。在距离罗马营地不太远的时候，他下令步兵点燃干柴，驱赶公牛往山上跑。牛群吓坏了，开始在山坡上狂奔。

扼守隘口的罗马士兵发现了山上大批移动的火光，认为汉尼拔大军在翻越山梁，准备绕开隘口撤回北方去。这些士兵迅速出击，赶往发现火光的山顶，准备占据制高点防止敌人逃走。等他们爬上山顶的时候，却只发现了成群结队被烧得惊恐万状的公牛。这时，汉尼拔的那支轻步兵分队突然从另一边杀出，把罗马士兵打得落荒而逃。与此同时，汉尼拔率领主力部队顺利通过了已无人把守的隘口。

罗马大营的法比乌斯也发现了对面山坡上的火光。但他搞不清楚发生了什么事，只是下令加强防守，保持警惕。等到第二天天亮以后，他才发现汉尼拔的大军早已北上而去了。不久，法比乌斯便被召回罗马接受质询。军队的指挥权由"骑兵司令"弥努基乌斯暂时负责。

汉尼拔接到罗马换帅的情报后便率主力部队离开基地，接近了罗马人的营地。当天晚上，他就派 2000 名轻步兵占领了附近的一座小山。第二天早晨，弥努基乌斯派出一支部队把这些步兵赶下了山，自己在山上建了一座新营。

对峙了几天后，汉尼拔把兵力一分为二，一半守营，另一半去收集粮草。弥努基乌斯立即出兵列阵向汉尼拔挑战。汉尼拔被打了个措手不及，手忙脚乱了好一阵子才突围而去，被迫放弃了营地。

弥努基乌斯"大捷"的消息传到了罗马，引起了公众对法比乌斯的不满，罗马公民立刻开会把弥努基乌斯也选为独裁官，两位独裁官平起平坐。法比乌斯回到军队以后，两位独裁官立刻分兵，各率一半人马相隔几公里各自扎营。罗马分兵之后，汉尼拔趁着夜色出兵攻占了弥努基乌斯附近的一座小山，并设下伏兵。第二天，弥努基乌斯又和上次一样前来夺山，被汉尼拔重重包围。幸亏法比乌斯救援及时，否则弥努基乌斯将全军覆没。得到这个教训以后，弥努基乌斯开始对法比乌斯唯命是从。

罗马军队和汉尼拔又开始了扎营对峙。

六个月后，也就是公元前 216 年初，

◎ 坎尼会战的战场

两位独裁官的任期到了，他们交出了权力。兵权由新当选的两位执政官艾弥利乌斯和瓦罗负责。随后的半年，双方小冲突不断，但没有一场大战。

公元前216年6月，汉尼拔收到情报，阿普利亚平原的坎尼城是罗马人粮食与物资储备基地，但守卫非常薄弱。汉尼拔飞兵急进，一举攻克坎尼。两位执政官艾弥利乌斯和瓦罗率领大军到达坎尼后，发现汉尼拔驻扎在坎尼城附近开阔的平原上。

艾弥利乌斯认为这样的地形适合汉尼拔的骑兵作战，罗马军团应在附近的山上扎营，而瓦罗却想逼近汉尼拔扎营。双方争执不下，只好互相妥协，在汉尼拔营地10公里远的平原扎营。第二天，按照制度，两位执政官一同作战时，双方轮流行使指挥权，瓦罗当天有军队指挥权。于是，他立刻下令逼近汉尼拔扎营，并出兵列阵挑战。

汉尼拔大军列阵出营接受挑战，双方混战一天，打到天黑各自收兵，不分胜负。

第三天，轮到艾弥利乌斯掌握指挥权。他本想把营地移到山上去，但现在距离汉尼拔的营地太近了，很容易在搬营地时遭到袭击。所以，他决定派三分之一的兵力渡过附近的奥菲杜斯河建立一座新营，余下的兵力据守现在的老营。两处营地可以互相接应。

大获全胜

两天以后，再次轮到艾弥利乌斯掌握指挥权时，汉尼拔在老营前列阵挑战，艾弥利乌斯拒不出战。汉尼拔又派出一支努米底亚骑兵分队，让他们去骚扰新营中到河边打水的士兵。艾弥利乌斯不以为意，瓦罗却怒火中烧，比以往任何时候更急于开战，士兵们也迫切希望开打，好教训一下汉尼拔这个恶棍。

第二天，即公元前216年8月2日，又到了瓦罗执掌兵权的日子。这天凌晨，他留下1万名士兵守卫两座大营，随后带领全军主力到奥菲杜斯河边朝南列阵。汉尼拔也毫不示弱，他留下5000名士兵守卫大营，指挥军队背水朝北列阵。

罗马军团在人数上优势明显，出营列阵的有6.6万名步兵、7000名骑兵。而汉尼拔处于劣势，他列阵的主力只有3.2万名步兵和1万名骑兵。

汉尼拔在军阵的前列部署了投石手和长矛手，组成一条散兵线。左翼是一半伊比利亚步兵和高卢骑后，由刚从西班牙赶来的弟弟哈司德鲁巴尔指挥。他们旁边是使用缴获来的罗马武器的非洲重装步兵。军阵中央是另一半伊比利亚步兵和高卢骑兵。努米底亚骑兵则位于全军的右翼。列阵之后，汉尼拔调整了一下阵型，他命令中央的伊比利亚和高卢步兵前进，在全军中向前突出了一段距离，形成弯月阵。

瓦罗命令罗马军团采取罗马人经典的三线战斗阵型，罗马骑兵在右，盟军骑兵在左，中央是全军的精锐——重装步兵。轻步兵排列在主战线前方，成为一条散兵线。不久，瓦罗发现一个问题，罗马士兵人多，战线较长，汉尼拔士兵人少，战线较短。同时，河边的地形对敌军有利，河水成了汉尼拔大军左侧面的天然屏障。己方超长的战线无法攻击对方的侧翼，有劲

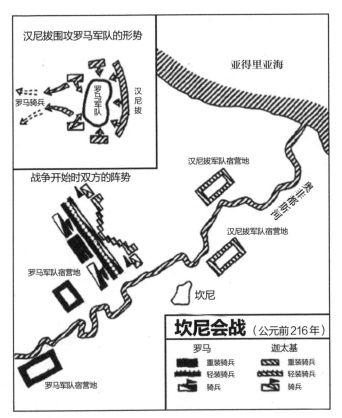

汉尼拔围攻罗马军队的形势

罗马骑兵

罗马军队

汉尼拔

亚得里亚海

汉尼拔军队宿营地

汉尼拔军队宿营地

战争开始时双方的阵势

罗马军队宿营地

坎尼

坎尼会战（公元前216年）

罗马	迦太基
重装骑兵	重装骑兵
轻装骑兵	轻装骑兵
骑兵	骑兵

◎ 坎尼会战

常，与罗马左翼的骑兵斗了个旗鼓相当。

在战线中央，罗马重装步兵战斗力异常强悍，他们凭借严格的纪律和精良的装备迫使汉尼拔的中路缓缓后退，汉尼拔的中路本来是凸形的，随后成为一条直线，不久又接着后退成了凹形。随着汉尼拔中央战线的后撤，两翼的罗马士兵也不由自主向中央涌去。但汉尼拔的军队尽管在后退，却并没有崩溃。

这时，越来越多的罗马士兵挤到了中央，本来就狭窄的空间更加拥挤，罗马人在挥动武器的时候都会和两边的战友发生碰撞。就在此时，罗马士兵突然发现汉尼拔左右两侧的重装非洲步兵延长了战线，开始从两翼包围过来，在中央挤作一团的他们更加拥挤了，连挥动武器都变得非常困难。

与此同时，哈司德鲁巴尔率领的骑兵已绕过罗马军团，开始从背后攻击罗马左翼的骑兵，罗马左翼骑兵落荒而逃，汉尼拔的努米底亚骑兵又开始追击。现在，罗马两翼的骑兵都溃散了。

接着，哈司德鲁巴尔又从后面攻击中

使不上。因此，他也调整了一下阵型，收缩各中队的正面人数以加长纵队人数，并缩短了行列间距使战线的长度与汉尼拔大军的战线长度大体相等。这种阵型是罗马军队以前从没有用过的，士兵之间的距离狭窄，很难施展拳脚。

战斗开始后，双方散兵展开了第一轮较量。随后，骑兵开始冲锋，两军散兵从战线空隙后撤。汉尼拔左翼哈司德鲁巴尔率领的骑兵压倒了冲过来的罗马骑兵，罗马骑兵立刻溃散，被赶出了战场。汉尼拔右翼的努米底亚骑兵人数虽少，但勇敢异路的罗马重装步兵。这下，罗马全军被围，罗马重装步兵在口袋阵中奋力拼杀，直到大战结束。

在坎尼战役中，罗马战死军 4 万名步兵、4000 名骑兵，留守大营的 1 万士兵全数被俘。执政官艾弥利乌斯战死，瓦罗仅率领不到 50 名士兵杀出了重围。其余 1 万多名士兵四散奔逃，在他们经过的每一个地方传播汉尼拔的名字。

汉尼拔以少胜多，大获全胜。这一年，他 31 岁。

三 罗马之殇

兵不血刃

坎尼战役惨败的消息传到罗马城，坚强不屈的罗马人落泪了。

当迦太基人汉尼拔翻越阿尔卑斯山的第一年，罗马组建了 6 个军团，当时人人欢欣鼓舞，因为这已经是罗马有史以来最庞大的军队了，但汉尼拔击败了他们。当迦太基人汉尼拔翻越阿尔卑斯山的第二年，罗马组建了 11 个军团，汉尼拔又击败了他们。当迦太基人汉尼拔翻越阿尔卑斯山的第三年，罗马组建了 13 个军团，汉尼拔再次击败了他们。三年来，罗马损失了五分之一的成年男子，几乎每个罗马家庭都有人战死沙场。

有人开始怀疑汉尼拔会不会一举攻克罗马城，想逃离罗马。但罗马共和国不是一天建成的，几百年的战火铸造了这个国家不可动摇的信心和力量。尽管元老院也遭受了重大损失，参与坎尼战役的 80 名元老院议员几乎全部阵亡，但剩余的议员依然坚持与汉尼拔战斗到底。为了防止惊恐引起的失败情绪进一步扩散，元老院通令全城，禁止市民使用"和平"这个词，禁止当众哭泣，并规定哀悼阵亡将士的行为必须在三十天之内全部结束，此外，还强硬地拒绝了汉尼拔提出的赎金换战俘的要求。

与此同时，马尔克卢斯·尤尼乌斯·佩拉被任命为独裁官，提比略·森普罗尼乌斯·格拉古为骑兵司令。17 岁以上的男子全部入伍，他们被组建成 4 个军团和 1000 名骑兵。有史以来第一次，罗马给奴隶和囚犯发放了武器，并承诺给他们自由。

执政官瓦罗被召回罗马后，根据传统，他并没有受到严惩。相反，元老院还感谢了他在战败后收拢残部的行为，并称赞他这种行为是"对共和国没有丧失信心"。随后，元老院派马尔克卢斯接管了瓦罗手中的士兵。

坎尼战役大捷后，汉尼拔得到了好消息：位于意大利中部、南部的一些城市开始向他大开城门，他第一次兵不血刃就进入罗马的城市，在罗马共和国的内部撕开了一条口子。这时，再次有人向他建议，去进攻罗马城。汉尼拔再次拒绝了，他坚持自己的战略应该是分化罗马同盟，而不仅仅是占领罗马城。有位将领愤怒至极，向汉尼拔怒吼：“你知道你的胜利掌握在手中，但你不知道如何利用这个胜利。”

汉尼拔派弟弟马戈携带了一批罗马人的戒指返回迦太基，对罗马人来说，戒指不仅仅是首饰，还是他们的印章——权力和财富的象征。马戈用这批战利品向迦太基政府报告汉尼拔在罗马的胜利，并请求增派士兵和给养。迦太基政府表示，将给汉尼拔增派 4000 名努米底亚士兵、400 头战象和大笔军饷，同时，还从西班牙抽调 2 万名步兵和 4000 名骑兵给汉尼拔。但对汉尼拔来说，这种支持现在还是一纸空文，援兵赶到他的身边还需要翻越千山万水。

新联盟

马尔克卢斯率军来到乌尔图纳斯河附近，这条河现在成了罗马共和国与汉尼拔之间的分界线。战争进行了三年，罗马人又后退了许多。罗马人清楚地知道汉尼拔的弱点：他没有后勤，没有兵员补给，只要一次败仗就足以让他的大军灰飞烟灭。

不久，汉尼拔大军进攻奈阿波利斯，马尔克卢斯前去救援。但他没想到的是，汉尼拔这次是虚晃一枪，其主力正日夜兼程赶路要进攻诺拉城。

汉尼拔原以为诺拉城会不战而降，但他失算了。诺拉城军民一心，以罗马共和国的一员为荣，绝不向汉尼拔屈服。汉尼拔大军攻城不克，只好调转枪口，围攻努

克利亚城，城中守卫不多，大多数努克利亚居民听说汉尼拔要来，早就跑了。汉尼拔围城数周后，城内因断粮而投降。大军闯入城中，抢掠一空后火烧努克利亚。

此时，汉尼拔接到诺拉城中部分居民主张脱离罗马同盟的情报。他随后便率大军又回到诺拉城外，准备再次进攻这座城市。此时，马尔克卢斯的军队进入城中，汉尼拔只好在城外扎营。在随后的几天时间里，汉尼拔几次列阵挑战，马尔克卢斯都不予理睬。

一天，汉尼拔又列阵城外挑战。但这一次，他只是摆摆样子，他预计罗马人不会出城野战，因此准备强攻诺拉城。马尔克卢斯得知了这个情报，他知道攻城和野战完全不同，攻城要携带必要的器械，必定会分散汉尼拔的兵力，并且，攻城时步兵是主力，骑兵必定会放松警惕。因此，他派遣老弱残兵防守城墙，而将主力悄悄带到三座城门内列好战阵——罗马步兵和骑兵在中央，盟军骑兵和步兵在两翼。马尔克卢斯端坐城楼，准备突袭汉尼拔。

汉尼拔列阵城外，下午时便下令强攻诺拉城。正当攻城部队呐喊着接近城墙的时候，马尔克卢斯下令打开城门，指挥罗马军团冲杀出来。这真是出乎汉尼拔的意料，冲在前面的步兵与敌人接触之后损失不小。但他应变神速，迅速派遣骑兵发起反攻，阻挡了罗马军团的前进。双方混战一场，入夜前退出战场。

罗马人第一次在野战中占了汉尼拔的上风，大大鼓舞了罗马军团的士气。

此时，汉尼拔在意大利半岛节节胜利

的消息传到了马其顿，马其顿国王腓力五世原本就仇视罗马人，但无奈找不到机会出手，徒有恨意在胸中燃烧，是汉尼拔让他看到了摧毁罗马共和国的希望。因此，他立刻向汉尼拔派出了使团。

马其顿使团很不走运，他们刚在意大利半岛的东海岸登陆，就被罗马士兵俘虏了。但这些马其顿人很聪明，他们称自己是马其顿国王派往罗马的密使，罗马士兵上当了，不但释放了使团成员，还为他们派出了向导。

马其顿使团见到汉尼拔之后，转达了国王腓力五世的要求：会派一支马其顿舰队进攻意大利半岛配合汉尼拔的行动，等战争胜利后，包括罗马城在内的意大利全部土地都归迦太基人和汉尼拔所有，全部战利品归汉尼拔支配，只要汉尼拔渡海帮他征服希腊。汉尼拔同意了马其顿国王的要求，并派遣三位使者随同马其顿使团回复腓力五世。

后院起火

这两支使团在乘船返回马其顿的路上，再次遭遇了麻烦。他们刚离开意大利半岛，所乘的船只就被罗马舰队俘虏。一位罗马海军将军审问了使团成员，他们辩称他们是奉马其顿国王腓力五世之命前来罗马的使臣。由于中途遭遇了汉尼拔的军队，所以无法完成使命。但这位将军没有上当，他听到了迦太基人的口音，于是下令搜查他们的行李和衣物。结果，搜出了汉尼拔致腓力五世的一封信及双方达成协议的文本。这些使者和文件立刻被送往罗马城。

万幸的是，马其顿使团所乘船的船长居然逃出来了，他驾船摆脱了罗马舰队的控制，逃回了马其顿。幸运的船长见到国王腓力五世以后，诉说了事情的经过。于是，马其顿国王腓力五世再次向汉尼拔派出使团，这次很顺利就达成协议。但不幸的是，时机已经错过了，秋天就要到了，双方的海陆统一行动今年无法实施了。但不管怎么说，这是一件让汉尼拔高兴的事。在他看来，与马其顿结盟就意味着把战争引进了罗马的后院。从此以后，罗马既要对付西方的迦太基人、北方的高卢人，还要对付东方的马其顿人。

罗马共和国的盟国叙拉古发生了内乱。迦太基上一次与罗马发生战争时，西西里岛的叙拉古加入了罗马同盟。现在，几十年过去了，90岁的老国王病逝，其15岁的孙子继承王位。少年国王登基以后，国家内乱不断。汉尼拔收到这个情报后，派人前往叙拉古。不久，叙拉古就发生了政变。15岁的国王被杀，新国王上台了。

汉尼拔向叙拉古新国王表示，如果叙拉古退出罗马同盟，加入迦太基联盟，他将把整个西西里岛都交给叙拉古。叙拉古必须在迦太基和罗马之间选一个盟友。前任国王是罗马的朋友，必然有许多罗马人同情这位国王。新国王只有倒向迦太基才能获得一定支持，他没有别的选择。不出所料，新国王同意了汉尼拔的条件，叙拉古成了罗马的新敌人。

汉尼拔还听说了卡西利农城发生的事情。卡西利农城有一支罗马军队，他们原本是要去参加坎尼战役的，但走到半路就得到了战败的消息，便留在了卡西利农。而卡西利农城中有一些汉尼拔的支持者，他们被罗马士兵逮捕后当成叛徒被处死了。汉尼拔听说此事后，立刻发兵进攻卡西利农城，但该城异常坚固，防御工事也很完善，汉尼拔士兵几次进攻都被击退。

汉尼拔于是改变策略，包围了这座城市，然后围绕城墙修建了坚固的壁垒。随后，他留下一支小部队在壁垒中继续围困卡西利农城，自己则率主力返回意大利半岛中部的卡普阿过冬。

南方激战

卡普阿注定是罗马共和国的伤心地。一百多年后，这城市爆发了斯巴达克斯起义。在随后的三年时间里，起义的奴隶斯巴达克斯率领几万大军把意大利搅了个天翻地覆。在起义军席卷全国，罗马最危险的时候，甚至没有一个罗马公民敢出来竞选执政官。

冬天快要过去的时候，汉尼拔回到了卡西利农城——这座被围困一个冬天的城市已经快断粮了。

这个冬天，马尔克卢斯的罗马军团一直留在诺阿城，他深信汉尼拔将第三次攻击这座城市。罗马人做了些努力来援救卡西利农城，他们把粮食装在许多木桶里，然后在深夜把木桶投入城市上游的河水中，让木桶顺流而下漂往卡西利农。这个巧妙的办法在前三个夜里都很顺利，但到第四个夜晚时，意外发生了。这天夜里，有些木桶被河水冲到了汉尼拔军营附近，被士兵发现了。汉尼拔下令严密监视河面，完全断绝了卡西利农城的外援。

最终，卡西利农城有条件投降了，城中的军民每人向汉尼拔交了 7 盎司黄金以换取自由。随后全体军民被驱逐出这座城市，由汉尼拔的同盟坎帕尼亚人负责接管。卡西利农城位于罗马大道的关键位置，凡是从意大利南部前往罗马的人都必须经过这里。因此，汉尼拔特别选出 700 名士兵来驻守这座城市。

公元前 214 年，罗马选出了新执政官法比乌斯和马尔克卢斯。元老院新组建了 6 个军团，加上原有的 14 个军团。现在罗马共和国有 20 个军团了。

看到罗马人又增加了新的兵力，汉尼拔担心罗马人会进攻他的基地——卡普阿，因此他便率军往回走。回到卡普阿后，汉尼拔留下一支由伊比利亚和努米底亚精锐士兵组成的部队，然后再率领大军向南来到阿维尔努斯湖边。

阿维尔努斯湖位于一座死火山口中，很深，是希腊和罗马文明的圣地，传说是通向地府之门。汉尼拔在周围踏勘一番，然后献上了美酒和粮食等祭品以求得到神灵保佑。

这时，五个自称来自意大利半岛东南端海港城市塔兰托城的青年求见汉尼拔。这五个青年说，城里的民众都拥护汉尼拔，等他的大军一到，塔兰托城就立刻投降。塔拉托城这个港口城市距离迦太基非常近，从那里能直接得到国内的援兵和装备。

汉尼拔将信将疑。

不久，汉尼拔试图第三次进攻诺拉城，但是驻守在城中的马尔克卢斯防守得很好，双方打了一仗，结果又是平局。

汉尼拔南下前往塔兰托城。

趁汉尼拔大军南下，罗马的两位新执政官法比乌斯和马尔克卢斯两路夹击卡西利农城，经过苦战，攻克了这座城市，打通了罗马大道。这时，汉尼拔大军已来到塔兰托城外。就在三天前，塔兰托城附近的罗马海军司令接管了这座城市，控制了亲汉尼拔者的行动。汉尼拔挥师北上，没有进攻这座城市。

公元前213年夏，汉尼拔与塔兰托城里的内应连接上了，再次进军塔兰托。他冲进城去，经过一场激战，控制了塔兰托城。第二年，意大利南部的梅塔蓬图姆、图里和赫拉克利亚退出罗马同盟，成为汉尼拔的盟友。

逼近罗马

正当汉尼拔在南方一路顺风的时候，他的基地遭到了攻击。原来是罗马新选出了两位执政官孚尔维乌斯·弗拉库斯和阿皮乌斯·克劳狄乌斯·普尔凯，率军发动了围困卡普阿的战役。

罗马人并不急着攻打卡普阿，他们想困死此城，在该城附近巡逻以阻止农民收割粮食。卡普阿驻军急忙向汉尼拔求援。汉尼拔此时正巩固自己在南方的势力，无法离开。他便派弟弟汉诺筹集了一批粮食，押送到卡普阿去，以解决卡普阿的粮食供应。但汉诺没能完成任务，他快到达卡普阿时遭到罗马军团袭击，粮食被夺走了。

卡普阿驻军再次向汉尼拔求援。这一次，汉尼拔派出2000名努米底亚精锐骑兵前往救援卡普阿，这些骑兵避开了沿途的罗马军队，顺利地进入卡普阿城。不久，罗马执政官率军开始收割卡普阿附近成熟的粮食。他们正干得热火朝天时，努米底亚骑兵突然杀出城外袭击了他们。

罗马人没想到这点敌人也敢出城进攻，一下被打蒙赶回了军营，但这些骑兵人数毕竟太少，见好就收立刻回了城。罗马执政官孚尔维乌斯把营地前移以监视城中的骑兵，防止袭击再次发生。

这时，汉尼拔已率军从南方来了，罗马人却对此毫不知情。他们只好站在军营里眼睁睁地看着汉尼拔大军从容地进入卡普阿城，城中军民夹道欢迎远道而来的援军。

过了一段时间，汉尼拔再次率军前往意大利南部后，罗马执政官便在卡普阿城

◎ 迦太基骑兵

的周围筑起两道壁垒，把这座城市彻底封锁了起来。

公元前 211 年 3 月，罗马选出了两位新的执政官格奈乌斯·孚尔维乌斯·森图玛鲁斯和苏尔皮基乌斯·加尔巴。他们指挥 6 万名罗马士兵牢牢封锁了卡普阿。

卡普阿城中的一位信使设法逃出包围圈，将情况报告给了汉尼拔。汉尼拔接到消息后，立刻命令除重装部队和行李辎重队外，其余部队和 33 头战象赶去救援。

汉尼拔赶回卡普阿后，发现情况确实不妙。罗马军队驻守在城外的壁垒中，而这些工事非常坚固。汉尼拔在壁垒外列阵挑战，罗马军队尽管比汉尼拔的士兵多一倍，但就是坚守不出。汉尼拔身边既没有重装部队，也缺乏粮草，他不能与罗马人虚耗时光。他派人进入卡普阿城通知城中军民，他将离开卡普阿，但他并没有放弃这座城市，他要进攻罗马城，把围困卡普阿的罗马军队引开。

随后，汉尼拔大军便向罗马城进发。他们走得不紧不慢，一路上不是抢掠，就是放火。

虽然罗马城有 4 万大军防守，城墙也坚固无比，但城中还是陷入了一片恐慌中。因为汉尼拔突如其来，之前他从未这么逼

◎ 汉尼拔军的战象冲入罗马军团

近这座城市。同时，罗马市民也联想起，包围卡普阿的罗马军团必定已被歼灭，否则汉尼拔不会如此攻城，这想法让他们更加惊慌失措。于是，男人立刻登上城墙并占据城防工事的有利地点，女人则纷纷来到神殿祈求保佑。

汉尼拔来到罗马城外，面对坚固的城墙面无惧色，从容策马逼近城墙。自公元前390年高卢人入侵以后的179年里，从没有一个敌人如此接近过罗马城。城墙上的罗马士兵惊呆了，他们看着这个传说中的敌人旁若无人地越来越近，却没人射一箭，也没人出一声。汉尼拔停在4万名罗马士兵的面前，奋臂一挥，向罗马城投掷出一支标枪，显示自己的决心。这事给罗马人留下了难以磨灭的记忆。

战火熊熊

几天后，汉尼拔率军离开罗马城返回了卡普阿，他失望地发现，前往罗马城的武装巡游没有发挥作用。这里的壁垒还在，罗马士兵也根本就没离开过他们的包围圈。他被迫抛弃了基地卡普阿。随后不久，卡普阿城向罗马士兵投降。城里的全部居民被驱逐，罗马人迁来了新的居民和驻军。

丢掉了经营几年的基地卡普阿城，对汉尼拔来说，是个重大的损失。但让他更头痛的是，自他进入意大利半岛以来，因地盘扩充得太快，新的领地根本无力自保，都需要汉尼拔派兵防守。全军上下，都是勇敢的战士，但缺少一位能独当一面的指挥官，他必须亲自指挥每一次战斗，他从一名掌握自由开火权的狙击手，变成了疲于奔命的救火队员。

接下来的公元前212年，这整整一年，汉尼拔大军和罗马军队没有进行大规模的战斗。双方都在休养生息，寻找对方的漏洞。几乎每一个罗马人都看出了汉尼拔的弱点：他远离后方，缺乏兵员补给，一次败仗就足以让他的大军灰飞烟灭。但是，罗马人就是无法取得一次胜利。

战争期间，由于罗马海军牢牢控制着制海权，迦太基向意大利半岛派出的数次援军只有一两次勉强登陆输送了若干人马、战象和装备。

汉尼拔曾听自己的父亲说过，曾经，迦太基人曾凭借丰富的航海经验和无与伦比的财力，打造了地中海最强大的海军。当时，一般的大型海船至多有三列桨，但迦太基的战船有五列桨。他们的战舰大得惊人，每只战舰能装载300多名士兵，简直就是"航空母舰"。更让罗马人头疼的是，迦太基拥有的不是一只战舰，也不是几只，而是几百只。而刚刚开始学习海战的罗马人，只能在波涛汹涌的大海中勉强操纵小船，大战船，是一只也没有。这种军舰对洗脚盆的战斗，结果可想而知。

大约在公元前263年，罗马人开始建立自己的海军。他们一边开始训练海军，一边造出了100艘五列桨战舰和20艘三列桨战舰。但罗马人知道，无论是舰队的数量，还是对军舰的操纵技术，他们都不是迦太基海军的对手。面对这种困境，他们想出了解决方法——在战舰上加装一个新设备，想利用新设备在海上发挥步兵的优势。

公元前260年，新生的罗马海军遇上

了迦太基舰队。迦太基的军舰是一群海豹，块头十足且速度一流，而罗马军舰则是一堆企鹅，看起来笨笨的、憨憨的，走起路摇摇摆摆的。

迦太基人毫不犹豫就调整航向发起了攻击，强大的舰队排成进攻队形，向罗马人冲去。双方越来越近、越来越近，迦太基人看到罗马水手手忙脚乱地摇桨，罗马军舰笨拙地转向、费劲地保持稳定的样子，禁不住哈哈大笑，他们决定一鼓作气撞翻这蹒跚学步的婴儿舰队。

就在这时，不可思议的事情发生了。

罗马人没有跳水逃生，也没有因为舰队引起的波涛而惊慌失措。而是从船头推出一块 10 多米长的跳板，板子前装有特大号的钉子，接着，这块跳板就向迦太基的军舰伸了过来。这就是罗马海军的秘密武器——"乌鸦"。

迦太基军舰根本躲不过这种能 360 度转向的"乌鸦"，一旦它狠狠砸到迦太基军舰的甲板后，大钉子就会牢牢钉在甲板上，把两艘军舰连在一起，随后，罗马重装步兵就呐喊着从跳板上冲过来。

四 最后一战

海战争雄

当时，每艘迦太基军舰上有 300 多人，其中多是水手，只有十几个人穿有重甲。这也是迦太基人经过几百年与希腊海战的制胜法宝。

当时的海战有三种方法，一是用弓箭和投枪远距离攻击对方，二是撞击对方的舰身，三是用船身切断对方的船桨。等到对方的战船无法活动后，这才把船靠过去，然后再派士兵跳上敌舰夺取战利品。整个作战的过程几乎没有面对面作战的机会，作战的胜负完全取决于军舰运转是否灵活。所以，迦太基海军配备了大量的水手，而几乎没有步兵。但罗马海军的每艘军舰都装备了这种跳板，并且每艘战舰有少则几十名，多则一百多名重装步兵。罗马人就

这样把步兵的优势发挥到了海战中，并把迦太基人打了个措手不及。

就在西西里岛周边的海面上，强大的迦太基海军一败涂地，损失了至少 50 艘战舰，其余船队逃之夭夭。从此以后，迦太基就知道了"乌鸦"跳板的厉害。

善于航海的迦太基人打了败仗，回去仔细研究这种东西，越想越觉得不可思议。因为他们发现这东西虽然简单，但是无法模仿，或者说不能模仿。首先，罗马步兵的素质要高于迦太基士兵，而迦太基海军仓促间也找不到那么多步兵。另外，如此配备海军，必然大大缩减了水手数量，这样的话，战舰运转速度必然受到很大限制，不符合迦太基人的海战逻辑。

尽管如此，熟悉大海的迦太基人还是

发现了"乌鸦"的致命弱点——战舰船头一旦加装"乌鸦"跳板，军舰就容易倾斜，如果遇到大风，后果简直不堪设想。动力不足加上容易倾斜，罗马战船一旦遇上风暴，就成了纸船，几乎完全没有抵御能力。

迦太基人的结论是：继续坚持原有的作战方式，但要准备更多的大船，并且特别规定，不是五列桨的巨型战舰，不许出海作战。就这样，双方继续坚持自己的作战原则，继续作战。

等战争结束后，哈米尔卡回到迦太基城给汉尼拔兄弟几人讲述海战时，这样总结道：其实，迦太基与罗马的海战过程几乎一样。双方开始攻击时，迦太基舰队用射箭和投枪伤杀罗马水手，把罗马战船撞得东倒西歪。但是，一旦罗马人靠近迦太基军舰，伸出"乌鸦"跳板，钉住迦太基战舰的甲板后，这艘军舰就必死无疑了。

虽然罗马海军最终取得了海战的胜利，但他们也因"乌鸦"受到了巨大的损失。所以，当时的海战有很奇特的一幕：好几艘罗马军舰被撞沉，迦太基则几乎没有沉船。罗马海军在返航的路上常遇到风暴，

◎ 罗马海军的三列桨舰

损失惨重。最严重的一次海难发生在公元前 255 年，罗马舰队在波涛中损失了 7 万名水手和 2.5 万名步兵。

无论如何，罗马人最终战胜了迦太基海军成为海上强国。这一点深深刻在还未成年的汉尼拔心中，在他自己指挥作战的日子里，他都尽量避免与罗马人在海上交锋。

阿基米德

自从西西里岛的叙拉古倒向迦太基后，这个小国就成了罗马人的眼中钉，肉中刺。战争间隙期间，罗马人杀鸡用牛刀，派出 4 个军团来对付叙拉古，其中 2 个军团因在坎尼会战中被汉尼拔击败而被称为"坎尼军团"，自坎尼会战失败后，他们就一直驻守在西西里岛上。

公元前 213 年春，罗马军队开始进攻叙拉古，这貌似石头碰鸡蛋的战争却出现了奇怪的结果，强大的罗马军团一败涂地。叙拉古虽然没有大军，但他们有阿基米德。阿基米德不是一员勇将，也不擅长谋略，他是一位数学家，他的著作有：《方法论》、《论浮体》、《论球与圆柱》、《平面图形的平衡或其重心》《数沙者》《论杠杆》《论劈锥曲面体与球体》、《抛物线求积》和《论螺线》。他还是一位物理学家，他的名言是："给我一个支点，我可以举起整个地球。"

在叙拉古城，阿基米德给罗马人狠狠上了一课，让他们知道了知识是最强大的战斗力，一个智慧的头脑可以打败 4 个罗马军团。

在战争刚开始的时候，罗马军团的指挥官想依靠强大的军队来个速战速决，趁

汉尼拔还没反应过来，一举解决叙拉古，然后杀回意大利半岛去。他的计划可谓完美，海陆两路并进。他们用 100 艘战舰组成了舰队，从海上封锁叙拉古城靠海的一侧，同时，在叙拉古城面向陆地的一侧部署了 2 万名罗马士兵。赶走前来救援的迦太基人舰队后，罗马海陆大军就同时对叙拉古城发起进攻。

但罗马军团的进攻进行得并不顺利，他们遇到些奇怪的事情。由于叙拉古靠海一侧城墙防守的兵力比较薄弱，罗马人便把军舰划到城墙外侧的悬崖下面，用绳子把两艘军舰连在一起，以保持军舰的稳定；接着在军舰上竖起攻城用的长梯子，把长梯搭上悬崖，士兵爬上悬崖之后，把梯子搭在城墙上，然后爬梯子上城墙。如果叙拉古人发现了，其他战舰上的士兵就放箭掩护爬梯子的士兵。由于罗马士兵数量远远高过叙拉古战士，所以这一阵箭雨足以压制城上士兵的攻击。然而不幸的是，罗马战士遇到了物理学家阿基米德，当罗马海军的军舰靠近悬崖顺利地竖起梯子时，出现在叙拉古城墙上的不是士兵，而是奇怪的装置。叙拉古人在阿基米德的指挥下，

◎ **罗马海军的二列桨舰**

把这些装置探出城墙，一直向下伸到悬崖上，勾住罗马人的长梯子，然后像玩积木那样，把长梯子和梯子上的罗马士兵扔进了海里。

除此以外，阿基米德还制造了一批便于操作的投石器，它们的射程远远超过弓箭射程，扔出的巨型石块把罗马军舰打得东倒西歪。

如果有一队罗马士兵十分幸运，他们的军舰躲过了投石器的攻击，梯子也没被扔进海里，而是在悬崖上竖了起来，接下来他们勇敢地攀登城墙时，将遭到阳光的袭击——阿基米德指挥大家用镜子反射阳光，把罗马士兵照得头昏眼花。然后，这些士兵一个接一个掉下梯子，跌进大海。

罗马军团在叙拉古城下吃了大亏，罗马指挥官这样说道："阿基米德好像把装满水的杯子扔出去一样，把船从海里捞起来又扔出去。我们的士兵就像是因水平太差从宴会上被赶出去的乐师。"

这一年，阿基米德已经 70 岁了。战后，罗马指挥官曾经很感慨地说："我带的几万名士兵却被一个老头子弄得团团转，这算是怎么回事啊。"

这一次，罗马军团无功而返。

利剑出鞘

自公元前 218 年，汉尼拔越过阿尔卑斯山以来，罗马先是组建了前所未有的 6 个军团，接着是 8 个军团、10 个军团、12 个军团……但一次比一次庞大的军团，没有取得胜利，只换来一次比一次更惨痛的失败。七年之后的公元前 211 年，罗马投入

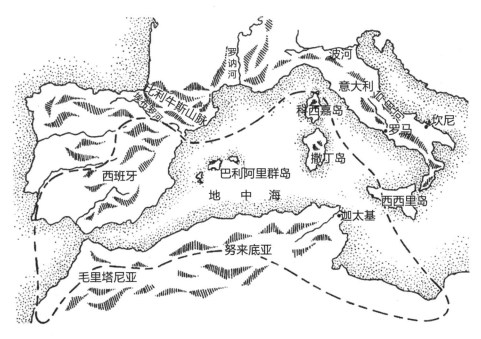

◎ 迦太基帝国版图

25 个军团，仍然无法击败汉尼拔，双方陷入僵局。

这段时间，在西班牙境内，罗马和迦太基一直处于激战状态。

当汉尼拔翻越阿尔卑斯山时，老西庇阿曾派他的弟弟格奈乌斯率领远征军开赴西班牙，后来，老西庇阿离开意大利半岛，率领 1 万名士兵到西班牙来增援弟弟。他们的任务很明确——进攻汉尼拔的大本营，与汉尼拔的弟弟哈司德鲁巴尔作战，阻止他派兵到意大利去增援汉尼拔。

这些远征的罗马军团，原本根据罗马共和国的法律，每年要轮换一次，但汉尼拔对罗马的威胁太大了，罗马的西班牙远征军从将军到士兵，都做出了超越共和国

法律的贡献，他们在此地连续作战了七年没有回国。

迦太基人也非常担心西班牙的战况，他们准备派汉尼拔的弟弟马戈去增援汉尼拔。但罗马人的进攻很顺利，他们夺走了迦太基统治下的三分之一土地。可是，这支远征军没能得到兵员的补充，老西庇阿只好和当地土著结盟。但这样的联盟根本靠不住，土著无法抵御迦太基人金钱的诱惑，到公元前 212 年年底，便开始有土著士兵哗变或逃走。公元前 211 年年初时，竟然有 7500 名土著士兵临阵脱逃。汉尼拔的弟弟哈司德鲁巴尔趁机率军出击，几乎全歼老西庇阿的西班牙远征军。高级指挥官全部阵亡，一名百夫长率领残部逃到北部

去了。

罗马人在意大利半岛占领汉尼拔的基地卡普阿城后，连忙派出克劳狄·尼禄率领1万名士兵救援西班牙远征军。结果，这位指挥官刚到西班牙，就被哈司德鲁巴尔戏弄了。

当尼禄率军前来挑战的时候，哈司德鲁巴尔提出议和。尼禄信以为真，准备在第二天进行和谈。谁知，哈司德鲁巴尔连夜率军脱离战场，全军不知去向。

罗马元老院得知这一情况后，对克劳狄·尼禄的能力产生了怀疑，立刻把他召回了罗马。此时，罗马已将全部将军都用去对付汉尼拔了，没人能收拾西班牙残局。怎么办呢？他们便开始在成员中挑选远征

◎ 迦太基军团和罗马军团在西班牙激战。

西班牙的指挥官。这时，老西庇阿的儿子大西庇阿毛遂自荐。

但是，大西庇阿只有24岁，不到30岁的罗马公民根本就没有资格加入元老院。他太年轻了，元老院拒绝了他的请求，但罗马公民钦佩他的勇气，听说过他对汉尼拔作战时曾杀入重围救援父亲的壮举。因此，罗马公民一致选举大西庇阿为西班牙远征军的指挥官。

公元前210年年底，大西庇阿在西班牙登陆。他将代替战死的父亲和叔叔完成共和国的使命。他一上战场，立刻展现出非凡的才能，一举扭转败局，击败了汉尼拔弟弟哈司德鲁巴尔的大军，占领了新迦太基城。公元前208年，他再次击败哈司德鲁巴尔。大西庇阿开始逐步蚕食汉尼拔在西班牙的殖民地。

这位天才统帅，即将成为罗马人对付汉尼拔的一把利剑。

尼禄复仇

公元前207年春，哈司德鲁巴尔出发了，他把西班牙的一部分军队交给弟弟马戈指挥，然后率领3万大军翻越过阿尔卑斯山，沿着11年前哥哥的足迹进入意大利半岛。

坎尼战役时，哈司德鲁巴尔曾到过意大利半岛，当面接受过汉尼拔的经验，因此，他们的这次行动非常顺利。哈司德鲁巴尔的急速行进让整个罗马都震惊了，罗马共和国的公民还没有接到大西庇阿的捷报，却听说又一个汉尼拔翻过了阿尔卑斯山，他们都认为大西庇阿的远征军一定是全军

覆没了，在公共浴室的那些元老院成员眼里，罗马共和国要崩溃了。

哈司德鲁巴尔超乎寻常的顺利令汉尼拔也没想到。汉尼拔此时正在意大利半岛的南部宿营地享受冬天休战后的日子。距离此地近1000公里的地方，几个罗马军团监视着他，指挥官就是四年前在西班牙被召回的尼禄。

哈司德鲁巴尔稍事休整后就开始围攻布拉什迪亚城，但他与汉尼拔一样，不善于攻城，最终没能拿下这座城市。他就地招募了10000名高卢雇佣兵挺进海边的港口城市弗拉米尼亚，打算从这里进入罗马大道，然后南下。

在海边，哈司德鲁巴尔迎头撞上了罗马军团司法官波西乌斯和执政官李维乌斯指挥的军团。双方都搞不清对方的实力，形成对峙，没有开战。哈司德鲁巴尔派出由4名本地高卢人和2名努米蒂亚骑兵组成的通信小队，把一封信送给在南方的汉尼拔。

这支通信小队一路南下，几乎穿过了整个意大利半岛，由于他们不知道汉尼拔新宿营地的确切位置，很快就迷了路，被一支外出收集粮草的罗马军团捕获。

这事很快就传到了尼禄的耳朵里，四年前戏弄过自己的哈司德鲁巴尔来了，他顿时兴奋不已，决心一雪前耻。他来不及请示元老院就脱离了自己的防区。尼禄留下一部分士兵交给另一位将军指挥，继续监视汉尼拔，自己率领6000名精锐步兵和1000名骑兵迅速北上，去增援波西乌斯和李维乌斯。

他一边走一边派出两路信使，一路通知元老院他们自己的计划，同时又建议罗马城应增加防守力量；另一路则通知他将要经过的地区长官把粮草和骡马送到罗马大道的路边，供行进中的士兵使用。

尼禄率领7000名士兵昼夜兼程急行军，每天走100公里，8天就赶到了目的地。而通常罗马军队的行军速度是每天不超过30公里。这次的行军记录直到150年后才被恺撒打破。

尼禄在距离双方对峙几公里的地方停了下来，然后在晚上趁着夜色率军进入波西乌斯和执政官李维乌斯的营地。为了不让哈司德鲁巴尔知道罗马援军到了，这7000名士兵没有搭建新的帐篷，而是和原来的士兵挤在一起休息。

尼禄到达之后，立刻召集军团司令以上级别的将军们开会。大多数将军认为尼禄的部队一路急行军，已经非常疲惫，应该修整几天后再开始进攻。但尼禄认为现在是最好的机会：哈司德鲁巴尔和汉尼拔都不知道自己来了，也不知道咱们会发起进攻，所以，应当机立断，速战速决。最终，尼禄说服了大家，当夜就开始集结部队，准备进攻。

但警觉的哈司德鲁巴尔还是发现罗马人行为异常，于是准备在这天夜里绕道前往罗马大道。不幸的是，他非常不走运，因向导逃跑导致他一度迷路后被罗马军团追上。

双方展开混战，哈司德鲁巴尔仓促应战，很快陷入不利局面，新招募的雇佣军几乎立刻崩溃。眼看败局已定，哈司德鲁

◎ *迦太基总指挥官的军服*

巴尔便换上迦太基总指挥官的军服，策马冲入敌军之中，冲杀一番后，战死沙场。

作为哈米尔卡的儿子、汉尼拔的弟弟，他没有给自己的家族蒙羞。

英雄回归

哈司德鲁巴尔全军被歼灭之后，尼禄当夜就带着哈司德鲁巴尔的人头，率军赶了回去，行军的速度比来时更快。这支复仇成功的军队只用 6 天就赶回了南方，等他回到营地后，罗马城才知道这个好消息。全城狂欢，庆祝这一次前所未有的大捷。

第二天，尼禄派人把哈司德鲁巴尔的人头扔进汉尼拔的营地，汉尼拔才知道

哈司德鲁巴尔的确切消息，但已经晚了。十一年，汉尼拔整整盼了十一年，才有了一支真正的援军，却在他满怀希望的时候收到了自己弟弟的头颅。当天夜里，他就率军离开营地，回到了卡拉布里亚地区，即意大利半岛距离西西里岛最近的地方。

这一年，汉尼拔 40 岁。

不久，留守西班牙的马戈被大西庇阿战败，罗马人完全控制了西班牙。

公元前 206 年冬，大西庇阿走海路回到罗马。公元前 205 年，罗马与马其顿国王菲力五世议和。公元前 204 年，大西庇阿率领一支庞大的远征军进攻迦太基，其中包括 25000 名士兵，40 艘战舰和 400 艘运输船。登陆后，大西庇阿遇上一支有 20000 名步兵、6000 名骑兵和 140 头战象的迦太基大军。

双方开战以后，迦太基人惊奇地发现，有史以来第一次，大西庇阿这位罗马将军像汉尼拔那样充分使用了骑兵。大西庇阿的战术很有效，很快解决了面前的敌人。

这一场败仗震惊了迦太基，迦太基政府向罗马求和，并召回了远在意大利半岛的汉尼拔。

汉尼拔接到命令后，为了不让罗马人得到马匹，他杀死自己的战马后，又杀掉了其他 4000 匹战马，接着率领不到 20000 名的士兵，乘船回迦太基。汉尼拔要回来了，征战多年的英雄要回来了，这个消息让迦太基人异常兴奋，他们扣押了罗马使者，拒绝批准和约。

大西庇阿被激怒了，他率大军向迦太基城杀来，一路抢掠财物，焚烧庄稼。迦

太基人立即催促汉尼拔采取行动。几天后，汉尼拔在迦太基城西南方的扎马遇到了大西庇阿的罗马军团。汉尼拔提议双方统帅谈判，大西庇阿答应了。

第二天，两位将军各自从自己的营地出发，每个人带着一个翻译，走到阵地中央。汉尼拔提出双方休战议和，西西里岛、撒丁岛和西班牙归罗马所有，迦太基承诺永远不再攻击罗马。西庇阿认为自己具有绝对优势，一口拒绝了这些建议，并说迦太基人曾破坏过休战协定，他不敢再相信迦太基人的诺言。

会谈当即结束，双方回到营地，第二天凌晨，各自军前列阵。

汉尼拔一方有 80 头战象和 46000 名步兵，但因他在罗马被迫杀掉了全军的战马，因此只召集到 4000 名骑兵。大西庇阿有 34000 名步兵、6000 名骑兵。他的骑兵远远超出了罗马军队的常规配置。这是汉尼拔的风格，不是罗马的风格。罗马人要用汉尼拔的战术来对付汉尼拔。汉尼拔深知，自己指挥的士兵虽多，但素质和战斗力完全处于下风。

开战之前，双方指挥官开始演讲，以鼓舞士气。

大西庇阿说："好运正在向我们微笑。我们今天要战斗的对手是想要求和的敌人。"然后，他特意对当年参加过坎尼战役的老兵说："今天将是最后一战。"

汉尼拔让其他将军对雇佣兵进行演讲，他自己则向从意大利半岛归来的老兵讲话。汉尼拔说："过去的十六年，我们在罗马的领土上取得了一次又一次的胜利。

没有一支罗马军队和一个罗马将军能战胜我们。今天，敌军的统帅是我们手下败将的儿子，是死于坎尼战役的指挥官的女婿。今天，为了我们不朽的荣誉，我们要杀他个片甲不留。"

将军离去

汉尼拔的军队分为三个军团：从意大利带回来的老兵、弟弟马戈的部队和临时拼凑出来的雇佣兵。老兵的战斗力最强，也最值得信赖。马戈值得信赖，但他的部队战斗力一般。雇佣兵军团可以说是来凑数的。

汉尼拔的骑兵极度不足，他无法采用自己最擅长的战术。因此，他排列出新的阵型：把 80 头战象放在全军的前面，随

◎ 汉尼拔军团中的雇佣兵

后是马戈的部队、雇佣兵军团，两翼各有2000名骑兵，然后是200米的空白区域，最后是全军的精锐15000名老兵。

汉尼拔的设想是：既然无法实现侧翼的迂回战术，就采取中路突破的战法。先由战象攻击罗马人的中央轻步兵，让对方进入混乱的状态。接着，依次投入马戈和雇佣兵团，消耗罗马步兵的实力，用人数换取时间。等罗马重装步兵开始疲惫的时候，再让全军主力进攻对手的中部，将敌人一举击溃。

接着，罗马的骑兵出击。汉尼拔骑兵战败，并被赶出战场。随后，双方的步兵开始接触，人与人绞杀在一起。汉尼拔按计划依次投入兵力，他的战术就要成功了，消耗罗马的力量后，命令全军主力出击。

眼看罗马人的中央重装步兵就要崩溃时，罗马人的骑兵突然从汉尼拔的后面杀回来。一场大战后，汉尼拔战败。

迦太基使者再次求和，大西庇阿提出了自己的条件：

（一）迦太基必须向罗马遣返全部叛逆分子和逃兵，交出全部战象和除三层桨座船（10艘）外的全部战舰。

（二）未经罗马同意，迦太基不得在任何地区进行战争。

（三）和谈期间，迦太基必须向罗马军队提供全部给养。

（四）迦太基须交出100名人质，人质名单由大西庇阿提供。

迦太基人接受了这些条件，并在随后收到了大西庇阿提出的人质名单。迦太基

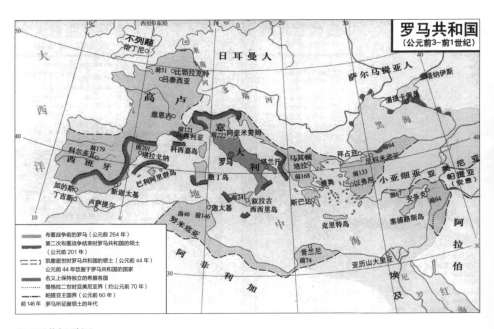

◎ 罗马共和国版图

元老院惊奇地发现，其中没有汉尼拔的名字。英雄之间，惺惺相惜，大西庇阿通过这种方式，表达了对汉尼拔的敬意。

公元前196年，汉尼拔当选最高行政长官。但其在国内的政敌跑去罗马造谣：汉尼拔正与罗马当时的头号敌人叙利亚国王安提柯三世暗中联络，准备策划一场全面战争。大西庇阿极力为汉尼拔辩护，但无济于事。公元前195年，罗马派出使团要求迦太基交出汉尼拔。

汉尼拔逃离迦太基，投奔叙利亚国王安提柯三世，随后一段时间一直在仇视罗马的国家中流亡。公元前193年，大西庇阿率领罗马元老院代表团出访赛琉古帝国。赛琉古国王有些紧张，因为罗马的宿敌汉尼拔正在这里。

大西庇阿见到汉尼拔后，问："谁是古今最伟大的名将。"

汉尼拔回答："毫无疑问是亚历山大，因为他多次以少胜多，征服了广阔的土地，游历了海角天涯。"

大西庇阿又问："谁能位居第二？"

◎ 迦太基古城遗址

◎ 被罗马共和国征服的迦太基帝国

汉尼拔回答:"是皮鲁士,他最先了建立安营扎寨的定制,他在选择战场、排兵布阵方面无人能及。他还善于争取人心,他让意大利人愿意接受一个外国人的霸权,而不愿意接受罗马人的统治。"

大西庇阿再问:"那谁是第三?"

汉尼拔回答:"是我自己。"

大西庇阿接着问:"如果你在扎马战役能获得胜利,会如何评价自己?"

汉尼拔回答:"我会排在亚历山大和皮鲁士的前面,成为古今第一名将。"

公元前183年,大西庇阿去世。不久,罗马人再次找到汉尼拔的踪迹。汉尼拔在敌人赶到之前服下毒药。这位流亡多年的将军在临死前说:"既然罗马人连等待一位老人咽气也觉得度日如年,那么就让我来帮他们去除这块多年的心病吧。"

公元前149年,罗马第三次向迦太基宣战。公元前146年,罗马人攻破迦太基城。

罗马人放火焚烧了整座城市,并派出骑兵向城市四周的土地上撒盐,以示要让这个国家寸草不生。